산적떼 같은
요놈들,
예쁘다

● 일러두기

1. 이 책은 글쓴이가 〈한겨레 신문〉에 연재한 글과(2010년), 변산공동체학교 소식지 〈구름산 마을 이야기〉에 쓴 글(2011년~2014년), 그리고 새로 쓴 글들을 함께 엮은 것입니다. 글은 시간 순으로 배열하지 않고, 주제별로 나누어 담았습니다.

2. 학생들 나이나 학년은 글을 쓴 시점을 그대로 살려, 지금과 다를 수 있습니다. 학생들 인격 을 보호하기 위해 이름을 바꾼 곳도 있습니다.

산 들 바다에서 놀고 일하며 배우는 변산공동체학교

산적떼 같은 요놈들, 예쁘다

김희정 글

보리

차례

3장 "언제쯤 밭매기 다 끝나요?"

6장 스무 살, 변산공동체학교

신나게 일하고 놀며 배우는 아이들

먹고살기 참 힘든 세상입니다. 도시에 사는 어른들은 언제 잘릴지 모르는 두려움과 집 마련하는 걱정, 아이들 교육 걱정으로 하루도 마음 편할 날이 없습니다. 아이들은 도시든, 농촌이든 남들보다 더 좋은 대학에 가야 한다는 강박관념으로 마음을 나눌 친구도, 학교생활을 즐길 여유도 없습니다.

우리 모두는 하루하루 살아남기 위해 온 힘을 다해 열심히 애쓰고 있지만 즐겁고 행복하게 살 수 있다는 희망은 보이지 않습니다. 어디에서 길을 찾아야 할까요? 이 치열한 경쟁에서 벗어나 모두가 서로를 돌보며 행복하게 살 수 있는 길은 어디에 있을까요?

태어나고 자란 농촌으로 다시 돌아와 산 지 이십 년이 되어 갑니다. 그동안 제가 살고 있는 마을도 참 많이 변했습니다. 처음 만났을 때 삼십 대 팔팔한 청년이던 형님들은 어느덧 육십을 바라보는 나이가 되었고, 초등학생 앳된 꼬맹이였던 아이들도 이제는 어엿한 청년이 되어서 하나둘 마을을 떠났습니다. 대를 이어 농사지을 젊은이들이 농촌에는 거의 없습니다. 안타깝고 슬픈 현실입니다.

그나마 다행인 것은 우리 공동체에 아이들이 있다는 것입니다. 입시 공부에 찌들어 죽어 있는 아이들이 아니라 생명의 힘이 넘치는 살아 있는 아이들입니다. 또래 아이들이 하루 종일 교실에 앉아 시간을 보낼 때 이 아이들은 밭에서 산에서 농사일을 하고, 자기가 듣고 싶은 수업을 들으며 재미나게 살고 있습니다. 서로 경쟁을 하지 않으니 같이 사는 친구, 형, 누나가 세상에 둘도 없는 소중한 사람들입니다. 기숙사며, 밥 먹는 것이며, 농사일이며 모든 것이 불편하고 힘들지만 아주 작은 일에도 이 아이들은 깔깔거리며 웃고, 행복해하고 즐거워합니다. 그런 아이들을 바라보고 있으면 참 행복합니다.

공동체에서 사는 것은 힘들지만 재미있습니다. 더군다나 어디로 튈지 모르는 아이들과 함께 어울려 일하고 밥 먹고 공부하고 사는 재미는 살아보지 않은 사람은 모릅니다. 도시에서 막 나가던 아이들도 공동체에서 몇 달 지내다 보면 순박한 아이가 됩니다. 자연의 넉넉함이 아이들을 품어 주기에 저절로 착해지는 것이겠지요.

공동체에서 아이들과 함께 지내면서 얻은 결론은 하나입니다. 어렸을 때부터 부지런히 몸을 놀리며 살아온 아이들은 앞날에 대해 두려움이 없다는 것입니다. 어른들이 이래라 저래라 간섭하지 않고 내버려 두면 자기가 갈 길 스스로 찾아갑니다. 아이들을 행복하게 키우고 싶다면 지금 당장 교실에서 벗어나게 해 주라고 말하고 싶습니다. 아이들은 교실 안에서 행복한 게 아니라 교실 밖에서 자유롭게 일하고 공부하면서 자기 행복을 스스로 찾습니다. 보다 많은 아이들이 우리 아이들처럼 신나게 일하고, 신나게 놀았으면 좋겠습니다. 아이들에게 그런 기회를 주는 것이 우리 어른들이 할 수 있는 최선이 아닐까요?

이 책에 실린 글들은 변산공동체학교에서 한 달에 한 번 펴내는 소식지 〈구름산 마을 이야기〉에 쓴 글이 많습니다. 얼떨결에 공동체 대표를 맡고 나서 공동체 식구들과 아이들이 함께 살아가는 이야기를 꼬박꼬박 쓰게 되었습니다. 첫 호가 나온 지 엊그제 같은데 벌써 오십 호가 나왔으니 세월은 참 빠르기만 하네요. 아이들도 몇 년 사이에 많이 변했습니다. 중학교 1학년이던 아이가 고등학생이 되고, 군대에 가기도 하고, 어엿한 일꾼이 되어 밥벌이를 하기도 합니다. 아이들의 변화는 그저 놀랍고 신기할 따름입니다.

중학교 1학년 아이가 공동체에 처음 들어올 때는 부모도, 아이도, 저도 걱정이 한가득이랍니다. 저 아이가 잘 살 수 있을까? 이렇게 아무런 대책 없이 아이를 내버려 두어도 괜찮을까? 다행히 아이들은 건강하게 잘 커 주었습니다. 적어도 스스로 제 앞가림은 할 줄 아는 사람이 되었습니다. 그래, 그러면 되었지요. 무슨 욕심을 더 내겠습니까? 공동체에서 보낸 시간들을 소중하게 간직하면서 앞으로도 건강하고 행복한 삶을 살아 주길 바랍니다.

세상 모든 일이 다 그렇지만 책이 한 권 만들어져 나오기까지 많은 사람들의 정성과 땀이 들어감을 새삼 느낍니다. 저도 잊어버리고 살았던 원고와 사진들을 찾아내어 정성스럽게 다듬어 주고, 부족한 게 많은 글을 늘 좋은 글이라 칭찬해 주며 글쓰기를 이끌어 준 혜원 씨, 그리고 보리 기획실의 격려와 정성 어린 손길이 없었다면 아마도 이 책은 세상에 나오지 못했을 것입니다.

더불어 공동체에 있으면서 정성스레 찍은 사진들을 아무런 대가 없이 선뜻 내어 준 사랑하는 우리 졸업생 임채원, 임수민 그리고 내년에 졸업하게 될 염원, 마을 그림을 예쁘게 그려 준 졸업생 신민하, 권하는 글을 써 주신 형진이 형님, 돈 버는 재주는 눈곱만큼도 없는 대표를 만나 가난한 살림살이 꾸리기에 바쁜 공동체 식구들, 교육이라고는 아무것도 몰랐던 저를 이만큼이나마 성장하게 만들어 준 우리 공동체학교 아이들, 모두 모두 고맙습니다. 김희정이라는 이름으로 쓰긴 했지만, 이 책은 공동체 식구 모두의 이름으로 쓴 변산공동체학교 이야기입니다.

자식 걱정으로 하루도 마음 편할 날이 없는 부모님들은 이 책을 읽고 자식에 대한 걱정과 미련을 과감하게 버릴 수 있게 되길 바랍니다. 아이가 스스로 삶을 책임지는 어른이 될 수 있도록, 옆에서 도와주는 지혜로운 부모가 되는 길에 이 책이 조금이라도 도움이 되면 좋겠습니다. '이 지긋지긋한 공부, 이 지긋지긋한 학교, 당장에 때려치우고 싶은데 어디 갈 곳이 없네.' 이런 고민을 하고 있는 친구들도 이 책을 꼭 읽어 봤으면 합니다. 그리고 당당하게 가출해서 공동체학교 문을 두드리길 바랍니다. 변산공동체학교는 바로 그런 친구들을 위해서 늘 열려 있으니까요.

행복은 용기 있는 사람만이 가질 수 있는 소중한 선물입니다. 우리 모두 행복해지는 것을 두려워하지 맙시다.

2015년 2월

김희정(변산공동체학교 교장)

1장

출발, 변산공동체학교

변산공동체학교가 꿈꾸는 세상은 보통 사람들 모두가 꿈꾸는 삶이랍니다. 먹고살기 위해 남과 경쟁하지 말자, 하루하루를 지치고 고달픈 게 아니라 즐겁고 신나게 살자, 어렵고 힘들 때 함께 도우면서 살자……. 아이들이 아무런 걱정 없이 신나게 뛰어놀면서 스스로 제 앞가림할 수 있는 힘을 기르고, 자연스럽게 부모의 삶을 이어 가는 것은 그리 어렵지 않습니다.

도시에 사는 여러분, 행복하신가요?

많은 이들이 변산공동체학교가 꿈꾸는 세상을 묻습니다. 글쎄, 우리는 무슨 꿈을 꾸며 살고 있을까요?

그동안 열심히 일하며 살았습니다. 몸은 힘들고 소득은 적지만 유기농법을 쓰고, 기계보다는 몸을 써서 농사를 지으려고 애썼지요. 집, 기숙사, 목공실, 강당, 창고 같은 필요한 건물도 식구들이 지었고요. 이웃집 할머니는 꿀벌처럼 허구한 날 집만 짓는다며 우스갯소리를 하십니다. 그러나 아직도 부족합니다. 공동체와 학교를 찾는 어른과 아이들이 늘고 있기 때문입니다.

도시에서 사는 아이들과 어른들, 모두 행복한지 묻고 싶네요. 학교에 적응하지 못하고 상처투성이 몸과 마음을 안고 공동체를 찾아온 아이들을 보면 안쓰럽고 화가 납니다. 아이들을 병들게 만들고 있는 사람들은 누구일까요? 건강하고 밝은 웃음을 짓고 살아야 할 아이들에게 그늘진 삶을 안겨 준 사람들은 누구일까요?

그런데 공동체 생활이 몸에 배면 아이들은 놀랍게 변합니다. 몸이 다부져지고, 잃어버렸던 웃음이 되살아나지요. 편식 습관이 사라지고 무슨 음식이든지 가리지 않고 잘 먹습니다. 농사일을 하면서 밥 한 끼 먹기가 얼마나 힘든지 알아서일까요? 공동체 밥상에서 더 이상 화려한 음식을 기대할 수 없음을 깨달아서인지는 잘 모르겠네요. 어른들도 공동체 생활에 적응이 될 때까지는 많이 힘들어합니다. 처음 해 보는 농사일이 힘들고, 씻고 자는 것 어느 하나 편한 게 없으니까요. 먹는 음식도 소박합니다. 결국은 공동체 생활을 버티지 못하고 나가는 이들도 꽤 있습니다.

농촌에는 젊은 사람이 없습니다. 우리 마을도 마찬가지입니다. 평균 연령이 예순다섯 살 이상이지요. 십여 년 전에 처음 만났던 마을 어른들은 돌아가신 분들도 계시고, 살아계시더라도 일할 수 있는 힘을 잃어버린 분이 많습니다.

지금 이대로 가면 앞으로 우리 사회는 어떻게 될까요? 머지않아 도시인들은 수입 농산물만 먹고 살지도 모릅니다. 사회가 건강해지고, 사람이 건강해지려면 균형이 필요합니다. 지금과 같은 도시와 농촌의 불균형은 깨져야 한다는 말이지요.

도시에 사는 많은 사람들이 하루라도 빨리 농촌으로 내려와야 합니다. 그래서 우리처럼 농촌에 자그마한 공동체를 만들어 의식주는 물론 교육, 문화, 에너지 같은 모든 것을 자급자족할 수 있는 힘을 길러야 합니다. 내 삶을 남에게 맡기는 것이 아니라 스스로 책임지고 살아야 도시와 농촌의 불균형을 깰 수 있습니다.

우리 아이들은 일도 열심히 잘하지만 노는 것도 잘 놉니다. 컴퓨터 게임이 아니라 기타 치고, 풍물 하고, 몸을 놀리며 놀지요. 많은 아이들이 머리로 외우는 공부는 잘하지만 몸을 제대로 놀릴 줄 모르는 것

변산공동체학교는 이앙기를 쓰지 않고 직접 손으로 모내기를 한다. 김희정 교장이 모내기에 쓸 못 줄을 잡으며 활짝 웃고 있다.

이 현실입니다. 그래서 아이들은 건강하지 못하지요. 나약하고, 삶에 대한 희망이 없고 에너지가 넘쳐나지 않습니다. 이런 불균형은 깨져야 합니다.

　서당 개 삼 년이면 풍월을 읊는다고 했던가요. 변산공동체학교 삼 년만 다니면 세상 어디에 내던져 놔도 스스로 제 앞가림을 할 수 있는 힘이 생깁니다. 그동안 몸으로 배우고 익히면서 생긴 자신감이 있기 때문입니다.

　변산공동체학교가 꿈꾸는 세상은 보통 사람들 모두가 꿈꾸는 삶이 랍니다. 먹고살기 위해 남과 경쟁하지 말자, 하루하루를 지치고 고달 픈 게 아니라 즐겁고 신나게 살자, 옆집에 살고 있는 이웃과 마음을 나누고 어렵고 힘들 때 함께 도우면서 살자……. 아이들이 아무런 걱정 없이 신나게 뛰어놀면서 스스로 제 앞가림할 수 있는 힘을 기르고, 자연스럽게 부모의 삶을 이어 가는 것은 그리 어렵지 않습니다. 도시에서 누리는 편안함을 버리고 농촌으로 내려와 땀 흘려 일하면서 서로 힘을 모은다면 누구든지 건강한 삶을 꾸려 갈 수 있습니다.

변산공동체학교의 시작

1995년, 앞으로 정년 퇴임하려면 십오 년은 넉넉히 남았을 대학교수 한 분이 이런 선언을 합니다.

"나 학교에서 아이들을 가르치는 선생질이 재미가 없거든. 농촌에서 농사지으며 사는 것이 훨씬 행복하거든. 그래서 나는 변산으로 농사지으러 떠난다. 안녕."

아니 이럴 수가. 이런 날벼락이 있나.

제자들은 부랴부랴 송별회를 마련하고 막걸리를 함께 마시면서, "선생님, 농사 잘 지으세요. 부디 일 많이 하세요. 삽과 낫을 선물로 드릴게요" 그랬습니다. 그러면서도 다들 속으로는 막걸리 사 줄 물주가 한 명 없어졌다며 무척이나 아쉬워했지요.

변산공동체학교는 그렇게 시작되었습니다. 철학교수를 하던 윤구병이라는 사람이 공동체 깃발을 흔들면서. 그런데 그이는 혼자 내려간 게 아니었습니다. 틈만 나면 아는 이들을 불러, "변산에 농사일이 바쁘니까 와서 일손 도와라. 사람이 사람답게 살려면 자기가 먹을 것은 자기가 농사지어서 먹어야 하는 거야" 하며 이 사람 저 사람 꼬드기기 시작했습니다. 일도 얼마나 무식하게 시키는지 기계는 아예 쓰지 않아 몽둥이로 콩 타작을 할 정도였지요.

"지구에 있는 에너지 중에 가장 좋은 에너지가 뭔지 알아? 바로 몸에서 나오는 에너지야. 나 권상우 몸매 만들어야 하거든. 기계 쓸 생각 말고 몸뚱이로 해, 알았지?"

그러면서 본인은 무거운 돌 드는 시범 몇 번 보이고는 다른 일 한다며 슬쩍 자리를 피합니다. 나머지는 젊은 사람들 몫이지요. 그래서 제 몸이 좋아졌냐고요? 물론 엄청나게 좋아졌습니다. 공동체에 살면서 날로 늘어나는 것은 밥 먹는 양과 막걸리 마시는 양, 그리고 무식한 힘밖에 없답니다. 오죽하면 공동체에서 일 년 넘게 살면 다들 허리띠 구멍이 한두 개씩은 줄어들까요. 실제로 캐나다에서 살다가 몸이 안 좋아 치료차 한국에 왔다 공동체를 소개받아 같이 살던 형이 있었는데, 처음 왔을 때 100킬로그램이 넘던 몸무게가 20킬로그램 넘게 빠졌습니다. 고된 농사일과 푸성귀뿐인 소박한 밥상 덕이었지요.

"도시, 안뇽!"

식구들이 처음 공동체에 올 때는 얼굴이 희멀겋습니다. 도시에서 햇빛을 제대로 보지 못하고 살았으니 당연한 일이지요. 그러던 얼굴이 한 달이 지나고, 두 달이 지나면 새까맣게 탑니다. 우리 부부도 여름을 보내고 서울 누나 집에 갔다가 그 동네 과일 가게 아줌마한테, "어, 우리 말을 잘하시네요"라는 어처구니없는 말을 들은 때도 있었답니다.

공동체 식구들은 젊은 분들이 많습니다. 이십 대에서 사십 대까지 고루 있지요. 저도 이십 대에 공동체에 들어와서 벌써 사십 대가 되었습니다. 공동체를 찾아온 까닭도 가지가지랍니다. 농사짓고 싶어서 온 사람, 아이들 교육에 관심이 있어서 온 사람, 공동체만이 희망이라며 찾아온 사람……. 손님으로 왔다가 식구들한테 찍혀 집요하게 시달리는 사람도 있지요. 협박까지 당합니다.

"도시는 곧 망한다. 살아남을 수 있는 곳은 여기밖에 없어. 여기서 사는 게 좋을 거야."

그러면 순진하게 넘어오는 사람도 있습니다.

공동체 식구가 되면 많은 것을 포기해야 합니다. 우선 사유재산이 없습니다. 오기 전에 모은 돈은 자기 것이지만, 공동체에서 농사지어 생긴 수익은 개인한테 나눠 주지 않습니다. 자기 집도 없습니다. 그때그때 사정에 따라 방을 옮겨 다닙니다. 우리 부부도 이사를 일곱 번인가 다녔지요. 그래서 도시에서 올 때는 간단한 짐만 가져오라고 합니다. 큰 옷장이나 냉장고, 세탁기 다 필요 없으니 가져오지 말라고 하지요. 왜냐고요? 이사 다니려면 힘드니까.

이곳 아이들은 텔레비전, 컴퓨터, 손전화가 없습니다. 아이들이 심심하지 않느냐고요? 별로 심심해 보이지 않네요. 없으면 없는 대로 알아서들 잘 논답니다.

윤구병 선생님과 함께 "도시 안뇽!"을 외치며 공동체에서 살고 있는 우리들은 과연 잘 살아가고 있는 걸까요?

공동체 경험 적어도 삼 년

변산공동체학교에 아이를 입학시키려고 찾아오는 부모님들에게 꼭 하는 말이 몇 가지 있습니다.

"우리 학교는 대학에 보내기 위해서 공부를 시키지 않는다. 실제로 수업 시간에 대학을 가기 위해 필요한 과목을 가르치지 않는다. 다만 본인이 꼭 영어 공부, 수학 공부가 하고 싶다면 동아리를 만들어 할 수는 있다. 또 하나는 아이가 적어도 삼 년은 공동체에 있어야 한다. 그리고 고등학생은 술, 담배가 자유롭다. 그러니 부모님들도 아이가 술 마시고, 담배 피우더라도 그리 놀라지 마시라. 무엇보다 가장 중요한 것은, 아무리 부모님이 아이를 변산공동체학교에 머물게 하고 싶더라도 아이가 싫다고 하면 바로 내보낸다."

그 밖에도 공동체 안에서 살아가면서 겪게 되는 여러 가지 이야기들을 들려주는데 대부분은 여기 생활이 얼마나 불편하고 힘든지 이야기합니다. 그래도 학부모들은 모두 변산공동체학교가 정한 원칙을 따르겠다고 약속을 합니다. 더군다나 아이가 이 학교, 저 학교 다 다녀 봐도 적응을 하지 못해서 마지막으로 공동체학교로 데리고 온 부모님들

아이들이 적어도 삼 년은 공동체 생활을 해 봐야 자기 눈으로 공동체를 바라보게 되고 스스로 판단할 수 있는 힘도 생긴다.

같은 경우에는 받아만 주신다면 선생님 말씀에 무조건 따르겠노라고, 제발 입학시켜 달라고 사정을 합니다.

그런데 부모님들과 여러 가지 약속한 것 가운데 가장 잘 안 지켜지는 게 아이들을 삼 년 동안 공동체에 머물게 하는 것입니다. 아이 스스로 공동체 생활이 힘들고 재미없어서 떠나기도 하지만 아이가 생활을 잘하고 아무런 문제가 없는데도 그다음 해 새 학기가 시작될 때 아무런 말도 없이 학교에 오지 않는 일도 있습니다. 그래서 우리 식구들과 아이들은 새 학기가 시작되면 '이번에는 아무도 빠지지 않고 다들 나올까' 마음을 졸입니다.

공동체에서 일 년 정도 생활하다 보면 아무리 문제가 많던 아이라도 그동안 마음속에 쌓여 있던 상처들이 하나둘 지워지고 밝고 건강한 모습으로 되돌아옵니다. 공동체에서만 느낄 수 있는 자유와 자연이 주는 푸근함, 일을 하면서 얻게 되는 자신감, 까닭이야 여러 가지가 있겠지만 어찌 됐든 아이들은 참 건강하고 밝은 모습으로 바뀝니다.

하지만 '이제야 얘가 공동체 생활 제대로 해 볼 수 있겠구나' 하는 생각이 들면 그다음 해에 아이 얼굴이 안 보이는 겁니다. 부모님이 직접 찾아와서, "우리 아이 이제 공부 좀 시켜 볼라고 다른 학교에 보내렵니다" 하고 말씀해 주시는 분들도 있지만 아무런 말도 없이 아이만 쏙 데려가 버릴 때는 참 씁쓸하고 황당하고 괘씸하기만 합니다.

'아이를 제발 받아 달라고 통사정을 할 때는 언제고 이제 아이가 조금 좋아진다 싶으니까 아무 말도 없이 아이를 안 보내? 내가 그렇게 무서운 사람으로 보이는가? 아니면 변산공동체학교는 돈을 안 받으니까 이거는 학교도 아니고 뭣도 아니니 언제든지 부모님 마음대로 아이를 빼내 가도 된다는 이야기인가? 그래, 앞으로 학생들을 받을 때는 아이 앞으로 통장을 만들어 달마다 얼마씩 저금을 하라고 그럴까? 삼 년 동안 잘 다니면 돈은 아이한테 주고 만약에 삼 년을 못 채우고 공동체에서 나가게 되면 그 돈은 그동안 수업료로 공동체에서 가져 버려?'

별의별 생각이 다 듭니다. 그래도 제일 안타깝고 상처를 많이 받게 되는 사람은 어느 날 갑자기 이 학교를 그만두게 된 아이입니다. 어찌 안 그러겠습니까? 일 년 동안 정이 듬뿍 들었던 친구들과 공동체 식구들한테 아무런 말도 하지 못하고 헤어지게 되었으니 말이지요. 그리고 그 아이가 여태껏 다른 학교에 적응을 하지 못했던 것은 본인의 선택보다는 부모님이 선택해 준 삶을 살았기 때문인데요. 그나마 변산공동체학교는 부모님이 데리고 찾아왔어도 여기서 살지 말지는 순전히 본인의 선택입니다. 어쩌면 그 아이는 태어나서 처음으로 자기가 어디에서 살지를 스스로 선택한 것인지도 모릅니다. 그러니 아이가 입는 상처는 더욱 커질 수밖에 없습니다.

부모님들에게 아이들이 삼 년 동안 공동체에서 살아야 한다고 말을 하는 것은 다 까닭이 있습니다. 어른들도 그렇지만 도시에서만 살아온 사람이 농촌에 내려와 제 앞가림을 하려면 가장 짧게 잡아도 삼 년은 걸립니다. 처음 일 년은 아무것도 모른 채 그저 공동체의 낯선 생활이 신기하고 재미있어서 잘 지냅니다. 아이들도 그렇고 어른들도 그렇고, '뭐 이런 데가 다 있나' 싶을 정도로 공동체 생활에 푹 빠져듭니다.

그러다 이 년째가 되면 지난 일 년 동안 정신없이 지내면서 잘 몰랐던, 공동체의 여러 가지 불편하고 못마땅한 모습들이 보이면서 실망도 하고, 나갈까 말까 고민도 하게 됩니다. 그러다 삼 년째가 되면 이제야 자기 눈으로 공동체를 바라보게 되고 스스로 판단할 수 있는 힘이 생깁니다. 이쯤 되면 처음에 힘들게만 느껴졌던 일도 몸에 배게 되고, 앞으로 내가 어떻게 살아야 할지 고민도 깊어지지요.

이렇게 삼 년이라는 시간을 거치면서 아이는 조금씩 성장해 나가고 스스로 자기 삶을 꾸려 나갈 수 있는 힘을 얻습니다. 중등 과정을 마친 아이들은 '고등학교는 다른 학교로 가 볼까, 아니면 공동체학교를 계속 다닐까' 고민을 하고 스스로 선택을 합니다. 고등 과정을 마친 아이들 역시 공동체에 남아 농사를 지을지 도시에 나가 생활을 할지 스스로 선택합니다. 부모가 아이들 선택에 끼어들어서는 안 됩니다. 다만 부모는 아이의 선택을 존중하고 믿고 지켜봐 주면 됩니다. 아이들이 옳은 선택을 할 수도 있고 그른 선택을 할 수도 있습니다. 본인이 선택한 길은 온전히 본인 몫입니다. 부모가 아이 삶을 대신 살아 줄 수는 없지 않은가요?

삼 년을 못 채우고 공동체를 떠난 아이들은 그래도 잊지 않고 가끔씩 전화도 하고 놀러 오기도 합니다. 공동체에서 지낸 시간이 밑거름이 되어서 자기 중심을 잡고 생활을 잘하고 있는 아이도 있지만 여전히 방황하고 있는 아이들도 있습니다. 부모님이 조금만 욕심을 버리고 아이의 선택을 기다려 주었다면 그 아이 삶은 훨씬 더 행복할 수 있었을 텐데……. 어찌 그리 어른들은 욕심이 많은 걸까요?

아이는 아이의 삶이 따로 있습니다. 부모도 마찬가지로 부모의 삶이 따로 있습니다. 부모의 삶을 아이에게 강요하면 할수록 아이는 갈피를 못 잡고 헤매고 반항합니다. 이제부터라도 정신 똑바로 차린 부모가 되어야 아이를 건강하게 키울 수 있습니다.

변산공동체학교 자세히 들여다보기

변산공동체학교는 도대체 어떤 곳인가? 궁금하시지요. 많이들 물어보는 내용들을 짧고 쉽게 설명해 드릴게요.

질문 하나, 변산공동체학교에 초등학생도 들어갈 수 있나요?

변산공동체학교는 전라북도 부안군 변산면에 자리 잡고 있습니다. 어쩌다가 도시에 사는 분들이 초등학생인 자기 자식을 변산공동체학교에 보내고 싶다고 하시는데 초등학생은 안 됩니다. 초등학생은 부모님 곁에서 사랑을 듬뿍 받으며 자라야 할 나이입니다. 아이를 우리 학교에 보내고 싶다면 변산면으로 이사를 오시면 됩니다.

질문 둘. 중학생과 고등학생은 어디에서 생활하나요?

기숙사에서 생활합니다. 남학생과 여학생 기숙사는 따로 있습니다.

질문 셋. 학비는 얼마나 되나요?

학비는 없습니다. 기숙사비도 없습니다. 대신 학생회비로 일 년에 십이만 원만 내면 됩니다. 학생회비는 학생회에서 관리하고 있습니다.

질문 넷. 학생들은 언제 받아요?

학생들이 몇 명 안 될 때는 아무 때고 막 받았습니다. 요즘은 변산공동체학교에 아이들을 보내려고 하는 분들이 많아져서 새 학기가 시작되기 전인 2월에 선착순으로 받습니다. 따로 모집 공고를 내지도 않고 인터넷에 누리집도 없으니 알아서 찾아오시면 됩니다. 인연이 닿는 사람들은 어떻게든 찾아오더라구요. 다만 학생 스스로 변산공동체학교에 다니겠다고 했을 때만 그렇습니다.

질문 다섯. 변산공동체학교에 아이를 보내거나 방문하려고 해도 연락이 잘 안 되던데 어떻게 하면 되나요?

그렇죠. 연락 참 안 되죠. 식구들이 모두 농사일하느라 사무실에서 일 보는 사람이 따로 없습니다. 가장 좋은 방법은 아침 일곱 시, 오후 한 시, 저녁 일곱 시 밥 먹을 때 전화(063-584-0584) 주시면 됩니

"온 마을이 교실이다!" 도서관, 음악실, 도자기실, 기숙사, 퇴비장, 외양간, 염색실, 목공실, 채소밭, 보리밭, 그리고 온 산과 들에 이르기까지 공동체 삶터 곳곳이 학생들의 배움터다.

다. 여름철에는 밥 먹는 시간이 조금 바뀌지만 이 시간에 전화하시면 공동체 식구들과 통화할 수 있습니다. 전화 연락이 안 되면 전자우편 (bs0584@hanmail.net)이나 편지(전북 부안군 변산면 운산로 254-21)를 보내면 됩니다.

질문 여섯, 졸업하면 졸업장도 주고 대학에도 갈 수 있나요?

졸업장은 줍니다. 비인가 대안학교다 보니 사회에서 학력으로 인정을 해 주지 않지만요. 중등이나 고등 학력을 인정받고 싶으면 일 년에

두 번 있는 검정고시를 보면 됩니다. 검정고시는 아주 쉬운 시험이라 합격률 백 퍼센트를 자랑합니다. 그렇다고 학교에서 아이들한테 따로 검정고시 공부를 시키지는 않습니다. 학생들이 스스로 공부해서 시험을 봅니다. 대학은 갈 수 있다, 못 간다 말할 수가 없네요. 간절히 대학이 가고 싶은 친구들은 이 학교 마치고 열심히 공부해서 가더라구요. 그렇지 않고 입으로만 대학 가야지 하는 아이들은 여태껏 간 적이 없습니다. 꼭 가고 싶으면 열심히 공부해서 가겠지요.

질문 일곱, 변산공동체학교에서는 무엇을 가르치나요?

몸으로 살아가는 법, 농사짓고 사는 법을 가르친다고나 할까요? 수업은 참 많습니다. 도자기, 택견, 역사, 세계사, 풍물, 산처럼 물처럼, 연극, 미술, 과학, 노래 부르기, 짚풀공예······. 이 가운데에서 아이들이 선택해서 배웁니다. 오전에는 수업하고 오후에는 농사일을 거듭니다. 바쁜 농사철에는 아이들도, 어른들도 모두 밭에서, 논에서 열심히 땀 흘리며 일을 해야 합니다. 공동체에서 삼 년 동안 열심히 살다 보면 다른 것은 몰라도 제 앞가림할 수 있는 힘은 생깁니다.

질문 여덟, 이 아이들이 도시에 나가면 적응을 잘하나요?

기막히게 잘합니다. 제 바람은 이 아이들이랑 농촌에서 함께 사는 것인데 도시에 나가겠다는 아이들을 마냥 붙잡을 수는 없겠지요. 그렇게 나간 학생들은 다들 잘 살고 있습니다. 하는 일도 다 다르구요. 아직까지 큰돈을 벌었다는 소식은 없는데 열심히들 살고 있습니다.

자연과 더불어 살아온 사십 년

　저는 농촌에서 나고 자랐습니다. 고등학교 때 집을 나가 돈 좀 벌어 보겠다고 서울에서 살았던 일 년, 세상 사는 공부 좀 해 보겠다고 청주에서 대학생활을 했던 오 년을 빼고는 줄곧 농촌에서 살았습니다.

　제 나이가 올해(2014년) 마흔여섯이니 사십 년을 자연의 품 안에서 살고 있네요. 오랜 시간 몸을 기대어 살아온 자연은 무엇일까? 자연은 내 삶에 어떤 것이었을까? 곰곰이 생각해 봅니다.

　자연은 저한테 가장 좋은 놀이터이자 배움터였고, 편안하게 몸을 기댈 수 있는 곳이었습니다.

　어렸을 때 고향에서 살았던 기억을 떠올려 보면 신나게 놀았던 일이 가장 많습니다. 초등학교 다닐 때 학교 마치고 집에 오면 아랫집에 사는 동무와 둘이서 냇가에 붕어를 잡으러 다녔습니다. 조그마한 플라스틱 바구니를 들고 냇가 둑에 쌓아 올린 돌 밑을 손으로 가만가만 더듬으면 돌 틈에 숨어 있던 붕어들이 한 마리, 두 마리 바구니 안으로 들어옵니다. 붕어 잡는 재미에 시간 가는 줄 몰랐지요. 해가 질 무렵 잡은 붕어를 집으로 가져가면 엄마는 저녁 반찬으로 맛있는 붕어 매운

탕을 끓여 주었습니다. 그때만 해도 농약을 많이 치던 시절이 아닌지라 마을 냇가에는 붕어, 송사리, 피라미, 미꾸라지 같은 물고기들이 참 많았습니다.

여름에는 늘 물속에서 놀았습니다. 초등학교 때는 마을 앞에 있는 냇가에서 헤엄을 많이 쳤습니다. 아직은 헤엄치는 게 능숙하지 않아서 물이 깊은 곳에는 갈 엄두가 나지 않았지요. 그러다가 중학생이 되어서는 드디어 제법 깊은 물에서 수영을 하며 놀 수 있었습니다.

우리 고향에는 논농사를 짓기 위해 저수지에서 내려오는 물을 가두어 두는 보가 있습니다. 보가 있는 곳은 넓기도 하고 깊은 곳이 많아서 웬만큼 헤엄을 잘 칠 줄 모르면 놀러 갈 수가 없는 곳이지요. 보에는 물을 가두었다 뺏다 할 수 있는 수문이 있는데 이 수문을 여닫는 곳은 콘크리트로 높게 만들어 놓았습니다. 마치 '너희들 여기서 다이빙하며 뛰어놀아라' 하는 것처럼.

지금 생각해 보면 그 높이가 2미터나 3미터쯤 되는 것 같은데 그때는 그곳이 그렇게 높아 보일 수가 없었습니다. 한참을 헤엄치며 놀다가 심심하면 그곳에 올라가 다이빙 놀이를 했습니다. 실력이 좋은 친구들은 손을 앞으로 하고 다이빙 선수들처럼 멋지게 뛰어내리는데 그렇지 못한 아이들은 그저 위에서 밑으로 풍덩 하고 물속으로 떨어지면서 놀았습니다. 처음에 높은 곳에 올라가 아래를 보면 겁이 났지만 몇 번 하다 보면 그것보다 신나는 놀이는 없었습니다.

봄가을에는 주로 마을 앞산과 뒷산에서 놀았습니다. 소나무가 있는 나지막한 높이에, 묘 둘레에는 너른 터도 있어서 꼬맹이들이 뛰어놀기에는 가장 좋은 놀이터였습니다. 대나무로 활을 만들어 표적을 맞히는 놀이도 하고, 타잔 줄을 소나무 높은 곳에 매어 놓고 타는 놀이도 했습니다. 동무들과 우르르 몰려다니면서 전쟁놀이도 참 많이 했네요.

제가 어렸을 땐 눈이 참 많이 왔습니다. 겨울 내내 눈이 있었으니까요. 춥기도 엄청 추웠습니다. 동무들과 함께 눈을 퍼다가 차곡차곡 쌓고 다져서 미끄럼틀을 만듭니다. 말 그대로 눈으로 만든 미끄럼틀이지요. 미끄럼틀을 만들어 실컷 타고 놀다가 저녁이 되면 그 위에 물을 뿌려 놓습니다. 다음 날 아침에 가 보면 꽁꽁 얼어 있습니다. 꽁꽁 얼어붙은 미끄럼틀에 비료 푸대 하나면 하루 내내 신나게 놀 수 있었습니다.

겨울이면 마을 앞산은 훌륭한 눈썰매장이 됩니다. 눈썰매를 탈 수 있을 만큼 눈이 많이 오는 날이면 모두들 집에서 비료 푸대를 하나씩 들고 나와 눈썰매 탈 곳에 길을 내기 시작합니다. 미끌미끌하게 눈길이 만들어지면 그때부터는 남자애, 여자애 가리지 않고 신나게 눈썰매를 탔습니다. 지금처럼 긴 방한화가 없던 시절, 추운 줄도 모르고 밖에서 신나게 놀다 집에 돌아오면 발은 늘 축축하게 젖어 있었습니다. 그런데도 동상 한번 안 걸린 것을 보면 지금 생각해도 참 신기하기만 합니다.

아이들 놀이가 어디 이뿐입니까. 방 밖으로 나오면 동무들과 함께 어울려 놀 것이 넘쳐나던 시절이었지요. 마당에서 하는 구슬치기, 딱지치기, 비석치기, 땅따먹기, 자치기, 연날리기……. 얼음판 위에서는 직접 만든 스케이트를 타고 놀기도 했습니다. 개구리도 잡아서 구워 먹고, 미꾸라지를 잡아서 구워 먹기도 했습니다.

요즘처럼 컴퓨터도 없고 텔레비전도 흔하지 않던 시절이라 그저 산과 들에서 신나게 뛰어놀았습니다. 그래서 그런가 몸이 아파서 병원에 가는 아이들이 없었습니다. 모두들 몸뚱아리 하나는 건강했지요. 저만 해도 고등학교 졸업할 때까지 팔이 부러지고, 손가락이 찢어져서 병원 치료를 받은 적은 있지만 다른 곳이 아파서 병원에 가 본 일이 없습니다. 그래서 요즘 아이들이 툭하면 병원 신세를 지곤 하는 게 잘 이해가 되지 않습니다. 어쩌면 저렇게 몸이 약할까 싶기도 하고요. 이처럼 자연은 우리들한테 가장 좋은 놀이터이기도 했지만 우리 몸을 튼튼하게 만들어 준 고마운 보금자리 노릇도 한 셈이지요.

산과 들에서 온몸으로 익힌 삶의 지혜

자연은 좋은 놀이터이기도 했지만 살아가는 길을 알려 준 배움터이기도 했습니다. 농촌 아이들은 바쁜 농사철이 되면 초등학생들도 어머니, 아버지 따라서 산과 들에서 일을 했습니다. 늦가을 산에 눈이 쌓이기 전에 서둘러 겨울에 땔감으로 쓸 나무를 해 와야 합니다. 지금처럼 기름보일러, 연탄보일러가 없던 시절이니 마을 사람들 모두가 가을이 되면 산으로 나무를 하러 갔습니다. 숲을 가꾼다고 땔감이 될 만한 큰 나무들은 베지 못하게 했으니 오로지 갈퀴 하나로 마른 솔잎을 긁어 모아 땔감으로 쓰는 것이 전부였지요.

어머니, 아버지, 나, 동생들 모두 산으로 나무를 하러 갑니다. 하루 내내 마른 솔잎이나 잔솔가지를 긁어모아서 새끼줄로 단단하게 묶어 뭉치를 만듭니다. 아버지는 지게로 져 나르고, 어머니는 머리에 이고 나릅니다. 아직 어린 우리들은 갈퀴로 솔잎을 긁어모으는 게 일입니다. 그런데 우리 아버지는 워낙에 술을 좋아했던 분이라 일 조금 하다가 술 마시러 가 버립니다. 나머지 일은 어머니와 우리들 몫이지요. 산에서 어머니가 머리에 이고 내려온 잔솔가지 뭉치들을 손수레에 싣고 집으로 나릅니다. 저는 앞에서 손수레를 끌고 동생들은 뒤에서 밀면서 2킬로미터 되는 거리를 하루 내내 왔다 갔다 했습니다. 그때는 손수레를 끌고 다니던 그 길이 그렇게 멀고 힘들었습니다.

어른이 되어 벌초한다고 일 년에 한 번 고향에 갑니다. 고향에 가면 어릴 때 나무하던 산에도 가 보는데 이 길이 이렇게 나지막하고 가까운 곳이었나 하는 생각이 듭니다. 참 이상하지요. 어릴 때 느꼈던 거리와 어른이 되어서 느끼는 거리가 이렇게 다르니 말입니다.

산에 가서 나무하는 것뿐만 아니라 엄마, 아부지와 함께 들판에서 여러 가지 농사일을 했습니다. 한여름 뜨거운 햇볕을 받아 가며 드넓은 보리밭에서 보리를 베기도 했고, 바람이 살랑살랑 불어 대는 가을날 누렇게 익은 벼를 베기도 했지요. 단풍이 곱게 물든 가을날 산자락에 딸린 고구마 밭에서 주렁주렁 매달린 고구마를 캐기도 했고요. 산과 들에서 나약한 생명체가 어떻게 해야 살아남을 수 있는지를 온몸으로 배웠습니다. 어릴 때 산과 들에서 온몸으로 익힌 삶의 지혜는 지금까지 살아온 제 삶에 큰 밑거름이 되었으니 자연은 저한테 가장 큰 스승인 셈입니다.

사람들은 마음이 답답하거나 고민이 있을 때 어디로 갈까요? 바다로 가는 사람도 있을 테고 산으로 가는 사람도 있겠지요. 무작정 길을 따라 걷는 사람도 있을 테고요.

흔히들 사춘기라 말하는 고등학교 시절 산은 제 마음을 편안하게 해 주는 곳이었습니다. 눈이 많이 내리는 날, 친구 놈과 함께 가방 메고 학교에 가는 대신 산으로 갔습니다. 펑펑 내리는 함박눈을 맞으며 산속 여기저기에 흩어져 있는 나무들을 모아 불을 지피고 이런저런 이야기를 나누었습니다. '사람은 왜 사는가? 어른이 되면 우리들은 어떻게 살고 있을까?' 지금 생각해 보면 참으로 우스꽝스런 모습이지만 그때만 해도 우리는 꽤 진지했습니다. 함박눈이 펑펑 내리는 날 아무도 없는 산속에서 조그마한 불을 피워 놓고 이야기를 나누는 젊은 청춘들, 도무지 알 수 없는 앞날이 불안하지만 이런 날은 마음이 참 편안했지요.

고향 마을에 있는 산꼭대기에 올라가면 서해가 보입니다. 바로 맛있기로 소문난, 영광굴비를 만드는 조기가 많이 잡힌다는 칠산 앞바다입니다. 저는 마음속에 고민이 있을 때 마을 뒷산에 자주 올라갔습니다. 칠산 앞바다가 훤히 들여다보이는 산꼭대기에 앉아서 많은 생각을 했습니다.

'저 바다 건너에는 우리가 잘 알지 못하는 세상이 있다지. 원양어선을 타면 전 세계를 돌아다닐 수 있다던데, 원양어선을 타고 한없이 떠돌아다녀 볼까. 고등학교를 마치면 사회생활을 해야 하는데 나는 무엇을 하며 어떻게 살아야 할까.'

고등학생 때는 고민이 많았습니다. 가난한 집, 술을 드시면 늘 어머니와 싸우는 아버지. 어디론가 훌쩍 떠나고 싶을 때가 많았지요. 그래도 산꼭대기에 올라가 저 멀리 바다를 보고 있노라면 마음이 편안해졌습니다. 한참을 앉아 있다 해가 바다 너머로 떨어질 무렵 집으로 돌아오곤 했습니다.

대학을 마치고 고향은 아니지만 저는 다시 산, 들, 바다가 한데 어우러진 농촌으로 내려왔습니다. 도시에서는 도저히 살 수가 없었습니다. 도시에서 직장 생활을 하면서 먹고살 만한 능력도 안 되었지만 답답해서 견딜 수가 없었습니다. 눈에 보이는 것이라고는 아파트와 자동차와 사람들뿐. 밤이고 낮이고 늘 시끄럽고 환하기만 합니다. 여기는 내가 정붙이고 살 곳이 아니구나, 도시를 떠나올 때는 아무런 미련도 남아 있지 않았습니다. 지금도 가끔 도시에 볼일이 있어 나가 보면 머리가 어질어질합니다. 얼른 일 끝내고 집에 가야지 하는 생각밖에 없습니다.

나를 지켜봐 주는 친구

미련 없이 도시를 떠나와 농촌에서 뿌리내리고 산 지 어느덧 이십 년 가까이 되어 가네요. 사춘기도 지났고, 이제는 평생을 의지하며 살아야 할 자연은 나한테 무엇일까 다시금 생각해 봅니다. 그저 아무런 말없이 늘 내 옆에 가만히 앉아서 지켜봐 주는 친구라고 하면 될까요?

변산공동체학교가 자리 잡은 곳은 아름다운 변산의 봉우리들이 부챗살처럼 펼쳐져 있습니다. 마루에 걸터앉아 아무 생각 없이 산봉우리들을 바라보고 있노라면 절로 마음이 편안해집니다. 산은 철 따라 옷을 바꾸어 입습니다. 긴 겨울을 이겨 낸 여리디여린 새순이 피어날 때는 온 산이 알록달록 참 예쁩니다. 여름이면 온 산이 푸른 기운으로 가득 찹니다. 가을엔 다가오는 겨울을 맞이하러 자기 몸을 불태우며 하나, 둘 잎사귀들을 떨구어 냅니다. 겨울이 되면 잎을 모두 떨구고 맨몸으로 찬바람을 이겨 내지요. 그렇게 맨몸뚱이 하나로 기나긴 겨울을 견뎌 냅니다.

산이 말을 걸어옵니다.

'이봐, 친구. 산다는 거 별거 아니야. 봄, 여름, 가을, 겨울 온몸으로 다 겪으면서 사는 거야. 그러다 다시 새로운 봄이 오고, 나이가 들면 자연스럽게 쓰러지고, 그 자리에 다시 새로운 생명이 싹을 틔우고……. 그러니 너무 고민하지 말고 살아. 그저 자네는 자네 인생, 최선을 다해서 열심히 살면 돼. 그러다 보면 어느새 또 새로운 생명이 그 자리를 대신하겠지.'

스스로 제 앞가림하는 교육

집 옆에는 가을에 집 짓는다고 비워 둔 밭이 있습니다. 날이 더워서 그런가 풀이 무성한 그 밭에서 오후만 되면 이름을 알 수 없는 애벌레 수천 마리가 기어 나와서 사람 사는 집으로, 길로 떼 지어서 돌아다닙니다. 그렇게 떼 지어 다니는 수많은 벌레들을 보면서 세상에 큰일이 일어나려고 그런다냐, 아니면 세상이 망할려고 그런다냐 별의별 생각을 다 해 봅니다.

얼마 전에 대안교육연대라는 단체에서 연락이 왔습니다. 대안학교에서 새롭게 선생님이 될 사람들에게 '자립 교육'이라는 내용으로 이야기를 해 달라는 부탁이었습니다. 저 자신도 자립을 못하고 있는데 무슨 할 말이 있겠습니까마는 그래도 그분들보다는 먼저 농촌에 내려와 농사지으며 살고 있으니, 살면서 느끼는 몇 가지 이야기를 해 주려고 합니다.

질문을 하나 던져 보겠습니다. 우리 조상님들이 살았던 시대 말고 지금 우리들이 살아가고 있는 이 시대에 남의 도움 없이 스스로 자기가 먹을 것, 입을 것, 잠잘 곳을 해결할 수 있는 힘을 가진 사람이 몇 명이나 될까요? 여기에서 남의 도움이란 나 아닌 다른 사람뿐만 아니라 석유를 비롯한 화석에너지도 함께 포함이 됩니다.

아마도 깊고 깊은 산속에서 현대의 물질문명을 보지도 듣지도 알지도 못한 채, 자연에 의지하면서 자기 몸을 놀려 먹고, 입고, 잠잘 수 있는 보금자리를 마련하며 살아가는 사람들이 있다면 모를까요. 우리 모두는 날마다 먹고, 입고, 잠을 자지만 스스로 제 앞가림을 하고 있다고 생각하기엔 뭔가 부족한 것이 너무 많습니다. 더군다나 농촌에서 농사지으면서 사는 사람들도 스스로 제 앞가림을 온전히 해내고 있다고는 볼 수 없습니다. 왜 그런지 우리가 날마다 먹는 밥상부터 하나하나 들여다봅시다.

쌀

옛날에는 가난해서 자기 땅을 갖지 못하거나 남의 땅을 빌리지 못한 사람, 산골 오지 논이 없는 곳에 사는 사람들 아니면 모두들 벼농사를 지으며 살았지요. 그만큼 쌀은 우리 민족에게는 중요한 식량이었으니까요. 그러나 지금 농촌에서는 벼농사를 짓지 않는 사람들이 많습니다. 할머니 혼자 남아 논농사하기 힘들어서 안 짓는 분들도 있지만 돈이 되지 않는다고 짓지 않는 분들도 있습니다. 논농사는 밭농사에 견주어 돈이 별로 되지 않습니다. 고생고생해서 벼농사 짓느니 시중에 넘쳐나는 게 쌀인지라 그냥 돈 몇 푼 주고 사 먹는 게 훨씬 낫다고 생각하는 것입니다.

그러다 보니 벼농사에 필요한 큰 기계를 가지고 있는 젊은 사람들이 몇 만 평씩 농사를 짓는 일이 많아졌습니다. 이대로 가다 보면 젊은 사

공동체가 가꾸는 보리밭 풍경. 변산공동체학교는 돈이 되는 작물보다 사람이 살아남기 위해 없어
서는 안 될 쌀·보리·밀·콩 같은 주곡 중심으로 농사를 짓는다.

람 몇이서 온 들판의 벼농사를 도맡아서 지을 날도 그리 멀지 않았구
나 싶습니다.

보리, 밀

십오 년 전만 해도 우리 마을에는 보리농사 짓는 분들이 더러 있었
습니다. 그런데 지금은 우리 공동체 식구들 말고는 마을에서 보리농
사나 밀농사 짓는 분들을 찾아보기 힘듭니다. 그나마 요즘은 우리 밀
살리기 운동이 일어나서 우리 밀을 심는 사람들이 조금씩 늘어나고는
있지만 아주 적은 수에 지나지 않습니다. 그러니까 우리가 먹는 빵이
나 국수, 그리고 밀가루로 된 여러 음식들은 거의가 다른 나라 농민들
이 지은 것이라고 할 수 있지요.

콩

콩은 종류가 여러 가지인데 지금 우리 나라에서 재배하고 있는 콩은 대부분 메주콩입니다. 그나마 콩농사 짓는 분들도 보리, 밀과 마찬가지로 얼마 되지 않고요.

감자, 고구마, 옥수수

몇몇 지역에 집중되어 있거나 재배 면적이 형편없이 줄었습니다. 부모님이 짓던 농사를 떠올려 보면 쌀, 보리, 밀, 감자, 고구마, 수수, 옥수수, 조, 마늘, 양파, 고추 등 우리가 먹고 사는 데 꼭 필요한 것은 빠짐없이 심었습니다. 그런데 지금은 여러 가지 곡식을 심는 분들이 별로 없습니다. 대신에 농촌 들판을 하나하나 채우고 있는 것은 이른바 '환금작물'로 돈이 되는 작물이지요. 나이 드신 분들이야 세상 물정에 어둡고 겁이 나서도 큰 농사를 못 짓지만 머리깨나 굴린다는 젊은 사람들은 대규모 투기농에 한목숨 걸고 있습니다. 농촌은 이제 더 이상 제 앞가림하고 모두를 먹여 살리는 생명의 땅이 아니라 돈을 벌기 위한 투기의 땅이 되어 가고 있습니다.

석유에 저당 잡힌 우리네 삶

농사짓는 작물만 바뀐 것이 아닙니다. 농사짓는 방법과 규모 또한 변했습니다. 불과 오십 년 전만 하더라도 여럿이 함께 어울려 일하는 소규모 농업 중심이었다면 지금은 커다란 기계가 사람 손을 대신하는 대규모 농업으로 바뀌었습니다. 논 갈고, 밭 갈고, 심고, 거두어들이고, 말리고 하는 것까지 많은 일들을 기계가 대신합니다. 만약에 석유가 떨어지는 날이 오면 어떻게 농사지으며 먹고 살지 걱정입니다.

농촌 살림살이도 도시와 다를 게 하나도 없습니다. 집에서 쓰는 생활용품들 모두 공장에서 나온 플라스틱, 철로 만든 것이 차지하고 있습니다. 그전처럼 농한기에 직접 만들어서 쓰는 것은 찾아보기 힘들어졌습니다. 옷도, 집도 마찬가지입니다. 모든 것이 남의 손으로 만들어지고 우리는 그저 돈을 주고 사다가 쓰면서 살고 있을 뿐이지요. 그리고 남의 손도 결국은 석유에 철저하게 의존하는 것이고요.

우리가 날마다 살아가고는 있지만 제 힘으로 살아간다기보다는 석유와 다른 사람의 힘을 빌려서 살아가고 있는 것입니다. 다시 말해서 우리는 지금 우리의 소중한 목숨을 석유라는 에너지와 다른 나라 농민들에게 저당 잡히며 살고 있는 꼴이지요. 만일 석유가 바닥나고 수입이 중단되면 우리는 어떻게 될까요? 석유가 없어도 우리는 과연 살아남을 수 있을까요? 과연 우리 조상님처럼 살아남아서 대를 이어 나갈 수 있을까요?

지금처럼 교육이 교실 안에서만 이루어진다면 머지않아 인류는 수만 년 이어 온 삶의 지혜를 한꺼번에 잃어버리고 말겠지요. 학교라는 것이 생기기 전에, 자본주의라는 산업문명이 시작되기 전에 우리 선조들은 적어도 제 목숨은 어떻게 이어 나가야 하는지 알고 있었고 자식들에게도 자연스럽게 교육으로 이어져 왔습니다. 사람으로 태어나는 순간부터 부모한테, 마을 공동체 어른들한테 살아가는 데 필요한 기술을 배우고 익히면서 살아왔지요. 우리 조상들은 그렇게 어려운 자연환경을 겪으면서도 자기 생명을 지켜 왔고, 문화를 만들어 왔고, 삶의 주인이 되었습니다.

'자립 교육'은 바로 여기에서 출발해야 합니다. 머리를 잘 쓰는 교육이 아니라 자기 생명을 이어 나갈 수 있도록 몸을 쓰는 교육이 되어야 합니다. 땅에 뿌리를 내리지 않는 삶은 결국은 남에게 내 생명을 맡기고 사는 것이나 다를 바 없지요.

농사를 짓다 보면 저절로 깨닫는 게 있습니다.

'아, 이 세상은 아무리 내가 잘나 봐야 혼자서는 살 수가 없구나. 자연의 힘을 빌려야 하고 이웃과 함께 힘을 모으지 않으면 살아남을 수 없구나.'

농사일뿐만 아니라 몸을 쓰는 일은 다 때가 있습니다. 어렸을 때부터 몸을 자유자재로 놀리지 않으면 몸이 굳어 버립니다. 어른이 되어

공동체에서는 소가 마음껏 풀을 뜯어 먹을 수 있도록 들판에 풀어 놓을 때가 많다.

서 무언가를 배우려고 하면 굉장히 힘이 들지요. 몸이 힘드니까 자꾸 편한 쪽으로 살려고 꾀가 나게 됩니다. 그러다 보면 우리에게 희망은 점점 더 멀어지게 되겠지요.

지금 우리 농촌에는 조상들의 오랜 삶의 지혜를 물려받은 할머니, 할아버지 들이 한 해가 무섭게 사라지고 있습니다. 하루바삐 소중한 이분들의 지혜를 하나하나 물려받아야 합니다. 우리 아이들이 그분들한테 이어받은 삶의 지혜를 후손들에게 다시 물려줄 때 스스로 제 앞가림하는 교육이 제대로 이루어졌다고 할 수 있을 겁니다.

기계 쓰지 않겠다고 마음먹고 나선 공동체 젊은 식구가 소를 길들여 보겠다며 더운 여름날 소하고 며칠 씨름을 하더니만 힘들어서 못하겠다고 그럽니다. 소를 어떻게 길들여야 할지 요령을 모르니까 몸은 힘들고 소는 말을 안 듣고 이래저래 지친 거지요. 그러면서 하는 말이, 중국에 있을 때 소로 밭 가는 것을 많이 봤는데 그때 잘 배웠으면 좋았겠다면서 후회를 하더군요.

저 또한 마찬가지입니다. 어렸을 때 부모님이 집에서 살림 도구들을 만들 때 눈여겨보고 배웠더라면 지금처럼 플라스틱과 공장에 의존하지 않고도 살아갈 힘을 기를 수 있었을 텐데. 굳을 대로 굳어 버린 손가락의 감각을 되살리기엔 이미 늦어 버렸습니다. 공동체 젊은 식구들과 우리 아이들은 지금부터라도 부지런히 배우고 익혀야겠습니다. 그래야 석유 없는 세상에서도 살아남을 수 있을 테니까요.

귀농과 자식 농사

　대전에서 '귀농 자식 농사 한마당'이라는 행사(2011년 12월)가 열렸습니다. 이날 행사는 전국귀농운동본부에서 마련했습니다. 귀농한 사람들의 아이들 교육에 대해 강의와 사례 발표를 듣고, 자식 교육에 대한 고민을 함께 나누면서 해결 방법을 찾아보자는 것이 이 행사의 주제였습니다.

　저도 변산공동체학교 사례 발표로 참가하게 되었는데 다양한 이력을 가진 사람들이 왔더군요. 아이를 학교에 보내지 않고 산골에서 아이들을 직접 가르치는 젊은 부부, 도시에 사는 아이들이 한두 해 정도 농촌학교에 다닐 수 있는 '농촌유학' 프로그램을 진행하고 있는 분, 대안학교 교장 선생님, 아이들 셋을 모두 대안학교에 보냈는데 살림이 어려워져서 어떻게 해야 할지 걱정이라는 부모님……. 이처럼 여러 사람들을 만날 수 있었습니다.

　많은 분들이 도시가 아닌 농촌에서 살고 싶은데 아이들은 부모 선택을 어떻게 받아들일지, 농촌으로 내려가면 아이들 교육은 어떻게 해야 하는지 고민이 많았습니다. 그분들 고민은 대체로 제도권 학교에 아이들을 보내고 싶지 않다는 데서 출발합니다. 제도권 학교가 얼마나 치열하게 경쟁을 시키면서 아이들을 망가뜨리고 있는지 잘 알기 때문이지요. 그렇다고 대안학교에 보내자니 없는 살림에 학비가 너무 많이 들고, 부모는 좋아서 농촌을 선택했지만 아이들도 농촌 생활을 좋아할지 불안하기도 하고, 여러 가지 어려움과 고민들이 있었습니다. 어떻게 할까요? 참 어려운 이야기지요.

저는 사례를 발표하면서 이런 말들을 했습니다.

"너무 걱정하지 마라. 아이들은 의외로 농촌생활에 잘 적응한다. 텔레비전과 컴퓨터가 없어도 아이들은 잘 논다. 그리고 되도록이면 아이들 교육을 위해서라도 혼자 귀농하지 말고 공동체를 이루어서 살림을 꾸려 가라. 쉬운 일은 아니지만 그래야 돈도 적게 들고 아이들 교육 문제도 쉽게 풀 수 있다. 변산공동체학교 초등 과정은 처음에 아이 두 명으로 시작했는데 지금은 열두 명으로 늘었다."

제 말이 그분들한테 얼마나 도움이 되었는지는 잘 모르겠지만, 다시 곰곰이 생각해 보면 요즘처럼 부모들이 자식 교육에 목매달고 있는 시대가 또 있었나 싶습니다.

엊그저께 대구와 광주에서 친구들에게 따돌림을 당해 스스로 목숨을 끊어 버린 중학생들 이야기가 뉴스로 나오던데 참 아이러니하지요. 부모들은 아이들 교육에 모든 것을 걸고 있는데 우리 아이들은 반대로 점점 난폭해지고, 약해지고, 스스로 설 수 있는 힘을 잃어 가고 있으니 말이에요.

이제는 오히려 부모님이 아이들에게 조금 무관심해지는 게 어떨까 싶어요. 이런 이야기도 들려줄 수 있다면 더 좋겠지요.

"네 삶은 네가 알아서 살아라. 부모는 너를 낳아서 건강하게 키워 주기만 하면 된다. 남을 해롭게 하지 않는 사람만 된다면 나는 네가 무엇이 되어도 상관이 없다. 좋은 직장보다는 네가 하고 싶은 일을 하면서 스스로 행복하고 만족을 얻는 사람이 되었으면 좋겠다. 좋은 대학 안 가도 된다. 네 능력에 맞는 대학 찾아가서 열심히 공부해라. 그리고 되도록이면 너만 잘 살기보다는 더 많은 사람들이 함께 잘 살 수 있는 삶이 되었으면 좋겠다."

부모는 어떻게 해야 자식에게 좋은 스승이 될 수 있는지, 많은 고민이 필요한 시대입니다.

우리 아이들도 방학이 한번 끝나면 검정고시라는 열병을 앓습니다. 학기 초가 되어 아이들에게 올해 목표가 무엇이냐 물어보면, "검정고시 보아서 합격하는 것이요" 꼭 이렇게 대답하는 아이들이 몇 있습니다. 어찌 그게 일 년 목표가 될 수 있는지 안타깝기도 하고 한편으로는 안쓰럽기도 합니다. 검정고시가 무슨 고시라고, 그리고 한창 혈기 왕

농촌에 사는 아이들은 텔레비전과 컴퓨터가 없어도 산, 들, 바다를 동무 삼아 여럿이 함께 어울려 잘 논다. 공동체 앞마당에서 줄다리기를 하고 있는 아이들 모습.

성한 청춘들이 고작 검정고시 하나를 목표로 삼아야 하는지 답답하기만 하지요. 이것이 아이들 스스로 선택한 걸까요? 아니면 부모가 선택한 걸까요?

이제 더는 아이들이 스스로 목숨을 끊는 일이 없도록 우리 어른들이 많은 반성과 고민을 해 보았으면 합니다.

2장

나 교장 안 할란다!

고등 과정을 모두 마치고 아이들이 도시로 나가면 많은 어려움이 있을 겁니다. 그러나 우리 아이들은 적어도 제 앞가림은 스스로 할 힘을 갖추고 있습니다. 그리고 머지않아 다시 농촌 공동체로 내려와 든든한 농촌 일꾼이 될 것이라 믿습니다. 이 아이들은 도시의 경쟁에 시달리지 않고, 농촌에서 더불어 살아가면서 느낄 수 있는 행복을 이미 맛보았기 때문입니다.

말도 안 되는 학교

사람들은 학교 하면 무엇을 먼저 떠올릴까요? 아이들이 모여서 공부하는 교실, 아이들에게 여러 가지 지식을 전해 주는 선생님, 그리고 아이들 능력을 평가하는 시험이 있는 곳. 우리 나라에 있는 많은 학교들 모습은 대체로 이렇지요. 새로운 교육을 꿈꾸는 대안학교들은 조금 다르기는 하지만요.

그런데 학교라고 부르기는 하나 반듯한 교실도 없고, 선생님도 월급을 받는 전문직이 아니라 날마다 함께 일하고 같이 밥 먹는 엄마, 아빠, 삼촌, 이모이고, 수업은 초등, 중등, 고등 가릴 것 없이 오전에만 하고 오후에는 함께 어울려 일하고, 시험이라는 것은 아예 없고 수업도 살아가는 데 꼭 필요한 지혜가 아니라면 스스로 선택해서 들을 자유가 있고, 게다가 수업료는 한 푼도 받지 않는 그런 학교가 있다면 사람들은 믿을 수 있을까요. 아마 그런 학교가 있다 하더라도 '누가 그런 말도 안 되는 곳에 아이들을 보내겠어. 그러다 아이들 신세 망치면 어떡하려고' 이렇게 생각하기 쉽겠지요. 그런데 참 묘한 일은 그런 말도 안 되는 학교가 실제로 있어서 초등, 중등, 고등 과정에 다니는 아이들

변산공동체학교에 들어서면 가장 먼저 눈에 들어오는 풍경. 농구대 뒤에 있는 2층 건물은 '칠십 평'
이라 부르는데 1층에 체육시설 겸 강당이 있고 2층에는 도서관과 카페, 목공실 들이 있다. 오른쪽
에 있는 단층 건물은 공동체에서 부엌으로 쓰는 곳이다.

이 있다는 것, 그리고 그 학교에 다니는 아이들은 굉장히 즐겁고 행복
하게 살고 있다는 사실입니다.

변산공동체학교를 조금이나마 알고 있는 사람들 사이에는 이런 소
문이 쫙 퍼져 있다고 하네요.

'거기에 가면 일을 얼마나 힘들게 시키는지 버텨 내기가 힘들다네.
그리고 애들도 엄청나게 일을 많이 해서 몸이 약한 애들은 들어갈
엄두도 못 낸다는구먼.'

허, 그것참. 이런 말도 안 되는 소문들이 퍼져 있으니 이번 참에 그
런 오해들을 없애기 위해서라도 변산공동체학교 이야기를 조금 자세
하게 해 볼랍니다. 그러니 너무 겁먹지 마시고 언제든지 3박 4일 이상

손님으로 오셔서 제 이야기가 참말인지 거짓말인지 열심히 일하면서 확인해 보세요. 그리고 의자에 앉아 공부하는 것보다는 몸 놀리는 것을 좋아하는 아이들이 있다면 '너는 꼭 변산공동체학교에 가서 살아야 한다'고 추천해 주시면 더욱 고맙겠습니다.

변산공동체학교는 말씀드렸듯이 초등, 중등, 고등 과정이 있습니다. 초등 과정은 엄마, 아빠와 떨어져 생활하기에는 어린 나이인지라 집에서 학교에 다녀야 합니다. 그러니 공동체 가까이에 사는 아이들만 다닐 수 있습니다. 아이들이 한창 많을 때는 열 명이 넘기도 했는데, 초등 과정을 마치고 중학생이 된 아이들이 많아지면서 아이들 수가 점점 줄어 2014년에는 다섯 명이 전부입니다. 다섯 명이라고는 하지만 아주 적은 수는 아닙니다. 초등 과정을 처음 시작할 때는 겨우 두 명뿐이었으니까요.

빨래도 하고 군불도 때고

우리 학교에 중학생, 고등학생들이 다니기 시작한 것은 1998년부터이니 꽤 오래되었습니다. 하지만 초등 과정은 그보다 여러 해 지난 2006년에 시작했습니다. 공동체 초기에는 둘레에 그만큼 어린아이들이 없기도 했고 초등학교 때부터 대안학교를 생각한다는 게 부모로서 쉬운 일은 아니었으니까요. 그러다가 네 살, 다섯 살 때부터 같이 공동체 놀이방에 다니던 보리, 해민이, 나무가 초등학교에 다닐 나이가 되자 부모들 고민이 깊어졌습니다.

'놀이방 다닐 때부터 애네들은 마음껏 뛰어놀면서 건강하게 컸는데 일반 학교에 들어가면 딱딱한 의자에 앉아서 하기 싫은 공부를 억지로 해야 하니 과연 이 아이들이 행복할 수 있을까. 그렇다고 식구들도 몇 명 안 되고 살림 꾸려 가기에도 벅찬 공동체 식구들한테 우리 아이들 맡아 주십사 부탁하기도 어렵고. 그래, 그러면 우리 부모들이 나서서 내 새끼 내가 키운다는 마음으로 한번 부딪쳐 보자.

아이들 교육에 큰 욕심 내지 말고 우리 부모들이 갖고 있는 힘만큼만 해 보는 거야. 농부이자 시인인 형진이 형님은 아이들과 함께 시를 읽거나 쓰기도 하고, 또 산 여기저기 새싹이 움트는 봄에는 산으로 고사리, 취, 더덕을 찾으러 돌아다니면 되겠지. 음악과 춤을 좋아하는 엄마는 노래와 춤을 가르치고, 역사를 좋아하는 아빠는 역사를, 수학을 잘하는 엄마는 수학을.'

이렇게 해서 초등학생을 위한 '변산공동체 어린이학교'가 문을 열게 되었습니다. 부모들이 아이들과 함께 놀면서 공부하는 학교가 시작된 것입니다. 일이 바쁜 농사철에는 아이들도 함께 밭에 나가 고사리 손으로 일손을 거들기도 했지요.

어설프게 시작된 어린이학교지만 보리, 해민이, 나무는 6년 과정을 모두 마치고 공동체학교 중등부 학생이 되어 잘 지내고 있답니다. 지금은 아이들도 줄고 학부모들도 몇 명 안 돼서 고등부 학생들이 아이들 수업을 맡아서 함께하고 있습니다. 음악, 목공, 체육, 도자기 수업을 형, 언니들이 가르치는데 선생님이라기보다는 아이들과 함께 어울려 신나게 노는 일이 더 많습니다.

초등부가 공동체 가까이에 살면서 다니는 학교라면 중등부, 고등부는 공동체 안에서 함께 밥 먹고, 일하고, 공부하는 기숙학교입니다. 통학을 안 해도 되기 때문에 아이들도 곳곳에서 찾아옵니다. 제주도, 강원도, 전라도, 충청도, 울산, 서울, 그리고 부안군 변산면에 사는 아이들……. 일반 학교에 적응을 잘 못해서 찾아오는 아이도 있고, 우리 아이 농사꾼 만들어 달라고 보내는 부모님도 있습니다.

변산공동체학교는 따로 입학생을 모집하지 않습니다. 그냥 알음알음으로 찾아옵니다. 요즘 그 흔하디흔하다는 인터넷 누리집도 없는데 어떻게 알았는지 잘도 찾아옵니다. 아마도 우리 아이들과 공동체의 인연이 그만큼 질긴가 봅니다.

이렇게 해서 모인 아이들이 서른 명이 넘습니다. 아이들을 더 받으려 해도 방이 없어서 못 받습니다. 그래도 아이가 스스로 가출해서, "나 여기 아니면 갈 곳이 없어요" 하며 밀고 들어오면 아이들이 비좁게 자더라도 어쩔 수 없이 받을 수밖에 없지만요.

중등 과정부터는 아이들이 많은 것을 스스로 해야 합니다. 빨래도 해야 하고, 공동체 기숙사는 보일러 방이 아니라 구들방이기 때문에 산에 가서 나무를 해다 불도 지펴야 합니다. 농사철에는 어른들과 함께 농사일도 거들어야 합니다. 학비를 받지 않으니 밥값을 하려면 열심히 일해야 하지 않겠어요?

아침에 일어나는 시간도 계절에 따라 다릅니다. 농사일이 크게 바쁘지 않은 봄가을에는 아침 일곱 시에 밥을 먹으니까 조금 늦게 일어나도 되지만 농사일이 바쁜 여름에는 새벽 다섯 시 반에 일어나 일을 해야 합니다. 그렇다고 하루 종일 일만 하는 것은 아닙니다. 오전에는 수업을 듣고, 수업이나 일이 없는 오후에는 자유롭게 시간을 보냅니다.

2011년 수업 시간표. 과목은 해마다 조금씩 바뀌어 왔다. 2014년부터 짚풀공예와 글쓰기(국어)는 필수이고, 다른 과목은 아이들 스스로 원하는 수업을 선택해서 듣고 있다.

수업도 공동체 학생이면 꼭 배워야 하는 짚풀공예와 글쓰기만 빼고 다른 것은 스스로 선택해서 들을 수 있습니다. 중등부 학생과 고등부 학생이 함께 듣는 수업도 있고, 따로 듣는 수업도 있습니다.

아이들 수업도 우리 식구들과 공동체 가까이에 사는 학부모님들이 하기 때문에 해마다 조금씩 변화가 있습니다. 음악에 소질이 있어 아이들에게 음악을 가르치던 분이 공동체를 떠나면 그 수업이 없어지기도 합니다. 그러다가 또 다른 재능을 가진 분이 공동체 식구로 들어오면 그분에게 아이들 수업을 맡기기도 하구요. 그나마 다행인 점은 이런 분들이 공동체 안팎으로 많이 계신다는 것입니다.

꾸준히 이어지고 있는 수업을 말씀드리면 도자기, 연극, 역사, 풍물, 택견, 짚풀공예, 미술 같은 과목들이 있네요. 영어나 수학은 하고 싶은 아이들끼리 모여서 동아리를 만들어 영어, 수학을 잘하는 식구들과 함께하고 있습니다.

대학은 어떻게 가나요?

많은 분들이, "그러면 아이들은 대학을 어떻게 가나요?" 하고 묻습니다. 정말로 자기가 가고 싶으면 알아서 공부해서 가겠지요. 공동체에서는 아이들 대학 보내려고 따로 준비를 해 주지 않습니다. 그리고 되도록이면 아이들한테 대학 가지 말라고 그럽니다. 우선은 돈이 너무 많이 들고, 사람답게 살 수 있는 공부를 시키는 대학도 그렇게 많지 않기 때문이지요. 그래도 정 가고 싶으면 부모님 신세 지지 말고 네가 알아서 가라고 합니다. 그 정도 열정이 없으면 안 가는 게 낫지요.

대신에 우리 아이들은 공동체에 머무르는 동안 열심히 몸 놀리는 것을 배웁니다. 풀 베기, 모내기, 밭매기, 나무하기, 김장하기, 메주 만들기, 집 짓기 같은 여러 가지 농사일과 농촌 살림을 온몸으로 배우면서 살아갈 힘을 얻습니다. 그래서 그럴까요? 우리 아이들은 밥을 참 잘 먹습니다. 공동체 반찬이야 우리가 직접 기른 것만 먹으니까 채소가 대부분이지요. 어쩌다가 생선이나 고기, 과일을 먹기는 하지만 육십 명 넘는 식구들이 배불리 먹기는 힘듭니다. 이 아이들은 도시에 쭉 살았다면 잘 쳐다보지도 않았을 반찬들을 게걸스럽게 잘 먹습니다. 열심히 몸을 움직이고, 또 불량 식품은 먹을 수가 없으니 공동체 밥이 최고인 거지요.

우리 아이들은 참 건강합니다. 힘도 세구요. 남자아이건 여자아이건 늘 몸으로 해야 하는 일들이 많기 때문에 자연스럽게 몸에 근육이 생기고 힘이 세질 수밖에 없습니다. 공동체를 찾아오는 많은 손님들이 우리 아이들은 어쩜 그리 밝고 건강하냐고 칭찬을 합니다. 아마도 자연 속에서 서로 도와 가며 일하고 배우면서 저절로 생긴 아름다움이 아닐까 싶습니다.

공동체에서 서로 경쟁하지 않고 함께 힘을 모으며 즐겁고 행복한 나날을 살아가고는 있지만 우리 아이들에게도 여러 가지 고민이 있습니다.

'변산공동체학교를 졸업하면 난 어디에서 살까. 또 무엇을 하며 살까.'

아직은 농촌에 뿌리내리고 살겠다는 마음을 먹기가 쉽지 않은 나이니까 고민이 될 수밖에 없지요. 공동체 식구들이나 엄마, 아빠는 농촌

학생들은 밭일을 비롯한 여러 가지 농사일과 농촌 살림을 온몸으로 배우면서 스스로 살아갈 힘과 건강한 몸을 함께 얻는다.

에서 농사지으며 사는 게 가장 행복한 일이라고 하는데 정말 그런지 확신이 서지 않는 것입니다. 그럴 때마다 아이들에게 이런 말을 해 줍니다.

"머리로 너무 고민하지 말고 나가서 부딪쳐 봐. 자꾸 머리만 굴리면 아무것도 못 하니까 두려워하지 말고 나가서 부딪쳐라. 그러다가 이건 아니구나 싶으면 다시 공동체로 돌아오면 된다."

고등 과정을 모두 마치고 아이들이 도시로 나가면 많은 어려움이 있을 겁니다. 그러나 우리 아이들은 적어도 제 앞가림은 스스로 할 힘을 갖추고 있습니다. 그리고 머지않아 다시 농촌공동체로 돌아와 든든한 농촌 일꾼이 될 것이라 믿습니다. 이 아이들은 도시의 경쟁에 시달리지 않고, 농촌에서 더불어 살아가면서 느낄 수 있는 행복을 이미 맛보았기 때문입니다.

신문지로 똥 닦기

부모님과 아이들이 변산공동체학교에 찾아오면 기숙사, 화장실, 도자기실, 도서관, 목공실, 이곳저곳을 안내해 줍니다. 그러면 학부모님들은 도서관을 보고 나서 대부분 '우리 아이가 책을 많이 읽어서 좋겠구나' 하는 생각에 흐뭇하게 웃으십니다. 그러나 제가 아이들하고 쭉 지내 온 바에 따르면 부모님들 생각과는 다르게 아이들은 책을 그다지 좋아하지 않습니다.

아이들은 공동체 이곳저곳을 둘러보고 나서 '도대체 이게 무슨 학교지?' 하는 얼굴입니다. 아이들은 '아, 이 학교 참 좋다. 나 이 학교 꼭 다녀야지' 이렇게 생각하기보다는 '윽, 망했다. 내가 여기서 살 수 있을까' 이런 생각들을 먼저 한답니다. 그중에서도 아이들이 가장 힘들게 생각하는 것이 바로 기숙사와 똥간, 그리고 똥간에 가지런히 놓여 있는 신문지입니다.

아이들이 삼 년을 살아야 하는 기숙사. 기숙사는 아주 단순합니다. 방, 아궁이, 간단하게 빨래하고 씻을 수 있는 목욕탕이 다입니다. 기숙사라기보다는 허름한 농촌주택일 뿐이지요. 방문도 유리가 아니라 창

호지를 바른 문인데 그나마도 깔끔한 게 아니라 덕지덕지 땜질을 해 놓아서 이게 사람 사는 집인가 싶지요. 그렇다고 처음부터 이렇게 누더기가 된 것은 아니고 아이들이 워낙에 험하게 기숙사를 써서 그렇게 되었답니다.

그리고 공동체에서 모든 아이들이 힘들어하는 곳, 바로 똥간입니다. 공동체 똥간은 도시처럼 편안하게 앉아서 똥을 누고 버튼 하나 누르면 깨끗하게 씻겨 나가는 그런 곳이 아닙니다. 똥 한 덩어리도 버리지 않고 퇴비를 만들어 썼던 우리 선조들의 지혜가 듬뿍 담긴, 말 그대로 생태 뒷간입니다.

농촌에 살았던 분들은 잘 아시겠지만 옛날 농촌에서는 똥간에 커다란 항아리를 묻어 놓고 일을 보았습니다. 그러다가 항아리가 가득 차면 똥지게를 짊어지고 가서 똥을 퍼내 퇴비로 만들어 썼습니다. 우리는 식구들이 워낙 많으니까 똥을 바로바로 비워야 합니다. 그래서 항아리 대신 비우기 쉬운 고무통을 넣어 두고 그 위에 널판지를 깔아 쭈그려 앉아서 일을 보게끔 만들었습니다. 자주 비우면 냄새도 덜 나고 파리나 구더기도 덜 생기니까 말이죠.

그런데도 이놈의 똥간은 날이 더워지기 시작하면 어디서 똥파리가 날아와서 알을 깠는지 똥을 싸다 보면 밑에서 구더기들이 꾸물꾸물거리는 게 보입니다. 또 여름만 되면 귀뚜라미, 꼽등이, 그리고 이름도 모르는 여러 가지 곤충들이 들어와서 똥을 잘 누나 못 누나 감시를 합니다. 더구나 바람이 세게 부는 날이면 똥간 여기저기 뚫려 있는 구멍으로 바람이 쌩쌩 들어오니 이래저래 똥 누기가 아이들에게는 큰 고역이지요. 아이들이 이런 똥간에서 일을 보는 게 얼마나 힘들면, 공동체에서 여름에 4박 5일 동안 계절학교를 하는데 이 기간 동안 똥을 한 번도 안 누고 꾹 참았다가 집에 가는 날 밖에 나가서 누는 아이들도 있답니다.

'뭐, 형편없는 기숙사고, 똥간이고 사람 사는 곳인데 어찌어찌 못 살겠어. 그런데 아무리 똥간 안을 들여다봐도 똥 닦을 화장지가 보이질 않네? 아, 공동체에서는 똥간에서 쓸 화장지를 자기가 들고 다니는가 보다. 거참 불편하게 사네.'

이렇게들 많이 생각하는데 천만의 말씀. 똥간 안을 찬찬히 들여다보면 아주 친절하게 똥간 쓰는 법을 적어 놓은 종이가 보입니다.

1. 문을 걸어 잠근다.
2. 바지를 내리고 쭈그려 앉는다.
3. 잘 조준해서 발사!
4. 볼일이 끝나면 신문지를 비벼서 닦는다.
5. 바지를 올린다.
6. 뒤에 있는 통에서 쌀겨나 재를 퍼서 똥 위에 뿌린다.
7. 아유~ 시원해!

'이게 무슨 마른하늘에 날벼락이란 말인가. 신문지로 똥을 닦으라니. 이게 도대체 무슨 말이야!'

그렇습니다. 공동체 똥간에는 화장지가 없습니다. 대신에 날마다 우리 사회의 이런저런 모습을 알려 주는 신문지가 네모반듯하게 잘려서 놓여 있을 뿐입니다. 처음 공동체 똥간에 들어가 본 한 녀석은 '이상하

'변소에서 꼭 화장지만 써야 하나?' 신문지로 뒤처리를 하는 공동체의 생태 뒷간 모습.

다, 공동체는 왜 신문을 잘라서 읽지?' 이런 생각을 했답니다. 신문지로 똥을 닦을 거라고는 상상을 못 했던 것이지요.

처음부터 공동체에서 똥 닦는 종이로 신문지를 썼던 것은 아닙니다. 공동체 초기에는 우리들도 으레 화장지를 썼습니다. 그러나 식구들과 아이들이 많아지면서 화장지 쓰는 양도 만만치 않게 되었습니다. 그러던 중 식구 한 명이 공동체에 신문지가 많이 남아도는데 화장지 값도 아낄 겸 신문지를 똥 종이로 쓰면 어떻겠냐는 의견을 냈습니다. 그동안 신문지는 기껏해야 불쏘시개로 쓰곤 했는데 잘됐다 싶었지요. 그때부터 식구들이 쓰는 똥간에 화장지를 없애고, 대신 신문지를 네모반듯하게 잘라서 갖다 놓고 쓰게 되었습니다.

그런데 아이들한테는 신문지로 똥 닦는 게 어지간한 고통이 아니었나 봅니다. 특히 여자애들은 툭하면 화장지 쓰게 해 달라며 난리가 아니었지요. 그래서 하루는 아이들에게 신문지로 똥 닦기 싫은 이유를 글로 써 보라고 했더니 별의별 이야기가 다 나왔습니다.

자기는 신문지로 똥 닦는 게 너무 싫어서 이 학교를 그만둘까 생각했다는 아이. 신문지를 너무 비벼서 똥을 닦다 보니 신문지가 찢어져 손가락에 똥이 묻는 바람에 미처 다 닦지 못하고, 신문지를 엉덩이 사이에 낀 채 바지를 올리고 엉거주춤한 자세로 목욕탕까지 가서 물로 씻었다는 아이. 처음에는 신문지 비비는 방법을 잘 몰라서 똥구멍이 너무 아팠는데 나무 형이 어떻게 하는지 잘 알려 주어서 지금은 아프지 않지만 그래도 신문지로 똥 닦는 것은 너무 싫다는 아이.

아이들 글을 읽어 보면 남자아이들은 그래도 신문지 쓰는 게 많이 익숙해져서 큰 불만과 불편함이 없어 보입니다. 그러나 여자아이들은 한목소리로, "신문지는 정말 아니다!" 하고 말합니다. 그 까닭은 이렇습니다.

'첫째, 신문지는 절대 깨끗하지 않다. 물론 화장지도 형광물질이 있어서 사람 몸에 좋다고 말할 수는 없지만 친환경 화장지를 쓰면 몸에 그다지 나쁘지 않을 거다. 더구나 신문지는 종이에 잉크가 묻어 있지 않은가. 둘째, 남자애들과 다르게 여자애들은 한 달에 한 번 생

뒷간 고무통에 쌓인 똥오줌은 잘 삭혀 거름으로 쓴다. 한 학생이 똥지게를 지고 밭으로 가고 있다.

리를 하는데 신문지로 뒤처리를 하면 깔끔하게 마무리가 안 된다. 그리고 셋째, 종이를 아껴 쓰고 환경을 생각하고 다 좋은데 똥구멍이 너무 아프다.'

우리 아이들이 쓴 이런 이야기가 월간 〈작은책〉이라는 잡지에 한번 실렸습니다. 그 글을 읽고 난 어느 분이, 변산공동체학교가 화장지도 못 쓸 정도로 가난하게 사는지 몰랐다는 글을 쓰기도 했더군요.

여자애들 이야기를 들어 보니 그럴듯합니다. 남자 몸과 여자 몸이 서로 다르니 무조건 신문지를 쓰라고 강요할 수는 없는 노릇이지요. 그래서 여자애들한테는 공동체에서 화장지를 사 줄 수는 없고 정 쓰고 싶으면 너희들 돈으로 알아서 사서 쓰라고 그랬습니다. 그전에도 여자애들은 어른들 몰래 화장지를 쓰곤 했는데 이제부터는 당당하게 쓸 수 있게 됐지요.

저는 농촌에서 나고 자랐는데 어렸을 때부터 화장지가 없어서 똥 닦는 게 힘들다는 생각은 해 보지 못했습니다. 그때만 해도 신문지는 굉장히 귀한 종이였습니다. 뒷간에서 쓰는 종이로는 지푸라기나 한 장씩 뜯어 쓰는 얇은 종이 달력, 아니면 어쩌다 굴러들어 온 성경책이 전부였지요.

요즘은 아이들이 똥간에 쭈그려 앉아 있는 것도 힘들어하고 똥이라면 무조건 더럽다고 생각을 합니다. 그러나 한 가지 분명한 사실은, 살아 있는 사람이라면 누구나 먹고 싸는 일을 해야만 살아갈 수 있다는 것입니다. 사람 몸속에서 나오는 똥은 반드시 다시 사람 몸속으로 돌아가야 합니다. 더럽게 느껴진다고 함부로 버려서는 안 되지요. 언뜻 보기에는 더러워 보이지만 그 똥은 다른 누구도 아닌 우리가 살아남

똥이 땅으로 돌아가면 귀중한 거름이 된다. 김희정 교장이 똥거름을 밭에 뿌리고 있다.

기 위해서 만들어 낸 것 아니겠어요.

  사람 똥이 더럽다고 버려지는 세상은 좋은 세상이 아닙니다. 사람 몸에서 나온 똥이 땅으로 돌아가면 귀중한 거름이 됩니다. 똥을 귀하게 여기는 세상이 될 때, 우리들은 비로소 제대로 된 세상에서 살고 있다고 볼 수 있지 않을까요.

가마솥에 물 데워서 씻지요

공동체 식구들과 아이들이 사는 모든 집은 구들방입니다. 다시 말해 산에 가서 해 온 나무로 방을 따뜻하게 해야 한다는 말입니다. 공동체에서 처음으로 지은 살림집(집 짓는 것에 대해 아무것도 모르던 시절에 지은 집이라 거실도 있고, 집 안에 도시처럼 목욕탕도 있습니다) 말고 나머지 집들은 아주 단순하게 지었습니다. 모두 함께 모여서 밥을 먹기 때문에 따로 주방과 거실을 만들지 않고 불 때는 아궁이와 방, 그리고 가마솥에서 물을 퍼다 씻을 수 있는 목욕탕, 이게 전부랍니다.

그러니 남자아이든 여자아이든 수도꼭지를 틀면 뜨거운 물이 콸콸 쏟아져 나오는 그런 집은 상상할 수가 없습니다. 그나마 여자아이들은 공동체 식구가 살던, 실내 목욕탕이 딸린 집을 기숙사로 내주어서 문밖으로 나가지 않고 씻을 수 있는 조금 편리한 생활을 하고 있지요.

집을 이렇게 단순하게 지은 까닭은 난방비 때문입니다. 공동체에서 처음으로 남의 손을 빌려 살림집을 지을 때는 정부에서 돈을 보태 주면서 심야전기보일러를 놓으라고 한창 열을 올리던 때였습니다. 핵발전소가 여기저기 많다 보니 밤에 전기가 남아돌아 소비할 데가 없어서 그렇게 심야전기보일러 보급에 열을 올렸다는 것을 나중에야 알았습니다.

아무튼 처음 짓는 집이라 늘 보았던 집처럼 거실도 있고 집 안에 목욕탕도 있어야 하는 줄만 알았습니다. 그런데 웬걸, 막상 살아 보니 거실에서 지내는 시간이 그리 많지 않은 겁니다. 겨울에는 거실에 있는 시간보다 따뜻한 구들방 안에서 보내는 시간이 훨씬 더 많고요. 그리고 처음에는 값싼 요금으로 난방을 할 수 있었는데 시간이 지날수록 전기 요금이 점점 더 오르는 게 아닌가요. 그렇다고 거실 난방을 안 할 수도 없고, 난방을 하자니 잘 쓰지도 않는데 비싼 돈을 치러야 하고. 그래서 그나마 있던 심야전기보일러를 없애고 나무를 때는 화목보일러로 바꾸었습니다.

공동체 식구들이 편하게 살자고 지금 식구들과 아이들이 살고 있는 모든 집을 기름보일러로 놓았다면 공동체 식구들은 일 년 내내 돈 벌어서 기름값 대기도 벅찼을 겁니다. '조금 불편해도 돈 안 드는 방식으로 살자.' 이게 공동체에서 집을 지을 때 가장 먼저 세우는 원칙이 되었습니다.

변산공동체학교에 찾아온 아이들이 기숙사를 보고 나면 꼭 물어보는 말이 있습니다.

"근데 씻을 때는 어디서 씻어요?"

"응, 가마솥에 물 데워서 여기서 씻지요."

그러면 아이들은 순간 멍한 얼굴이 됩니다.

아이들이 생각하는 기숙사란 어떤 모습이었을까요? 다른 학교들처럼 2층, 3층으로 된 깔끔한 건물에 자기 집처럼 목욕탕이 있어서 수도

꼭지를 틀면 바로 뜨거운 물이 나오고, 세탁기도 갖추어져 있어서 빨래도 편하게 할 수 있을 거라 생각했겠지요. 그랬는데 공동체 기숙사를 보고는 이건 아니다 싶었을 겁니다.

'아무리 농촌이라지만 방은 두세 명 들어가 누우면 딱 알맞을 것같이 작고, 벽지는 최소한 꽃무늬는 아니더라도 밝은 색일 줄 알았는데 누르스름한 초배지만 발라 놓고, 부엌에는 생전 듣도 보도 못한 솥단지가 떡하니 걸려 있으니 이게 무슨 기숙사란 말인가. 칠십 년대 새마을운동 때보다 더 못하지 않은가. 더군다나 방을 따뜻하게 하려면 산에 가서 부지런히 나무를 해야 한다니……'

그래도 어쩌겠나요, 주어진 현실이 그러한데. 이제부터는 철저하게 현실에 적응하는 수밖에 없습니다. 그나마 다행인 것은 신입생 환영회 때 선배님들이 아주 친절하게 아궁이에 불 때는 법을 알려 준다는 것. 그리고 산에 가서 나무하는 것도 신입생 환영회 프로그램 가운데 하나라 두려움을 약간은 떨칠 수 있다는 것입니다.

태어나서 처음으로 아궁이에 불을 때 보는 아이들에게 불 지피기는 쉬운 일이 아닙니다. 바짝 마른 솔잎, 잔가지, 장작을 늘 넉넉하게 마련해 놓는다면 그리 어려운 일도 아니지만 어디 그런가요. 뒷산에 가서 미리미리 나무를 해서 잘 말려 놓아야 불 때기 쉽다고 여러 번 잔소리를 해도 듣는 둥 마는 둥 놀기 일쑤입니다. 마지못해 나무가 다 떨어져서 산에 가더라도 겨우 그날 땔 수 있는 나무 몇 개만 들고 옵니다. 마음 같아서는 나라도 애들 나무를 해 주고 싶지만 직접 추운 것을 느껴 봐야 정신 차리겠지 싶어서 모른 체하지요.

어찌어찌 불을 때고는 사는데 아니나 다를까 잘 마르지도 않은 나무

중등부 남학생들이 쓰는 기숙사 모습. 이곳 말고도 기숙사 세 채가 더 있다. 학생들 기숙사는 모두 구들방이다.

로 불을 지피려니 연기만 자꾸 나고, 눈은 맵고, 나무는 타지 않고 죽을 맛입니다. 또 어떤 때는 나무를 얼마나 때야 방이 따뜻한지 잘 몰라하염없이 나무를 집어넣기도 하고, 나무 자르는 게 귀찮아서 기다란 통나무를 통째로 아궁이에 집어넣어서 하루 내내 굴뚝에서 연기가 피어오르는 날도 있습니다.

하루는 아이들이 어젯밤에 방이 너무 더워서 잠을 못 잤다고 하기에 물었습니다.

"대체 불을 얼마나 땠기에 더워서 잠을 다 못 자냐?"

"그게 아니고요. 내가 불을 땠는데 얘가 모르고 또 땠어요."

이런 일들을 몇 번 겪다 보면 아이들도 마른나무의 필요성을 느끼게 됩니다. 아무리 젖은 나무라도 불을 잘 피울 수 있는 요령을 나름으로

겨울을 피하는 방법

글, 그림 바냐

그날그날 세숫대야에
물 어는 정도에 따라
씻는 정도가 달라집니다.

공동체에는 보일러(기름, 가스)가 없어요.
방 데우려고 아궁이에 넣은 나무로
솥에 물을 끓여 씻습니다.
나무를 해 올 때도 베어진 나무나
쓰러진 나무를 가져옵니다.

어머, 어머.
썬씨 오늘 뭔가 달라 보이는데,
나 몰래 목욕탕이라도
다녀온 거예요?

풋.

오늘 맘먹고 불 때서
머리 좀 감았다우!! 우!

모자쪽.

두건쪽.

추위도 피하고
찬물도 피하고.

변산 공동체 찬물을 피하는법

비 오는 날이
씻는 날이야.

세수할 때 손을
조금 더 위로 올릴 뿐.

자연인쪽.

민머리쪽.

변산공동체학교 소식지 〈구름산 마을 이야기〉 16호에 실린 그림.

터득도 합니다. 겨울방학 하기 전, 내년 봄에 땔 나무를 미리 마련해서 말려 놓아야 좋다는 것도 알게 되고요. 그래서 요즘은 겨울방학을 앞두고 학생 전체가 산에 가서 내년 봄에 쓸 나무를 합니다. 그리고 봄이 되면 따스한 햇볕 아래 옹기종기 모여 앉아 톱으로 자르고 도끼로 장작을 팹니다. 선배들은 몇 년 경험이 쌓이니까 자연스레 후배들을 가르칩니다.

기숙사 사정이 이러하니 아이들은 잘 씻을까요? 물론 잘 씻을 일이 없지요. 춥지 않은 계절에야 아이들이 빨래도 잘하고 잘 씻지만 날이 조금만 추워지면 씻는 게 귀찮아집니다. 빨래도 대충대충, 목욕은 잘 안 하고 겨우 손발 씻는 정도랍니다. 그렇다고 아이들 위생에 큰 문제가 있는 것은 아니니까 물 아끼고 좋은 일이지요.

가을에 일주일 동안 친구네 집에 머물면서 김장 배추 아르바이트를 했던 학생들이 일 끝나고 공동체로 돌아와서 했던 말이 있습니다. 공동체에 있을 때는 솥에서 뜨거운 물을 가져다 써야 했는데 친구네 집에서는 수도꼭지만 틀면 뜨거운 물이 나오니 신기하기도 하고, '이렇게 물을 막 써도 되는 건가?' 싶은 게 마치 무슨 죄를 짓는 것 같았답니다. 공동체에서 삼 년 살더니만 어느새 이런 불편한 삶이 몸에 배었나 봅니다. 이 아이들은 알고 있을까요. 불편하게 사는 삶이 건강한 삶이고 또 세상을 아름답게 만들 수 있다는 것을 말이죠.

교실도 생겼습니다

봄비가 왔습니다. 산속에 남아 있는 겨울 흔적을 몽땅 쓸고 가려는
지 개울물이 철철 넘쳐흐르고 있네요. 겨우내 땅속에서 깊은 잠을 자
고 있던 개구리들도 잠에서 깨어났습니다. 이제 봄이 왔으니 사람들도
부지런히 몸을 놀리라는 듯이 이른 새벽부터 밤늦게까지 쉬지 않고
노래를 불러 댑니다.

긴 겨울방학을 끝내고 아이들도 공동체로 돌아왔습니다. 모두들 건
강한 얼굴이네요. 통통하게 살이 오른 녀석들도 있고요.

올해(2012년)는 신입생이 아홉 명입니다. 변산공동체 어린이학교에
서 초등 과정을 마치고 중학생이 된 친구들이 다섯 명이고, 제주도에
서 세 명이 집단 유학을 왔고, 학교 공부보다는 농사일이 훨씬 즐겁다
는 아이도 한 명 들어왔습니다. 공동체에서 어린이학교를 나온 신입생
이 많아서 그런지 올해는 다른 지역에서 온 친구들도 다른 어느 해보
다 공동체 생활에 빠르게 적응하고 있어서 마음이 편합니다.

공동체 분위기도 지난해하고는 많이 달라졌습니다.

가장 큰 변화는 학생들에게 생긴 오후 자유시간입니다. '수업이 없

는 학생들은 잠을 자든, 자기가 하고 싶은 일을 하든 무어라 하지 않겠다. 오후는 다른 일을 하지 않고 자유시간을 갖는다'고 약속을 했지요. 개학한 지 며칠 되지는 않았지만 아이들도 식구들도 아직까지는 모두들 만족하고 있습니다. 고등 과정에 있는 한 학생은 오후에 일을 안 하니까 왠지 이상하다고도 말하는데, 학생들 대부분은 자유시간이 많아져서 다들 좋아합니다.

늘 밖에서 하던 신입생 환영회를 올해는 4박 5일 동안 공동체 안에서 했습니다. 밖으로 나가면 돈도 많이 들고 신입생 환영회라기보다는 그냥 나들이 가는 기분이었는데, 공동체 안에서 하니까 돈도 아끼고 학생들끼리 서로를 잘 알 수 있는 시간이 충분해서 좋았습니다. 모든 프로그램은 어른들 도움을 받아 고등부에서 준비했습니다. 수진이하고 채우가 언니, 형 들을 의젓하게 잘 도와주어서 역시 고등학생이 되니까 뭔가 다르다는 것을 느꼈습니다.

드디어 교실도 생겼습니다. 그동안에는 초등, 중등, 고등부 학생이 공동체 안에서 같이 공부를 하다 보니까 실내에서 수업을 하려면 어디 빈자리가 없나 여기저기 찾아다니는 게 일이었습니다. 그래서 놀고 있던 손님 숙소 2층을 두 칸으로 나누어서 교실로 꾸몄답니다. 아이들은 교실이 식당에서 너무 멀다고 투덜대기는 하지만(그래 봐야 걸어서 십 분이 안 되는 거리랍니다) 따뜻하고 차분하게 수업을 할 수 있어서 좋다고 합니다. 안정된 교실이 생겨서 그런가 아이들도 수업을 진지하게 듣습니다. 늘 어수선하고 잠이나 자기 일쑤인 녀석들이 눈빛을 반짝이며 앉아 있으니 왠지 낯설어서 아직은 제가 적응이 안 됩니다. 일 년 내내 이런 분위기가 이어져야 할 텐데 말입니다.

새로 생긴 교실에서 수업을 하고 있다. 교실이 생기니 빈 공간 찾아다니는 수고로움도 덜고, 아이들도 수업을 진지하게 잘 들어서 여러모로 좋다.

　　학생회장을 뽑는 선거도 생겼습니다. 중등부 회장, 전체 학생회장을 같이 뽑는데 선거운동 기간은 일주일이고 첫 선거인 만큼 공동체와 관련이 있는 학생들, 식구들, 교사는 모두 선거에 참여할 수 있도록 했습니다. 공동체 안에서 처음 치러 보는 선거인데 중등부 회장에 네 명, 전체 학생회장에 네 명이 후보로 나섰습니다. 전혀 생각지도 않았던 친구가 후보 등록을 해서 모두를 놀라게 했고, 전체 학생회장 후보엔 유일한 여성 후보도 출마하여 경쟁이 치열하리라 예상합니다. 저는 아이들에게 통닭 사 주기 같은 혼탁 선거를 부추기고 있는데 영 말을 안 듣네요. 선거 특수를 누려 보기는 애당초 틀린 것 같습니다.

　　학생회장에 출마한 후보자들은 자기가 왜 학생회장이 되어야 하는지 글도 써야 하고, 전체 식구들 앞에서 일 년 동안 학생회를 어떻게 이끌어 나갈지 자기 생각을 발표도 해야 합니다. 초등학생 나무한테 누구 찍을 거냐고 물어보니까 연설하는 것 봐서 찍는다고 해요. 어린 나무도 친분에 얽매이지 않고 투표를 하겠다고 하니 후보자들은 준비를 많이 해야 할 겁니다.

아이들이 가장 슬퍼하는 올해의 변화는 공동체 안에서 아이들은 손전화와 전자수첩, 아이패드같이 그림이 나오는 전자 기계를 쓸 수 없게 되었다는 것입니다. 간디학교에서는 학생들이 손전화를 가지고 학교에 오면 학생과 손전화를 함께 집으로 돌려보내서 손전화는 집에 놔두고 학생만 그날로 학교에 돌아오게 한다는 이야기를 들었습니다. '옳다구나, 바로 이거다!' 이번 기회에 우리도 아예 손전화와 전자 기계에서 해방되자는 생각으로, 아이들에게 그림이 나오는 전자 기계는 절대로 학교에 가지고 들어올 수 없다고 일방으로 결정을 했습니다.

학교에 남을 것이냐 손전화를 선택할 것이냐, 알아서 하라고 했더니 아이들은 학교를 선택했네요. 신입생 가운데 아버지가 최신 손전화를 사 준다고 해서 변산공동체학교에 오기로 했는데, 올해부터 손전화를 쓸 수 없다는 학교 결정에 굉장히 억울해하는 친구도 있지만 대체로 잘 지내고 있답니다. 부모님들은 아이들이 보고 싶으면 편지를 쓰거나 팩스가 되는 아이들 전용 전화기로 통화할 수 있으니 너무 걱정 안 하셔도 됩니다.

새 학기를 맞아 여러 가지 변화를 맞이한 아이들이 달라진 학교 생활에 어떤 모습으로 스며들지 벌써부터 궁금해집니다.

공동체 역사를 새로 쓴 학생회장 선거

새 학기를 시작한 지 어느새 한 달이 지났습니다. 지난해 같으면 벌써 산에는 진달래가 피고 퇴비 더미에서도 김이 모락모락 올라왔을 텐데 올해(2012년)는 윤달이 들어서 그런지 봄기운을 느낄 수가 없네요. 비도 자주 오고, 아침저녁으로는 제법 쌀쌀한 게 하얗게 서리도 내렸습니다. 엊그제는 바람이 태풍처럼 세게 불어서 비닐하우스에 씌워두었던 비닐이 찢어지기까지 했으니, 이러다가는 봄을 잃어버리는 것은 아닌지 걱정이네요.

지난 삼월에 공동체 역사를 새로 쓴 학생회장 선거가 열렸습니다. 국회의원 선거, 대통령 선거, 지방자치 선거까지 여러 선거에 참여해 보았지만 이번에 치른 학생회 선거가 가장 재미있고 뜻깊었습니다.

아이들이 자신을 알리는 선거 벽보도 스스로 만들고, 내가 왜 학생회장이 되어야 하는지 식구들 앞에서 이야기도 하고, 후보자들끼리 전체 식구들 앞에서 서로의 정책에 대해 이야기하는 정책토론회도 했습니다. 정책토론회 때 후보자들이 상대 후보에 대해 칭찬하는 시간이 있어서 좋았구요. 상대 후보의 공약이 정말 실현 가능한 것인지 진지하게 따져 묻기도 했는데, 상대 후보 공약을 공격한다는 게 그만 그 후보자의 공약을 오히려 더 돋보이게 해서 웃음을 자아내기도 했습니다.

여러 사람들 앞에서 처음으로 자기 생각을 이야기해 보는 아이들이 많아서 토론회 시작하기 전에는 긴장된다며 화장실에 몇 번씩 들락거리는 후보자도 있었습니다. 그래도 아이들은 진지하게 이야기를 잘하고, 식구들은 귀 기울여 들으면서 질문도 많이 했습니다. 우리 아이들이 마냥 철없는 것은 아니라는 생각을 하게 되었답니다.

여론조사도 두 차례 했습니다. 첫 번째 여론조사는 거의 인기투표처럼 결과가 나왔는데, 정책토론회를 하고 나서는 지지하는 후보가 바뀌고 여론조사 결과도 뒤집어졌네요. 우리 아이들이 선거를 치르는 자세가 어른들보다 훨씬 낫다는 생각이 들더군요. 지금 국회의원 선거가 한창인데, 우리 어른들은 후보자와 정당이 내세운 공약들을 꼼꼼히 살펴보고 투표를 하고 있는지 아니면 그저 아무 생각 없이 투표를 하고 있는지 되돌아볼 일입니다.

학생회장 선거를 앞두고 후보자들이 여러 식구들 앞에서 정책토론회를 하고 있다.

"저는 가번 우리 을이 오빠입니다." 후보자들은 공약이 담긴 선거 벽보를 스스로 만들었다.

학생회장 선거 결과를 말씀 드리자면 전체 학생회장은 신민하 학생이, 중등부 학생회장은 김한얼 학생이 뽑혔답니다. 신민하 학생은 고등부 2학년으로 후보자 가운데 유일한 여학생이었습니다. 신입생 환영회 기간 동안 전체 책임을 맡아 열심히 준비하고 성실하게 일하는 모습이 식구들에게 큰 믿음을 주었습니다. 김한얼 학생은 정책토론회를 하면서 전과는 많이 달라진 모습을 보여 주어서 식구들이 모두 깜짝 놀랐습니다. 작년까지만 해도 한얼이는 철없는 행동을 많이 했습니다. 중등이지만 놀이방 아이들처럼 노는 '놀이방 패거리'였는데 올해는 확실하게 놀이방을 졸업하고, 의젓하고 듬직한 중등부 제일 큰형이 되었답니다.

결과는 이렇게 나왔지만 다른 후보자들도 모두 후회 없이 열심히 했다고 합니다. 고등부 1학년인 채우는 선거 구호가 '자신만만'이었는데, 정말 씩씩하게 선거 운동을 해서 많은 식구들을 웃게 해 주었지요.

고등부 2학년 한을이는 선거 공약으로 대학을 만들겠다는 이야기를 해서 식구들이 어리둥절하기도 했죠. 정책토론회 때 '대학을 만들려면 돈도 많이 들어갈 텐데 돈은 어떻게 마련하겠느냐'는 질문에 사비를 털어서 만든다고 해서 진심인가 싶었습니다.

그런데 '공동체에서 학교를 마치고 나면 모두들 공동체를 떠나게 되는 게 많이 안타깝더라, 그리고 공동체에서 식구로 살자니 나이도 어리고 어른들 틈바구니에 끼어서 생활하기가 쉽지 않다, 그래서 대학을 만들면 공동체를 떠나지 않고 자기가 하고 싶은 공부를 더 하면서 차츰차츰 식구로 자리매김할 수 있지 않을까' 하는 생각이 들어서 만든 공약이라는 이야기를 듣고 다들 감동했답니다.

성호는 올해가 학생으로서는 마지막인 만큼 젊음을 불태워 열심히 학생회 일을 해보겠다고 이야기를 했는데, 후보자들 가운데 나이가 가장 많아 오히려 눈총을 받기도

김희정 교장이 투표를 하고 있다. 이번 선거는 공동체에서 열리는 첫 학생회장 선거라는 의미를 널리 알리고자, 선생님과 공동체에 사는 식구들 모두 참여할 수 있도록 했다.

했지요. 성호는 신입생 환영회를 준비할 때 늦게 오거나 책임감 없는 모습을 더러 보여서 식구들한테 인심을 좀 잃었습니다. 그래서 처음에는 지지율이 낮았는데, 선거운동 기간 동안 식구들 한 명 한 명한테 손편지를 쓰는 정성을 보여서 인심을 많이 되찾았습니다. 여러모로 선거를 통해서 자신을 가다듬는 모습이 참 예뻤습니다. 민하한테 네 표 차이로 아쉽게 학생회장 자리를 내주기는 했지만 지금은 공동체학교 맏형으로 동생들 잘 챙기고, 학생회 일도 열심히 하고 있답니다.

아이들한테 학생회 선거가 어땠냐고 물어보니 모두들 좋은 경험이었다고 하네요. 떨어져서 아쉬운 것은 살짝 있지만 후회는 없다고 합니다. 자기 자신을 다시 한 번 돌아보는 좋은 시간이었다고도 하고요. 채우는 선거 구호가 '자신만만'이었는데 선거 기간 동안 자꾸, "자신만만, 자신만만" 하다 보니까 자기도 모르게 모든 일에 자신만만해진 것 같다고 합니다.

학생회가 생기면서 아이들 스스로 풀어 가야 하는 일들이 많아졌습니다. 그동안은 공동체 안에서 문제가 생기면 하나하나 어른들이 잔소리하고 챙겨야 했는데 이제는 아이들이 회의를 통해서 해결할 길을 찾고 있습니다. 공동체 안에 카페와 매점 만들기, 수업에 늦지 않기, 늦으면 벌칙 정하기, 하루하루 할 일 정하기, 선거 때 가장 많이 나왔던 학생들 사이의 소통 그리고 어른과 학생들 사이의 소통을 어떻게 잘할 수 있을지에 대한 것, 앞으로 나는 어떻게 살 것인지 진로에 대한 고민까지 할 일이 많아서 그런지 거의 날마다 회의를 하는 것 같아요. 중등 전체 회의, 학생회 회의, 여학생 모임, 걷는 여행 준비 모임, 카페 준비 모임……. 회의도 모임도 종류가 참 여러 가지입니다.

카페 준비 모임이 결실을 맺어 공동체 강당 2층에 카페 '수작(手作)'이 문을 열었다. 단골 손님인 윤구병 선생이 카페지기 학생과 이야기를 나누고 있다.

어쨌든 뭔가를 하기 위해서 바쁘다는 것은 좋은 일이겠지요. 보다 중요한 것은 이제 어른들 잔소리와 책임이 조금씩 줄어든다는 겁니다. '이건 몰랐지, 어른들이 조금 편해지려고 학생회 만들자고 부추긴 줄은.'

스스로 선택해서 듣는 수업

사월입니다. 지난겨울에는 눈도 많이 오지 않고, 비도 내리지 않았습니다. 날이 이렇게 가물다 보니 지난가을에 심어 놓았던 양파, 보리, 밀, 마늘이 제대로 자라지 못했습니다.

날이 풀리자마자 마을 어르신들은 지하수를 퍼 올려 양파, 마늘 밭에 물을 댔습니다. 우리 식구들도 마늘 밭에는 경운기를 돌려 물을 주었지만 보리, 밀, 양파 밭에는 물을 댈 수 있는 형편이 안 되어서 걱정이 많았습니다. 다행히도 삼월 중순이 넘어서 반가운 봄비가 촉촉이 내렸지요. 오랜 가뭄으로 몸살을 앓던 작물들이 지금은 파릇파릇하게 되살아나서 기운차게 자라고 있습니다.

석 달 긴 시간 동안 집에서 한가하게 시간을 보내던 아이들도 모두들 학교로 돌아와서 공동체는 다시 아이들 떠드는 소리, 웃음소리로 넘쳐나고 있습니다. 새로 들어온 아이, 중등이나 고등 과정을 마치고 새로운 길을 찾아 떠나는 아이들로 학교에도 자그마한 변화가 있습니다만 올해 가장 큰 변화는 우리 아이들이 수업 준비로 정신없이 바쁘다는 것입니다. 오죽하면, "삼촌, 숙제가 너무 많아서 힘들어요. 선생님들한테 숙제 조금만 내 달라고 하세요" 하면서 하소연하는 아이도 있으니까요.

제가 오랫동안 아이들과 함께 지내 왔지만 올해처럼 우리 아이들이 수업 준비한다고 정신없어하는 것을 보기는 처음입니다. 새벽마다 국선도 수련을 맡으신 선생님도 아이들이 늦지 않게 잘 맞춰 나오고 수련하는 자세도 지난해와는 견줄 수 없을 정도로 좋아졌다면서, 혹시 아이들에게 무슨 약을 먹였느냐고 물어보시네요. 하하하, 약은 먹이지 않았구요. 다 방법이 있답니다.

작년에도 그렇고 재작년에도 아이들한테 입이 닳도록 이야기하고 야단도 쳤습니다.

"애들아, 제발 수업 시간에 늦지 말아라. 그리고 수업에 들어가면 선생님들이 내준 숙제는 잊지 말고 꼭 해라. 다들 농사일로 바쁘신데도 일부러 시간 내서 오셨건만, 너희들이 수업 준비도 안 하고 수업 시간에도 집중하지 않고 엉뚱한 짓만 하고 있으면 그분들한테 얼마나 미안한 일이냐."

그러거나 말거나 아이들은 수업 준비를 제대로 안 하고 수업 시간에도 졸거나 딴짓하기 일쑤였어요. 그러니 수업을 맡은 선생님들도 힘이 빠지고 말지요.

우리 학교가 아이들에게 하기 싫은 것을 억지로 시키거나 강제로 무엇을 하게 만드는 곳은 아니지만 이건 아니다 싶었습니다. 수업 시간에는 선생님과 학생 사이에 지켜야 할 최소한의 예의라는 게 있는데 말이죠. 그 예의라는 게 수업 시간에 늦지 않고, 수업 준비 잘하고, 재미있게 공부하는 것 정도인데요. 어떻게 하면 아이들에게 이런 책임감을 길러 줄까 고민을 했습니다. 그래서 결심했습니다.

'그래, 올해는 짚풀공예와 글쓰기만 빼고 모든 수업을 아이들 스스
로 선택해서 듣게 하자.'

짚풀공예는 작년에도 신입생은 꼭 들어야 하는 수업이었으니까 신
입생만 필수로 하면 되고, 글쓰기는 일주일 동안 지낸 시간을 돌아보
면서 쓰고 싶은 이야기를 쓰는 것이니 굳이 수업 시간이라고 말할 게
없어요. 나머지는 아이들이 스스로 선택해서 듣고 싶은 수업만 들어가
면 됩니다. 아이들이 수업 준비를 잘해 올 수 있도록 숙제를 충분히 내
주고, 수업에 참여하는 아이가 전처럼 아무런 준비 없이 들어오면 수
업을 들을 수 없도록 해 봐야겠다는 생각을 했습니다.

학기를 시작하기 전에 선생님들이 모인 회의에서 이런 제 생각을 말
했습니다. 아이들 중에 수업을 전부 안 듣거나 하나만 듣겠다고 하면
어떻게 할지, 그런 아이도 우리가 학생으로 인정해야 하는지 걱정하신
분도 있었습니다. 틀린 말은 아니지요. 그리고 충분히 그럴 가능성도
있고요. 그렇지만 제 생각은 달랐습니다.

'물론 그런 학생도 있겠지만 많은 아이들이 다 그렇지는 않을 거다.
설사 그렇게 모든 수업에 흥미를 갖지 못한 아이가 있더라도 어쩔
도리가 없다. 그건 그 아이가 감당해야 할 몫이다.'

어른들이 보기에 이 수업만큼은 꼭 듣고 배웠으면 하는 바람으로 아
이들에게 가르치더라도, 정작 배워야 할 아이들이 아무런 흥미를 느끼
지 못한다면 그 아이에겐 그 수업이 재미없고 지루한 시간이 되어 버
립니다. 그리고 또 하나 제가 가장 걱정했던 것은 아이들이 강제에 길
드는 것입니다. 이런 생각도 들었습니다.

짚풀공예는 신입생이라면 꼭 들어야 하는 수업이다. 짚풀공예를 가르치는 변산면 토박이 학부모인 박형진 선생이 여름 계절학교를 맞아 아이들과 함께 짚으로 밧줄을 엮고 있다.

'이 수업이 재미없고 듣기 싫은데 어른들이 꼭 배워야 한다고 하니까 어쩔 수 없이 수업에 들어가야 한다는 생각으로 아이들이 교실에 앉아 있다 한들 무슨 배움이 생길까? 때를 놓치지 말아야 하는 농사일 빼고 강제로 무엇인가를 시킨다는 것이 과연 아이들에게 잘하는 일일까?'

아이들이 작은 일부터 스스로 생각해서 판단할 수 있는 힘을 기르지 못하고 모든 것을 그저 남들이 정해 놓은 대로 따라서 살게 된다면 어른이 되어서도 마찬가지가 아닐까요?

수업을 맡은 선생님들은 모든 수업을 선택해서 듣게 한다는 제 생각에 걱정을 하긴 했습니다. 그렇지만 지금까지 아이들이 수업 시간에 참여하는 모습에 문제가 있고, 수업에 보다 적극 참여할 수 있게 분위

선택 수업을 시작하고 학생들 태도가 전과 확 달라졌다. 새벽마다 가야 해서 늦기 일쑤였던 국선도 수업도 선생님이 놀랄 만큼 열심히 참여하고 있다.

기를 바꿀 필요가 있다는 것은 동의를 했기 때문에 우선은 제 생각을 받아들여 선택 수업을 해 보는 것으로 결정을 내렸습니다.

선생님들 생각을 아이들에게 충분히 설명해 주고 수업 시간표를 짜게 했습니다. 아이들도 어른들의 이런 마음을 알아들었는지 대부분 서너 과목은 듣겠다고 신청을 했습니다. 그래도 달랑 과학과 글쓰기 두 과목만 듣겠다고 신청을 한 아이도 있었습니다. 어째서 두 과목만 신청했느냐 물어보니, "몰라요, 다 재미없어요" 그럽니다. "그래, 모든 수업이 재미없으면 어쩔 수 없지. 올해는 수업이 듣기 싫더라도 내년에는 흥미가 생겨서 다른 수업을 더 들을 수도 있으니까 기다려 보자"고 말하고는 수업을 더 들으라고 강요하지 않았습니다.

이렇게 해서 선택 수업을 시작한 지 한 달이 지났습니다. 한 달이란 짧은 시간을 보내고 섣불리 말하기 그렇지만 아직까지는 아이들이 수업에 열심히 참여하고 있습니다. 숙제가 많다고 투덜거리기는 하지만 자기들이 선택한 수업인지라 다들 어떻게든 해 보려고 애쓰는 모습이 보입니다. 욕심 부리느라 이 수업, 저 수업 여러 과목을 신청했던 아이들도 감당하기 힘든 수업은 스스로 빠지기도 하고요.

지난해까지는 수업이 없는 오전이면 방 안에 틀어박혀 주로 만화책을 보거나 잠을 자던 아이들이 이제는 이곳저곳에서 선생님이 내준 숙제를 하거나, 다른 수업 준비하느라 바쁜 모습들입니다. 선생님들도 아이들 태도가 많이 달라졌다고 하시네요. 이런 분위기가 조금만 더 자리를 잡는다면 아이들이 스스로 선택한 일에 책임지는 힘을 기르게 되지 않을까 싶습니다.

산처럼 물처럼 자연스럽게 하는 공부

제가 교실에서 아이들과 함께하는 공부는 '아침모임' '산처럼 물처럼' '글쓰기'입니다. 아침모임은 수업이라고 할 수는 없지만 토요일, 일요일 빼고는 날마다 교실에서 하니까 어찌 보면 가장 중요한 시간 이지요. 전에는 중등, 고등부가 함께 아침모임을 했는데 올해부터는 따로 합니다. 중등부는 저와 부담임인 한을이가 하고, 고등부는 훤이 와 부담임인 진기가 합니다.

1학기를 마치고 아이들하고 둘러앉아 평가회를 하는데 아침모임을 같이하자는 말도 나왔습니다. 지난해까지는 모두가 함께 모여서 왁자지껄 떠드는 재미가 있었는데 따로따로 하니까 재미가 덜하다고 하네요. 그래도 따로 하면서 집중도 잘되고 좋다는 의견이 더 많기에 2학기 때도 지금처럼 하기로 했습니다.

아침모임은 아침밥을 먹고 여덟 시에 시작합니다. 학기가 시작되고 나서 얼마 동안은 아이들이 시간을 잘 안 지킵니다. 꼭 늦게 나오는 아이들이 있는가 하면 자느라고 아예 들어오지 않는 아이들도 있습니다. 이럴 때는 벌칙이 가끔 요긴할 때가 있습니다. 늦으면 벌금 오천 원,

아예 안 나오면 벌금 만 원. 이렇게 벌금을 모아서 나중에 아이들이랑 맛있는 것을 사 먹습니다. 지난 1학기 초에도 단골 지각생과 결석생이 여러 명 있어서 아이들이랑 치킨을 사 먹을 수 있었습니다. 우리는 그렇게 꼬박꼬박 돈을 내는 아이들을 기부천사라고 부릅니다. 한 달 정도는 아이들이 아침모임을 잘 빼먹는데 한 달이 지나면 스스로 시간 맞춰서 잘 나옵니다. 꼬박꼬박 기부를 하다가는 빈털터리 되기 쉽거든요.

"아저씨 목소리가 너무 졸려요"

아침모임 시간에는 주로 책을 읽습니다. 지난해에는 제가 읽은 책 가운데 우리 아이들에게도 들려주면 참 좋겠다는 생각이 드는 것을 읽어 주었습니다. 참 묘한 것은 제가 책을 읽기만 하면 학생들이 꾸벅꾸벅 좁니다. 아침모임 때도 그렇고, 다른 수업 시간에도 그렇고 말이죠. 어떻게든 눈을 감지 않으려고 애쓰는 아이들도 있는데, 수업 중간에 보면 거의 다 꾸벅꾸벅 졸고 있습니다. 수업이 재미없냐고 물어보면 그것도 아닙니다.

"아저씨 수업은 재밌기는 한데 아저씨 목소리가 너무 졸려요. 마치 자장가 같아요."
그렇습니다.

그래서 올해부터는 서정오 선생님이 쓴 《옛이야기 들려주기》(서정오, 보리, 2011)를 아이들이 돌아가면서 읽고 있습니다. 이렇게 옛이야기 책을 읽게 된 까닭은 아이들이 책을 너무 안 읽어서 이때라도 책을 읽게 해야겠다는 마음도 있구요. 또 하나는 여러 사람 앞에서 소리 내어 책을 읽으면서 자신감을 기르기 위한 것도 있습니다. 중학생 나이 지만 책을 잘 못 읽는 아이도 있고, 남 앞에만 서면 목소리가 모기 소리로 바뀌는 아이도 있거든요.

아침모임을 시작하기 전에 먼저 아이들에게 이야기합니다.

"잘 읽든 못 읽든 큰 소리로 읽어라. 듣는 사람도 다른 사람이 책을 읽으면 귀 기울여 잘 듣고."

국어 수업이란 게 별거 아니지요. 다른 사람이 말하는 것을 잘 듣고, 내 생각을 또박또박 말하고, 책을 소리 내어 잘 읽고, 자기가 보고 듣고 느낀 것을 있는 그대로 정직하게 쓰고.

날마다 아침모임 시간에 훈련을 해서 그럴까요. 우리 아이들은 남의 말을 귀 기울여 잘 듣습니다. 아침에 모였을 때 책 읽는 게 아주 서툰 아이들이 있는데, 그 아이가 다 읽을 때까지 조용히 들어 주고 책 읽기가 끝나면 손뼉을 쳐 줍니다. 식구 전체가 모여서 하는 회의 때도 다른 사람들 이야기를 잘 듣습니다. 손님들은 가끔 아이들이 이렇게 많은데도 회의가 잘되는 게 놀랍다고 합니다.

아침마다 옛이야기를 읽다 보니까 좋은 점이 참 많습니다. 첫 번째는 깨끗한 우리 말을 잘 익힐 수 있습니다. 옛이야기 속에는 어려운 한자 말이나 다른 나라 말이 없습니다. 모두가 우리 조상들이 살아가면서 썼던 쉬운 우리 말로 되어 있습니다. 그러니 아이들이 책을 읽으면서 우리 말을 저절로 익히게 됩니다.

두 번째는 아이들이 이야기 흐름에 맞춰 자연스럽게 반응을 합니다. 못된 시어머니나 인심 사나운 사람들 이야기가 나오면 여기저기서 '너무 한다, 못됐다' 이런 말이 튀어나옵니다. 우스운 이야기를 읽을 때는 책을 읽는 아이도 키득키득 웃고, 다른 아이들도 깔깔거리며 웃습니다. 슬픈 이야기가 나오면 참 안됐다면서 한숨을 쉬기도 하고요.

세 번째는 아이들이 책을 읽으면서 우리 조상들이 살아왔던 삶을 들여다볼 수 있습니다. 그러다가 아이들이 제대로 이해 못하는 게 있으면 제가 이야기에 덧붙여 설명을 해 줍니다. 다행히 제가 농촌에서 나고 자란 놈이라 우리 조상들이 농사지으며 살아왔던 삶을 얼추 알고는 있으니까요.

또 가끔은 이오덕 선생님이 초등학교 아이들 시를 모아 펴낸《일하는 아이들》(이오덕, 보리, 2002) 시집을 읽어 주기도 하는데 아이들이 깜짝깜짝 놀랍니다. 초등학교 2학년, 3학년 아이들이 지금 중등, 고등 아이들만큼이나 힘들게 일한 이야기가 시로 써 있으니까요. 우리 학교는 너무 힘들게 일한다고 투덜대던 아이들도 이때만큼은 아무런 불평도 안 합니다. 자기들보다 어린 나이에 더 힘들게 살았던 사람들이 있으니까요.

이처럼 아침모임은 책을 읽기도 하고 그날그날 해야 할 일

김희정 교장은 공부를 시작하기 전 '아침모임'과 '산처럼 물처럼' '글쓰기' 수업을 맡고 있다.

을 정하기도 하고, 또 서로 나누고 싶은 게 있으면 아무거나 꺼내놓고 자유롭게 이야기합니다. 시간표에 들어가 있는 수업은 아니지만 모든 학생이 함께하는 아주 귀한 시간이지요.

무엇이든 할 수 있는 수업

'산처럼 물처럼'은 고등부 아이들이 듣는 수업 시간입니다. 왜 산처럼 물처럼이냐고요? 딱히 무엇을 배운다, 공부한다는 게 정해져 있지 않거든요. 그냥 아이들이 궁금한 게 있으면 물어보기도 하고, 또 어떤 때는 교실 대신 밭에 나가 일하기도 합니다. 말 그대로 산처럼 물처럼 자연스럽게 무엇이든지 할 수 있는 시간이지요.

올해는 아이들이 공동체에 대해 공부를 해 보고 싶다고 하더군요. 그래서 변산공동체학교에 대한 밑그림이 담긴 《실험 학교 이야기》(윤구병, 보리, 2014)를 읽고 발표를 하기도 했고, 《이집트 구르나 마을 이야기》(하싼 화티, 열화당, 2000)도 읽고 나서 서로 의견을 나누었습니다. 세월호 참사에 대한 이야기도 하고, 〈작은책〉에 실린 글을 가지고 수업을 하기도 합니다. 고등부 아이들하고는 세상 사는 이야기를 깊이 있게 나눌 수 있어서 좋습니다. 이처럼 여러 가지 공부를 하지만 수업에서 나누는 핵심 내용은 늘 똑같습니다.

'혼자만 잘 사는 게 아니라 더불어 살아야 한다. 스스로 제 앞가림할 수 있는 힘을 길러야 한다.'

아이들은 아직까지 변산공동체학교가 꿈꾸는 세상을 잘 이해하지 못하고 있습니다. 그래서 수업 시간 때마다 윤구병 선생님이 공동체를 만들면서 꿈꾸었던 세상의 모습을 이야기해 주고, 그동안 공동체가 걸어왔던 길에 대해서도 들려줍니다. 너희들이 도시로 나가지 않고 농촌에서 농사지으며 착하고 정직하게 살았으면 좋겠다는 말도 많이 합니다. 삼 년 동안 귀에 못이 박히도록 농사짓고 살아야 한다는 이야기를 듣다 보니 당연히 그래야 하는 줄 알고 자연스럽게 공동체에 남는 아이들도 생기더군요.

한 가지 놀라운 것은 스스로 책을 읽고 와서 발표를 하기도 하고, 자기들이 살고 있는 공동체에 대한 이야기를 많이 나누다 보니까 아이들이 꾸벅꾸벅 졸지 않더라구요. 저는 이것만으로도 크게 만족하고 있답니다.

글쓰기 수업은 일주일에 한 번씩 꼬박꼬박 합니다. 작년에는 〈작은책〉 대표로 있는 안건모 선생님이 한 달에 한 번 와서 수업을 했습니다. 멀리 살다 보니 한 달에 한 번밖에 시간을 못 내니까 숙제를 많이 내주셨습니다. 아이들은 글쓰기 숙제가 많아서 힘들고, 선생님은 한 달에 한 번 하는 수업인데 아이들이 준비를 제대로 안 해 와서 어려운 점이 많다고 하셨습니다. 그래서 올해는 부족하지만 제가 일주일에 한 번 수업을 하기로 했습니다.

글쓰기 수업 시간에는 주제를 미리 정해 주기도 하고 자유롭게 주제를 정해서 알아서 쓰기도 합니다. 수업 교재는 이오덕 선생님이 쓴 《무엇을 어떻게 쓸까》(이오덕, 보리, 2007)입니다. 이오덕 선생님은 참된 글쓰기야말로 아이들을 정직하고 참된 사람으로 만든다고 하셨습니다. 거짓으로 꾸며 낸 이야기가 아니라 자기가 보고 겪은 일을 쉬운 우리 말로 정직하게 써야 한다고 하셨지요. 저도 이오덕 선생님 책을 읽으면서 많은 가르침을 얻었습니다. 그런데 제가 배우는 것하고 아이들을 가르치는 것은 많이 다르더라구요. 우선 글감 정하기도 참 힘들고 아이들이 쓴 글을 읽고 잘못된 곳을 골라내는 눈도 아직은 많이 부족하고요. 그래도 아이들이 쓴 글을 읽으면서 아이들 마음을 들여다볼 수 있어서 좋습니다.

'요즘 저 아이는 무슨 고민을 하고 있구나, 또 이 아이는 겉으로 드러난 것하고는 다르게 생각이 깊네.'

그러면서 아이들 한 명 한 명을 잘 알게 되지요.

가장 가슴 아플 때는 아이들이 공동체에서 사는 게 재미없다고 할 때입니다. 하루하루 살다 보면 재미있을 때도 있고, 재미없을 때도 있을 겁니다. 그런데 글을 써 보라 하면 무슨 일이든지 재미없고, 하기 싫다고 씁니다. 일부러 그렇게 쓰는 게 아니라 정말로 재미가 없으니까 솔직하게 썼을 텐데 이걸 어찌해야 하나 답답하지요. 한 학생이 쓴 글을 읽고 부모님하고도 이야기를 해 보았는데 이 아이가 집에서도 말을 잘 안 하고 그런답니다. 아마도 사춘기가 온 것 같으니 가만히 내버려두자고 해서서 지켜보고만 있습니다.

우리 아이들은 글을 길게 쓰지는 못하지만 솔직하게 씁니다. 일부러 꾸며서 쓸 필요가 없으니까요. 한번은 고등부 아이들한테 '나는 왜 먼저 일을 하지 않는가'를 주제로 글을 쓰게 했습니다. 중등부 아이들은 일할 시간이 되면 누가 먼저 오든 나중에 오든 가리지 않고 오는 순서대로 밭에 앉아 일을 시작합니다. 그런데 고등부 아이들은 묘하게도 전부가 모이지 않으면 시간이 되었는데도 가만히 기다리고 있습니다.

좋게 말하면 단합이 참 잘되는 것이고 나쁘게 말하면 나는 절대로 손해 보는 짓은 안 하겠다는 겁니다.

아이들 모습이 하도 답답해 보여서 너희들의 솔직한 마음을 글로 써 보라고 했지요. 그랬더니 아이들은 한결같이 자기가 먼저 일을 시작하면 손해 보는 것 같아서 안 했다고 하더라구요. 아이들이 솔직하게 쓴 글을 함께 읽고 이야기를 나누었지요. 내가 내 삶의 주인이 된다는 것은 무엇일까에 대해서요. 아이들이 제 말을 알아들었는지 그 뒤로는 기다리지 않고 먼저 일을 시작하더군요. 힘들 때는 가끔씩 잔꾀를 부리기도 하지만요.

글쓰기 수업은 저한테도 참 어려운 수업입니다. 우선은 제가 공부가 많이 부족한 탓이고 바쁘다는 핑계로 아이들 글을 꼼꼼하게 챙겨 읽지 못했기 때문이지요. 아이들에게는 그저 미안할 따름입니다. 앞으로는 제가 더 부지런히 공부를 해야겠습니다. 우리 아이들이 자기들 마음을 솔직하게 글로 나타내고, 그러면서 삶을 아름답게 가꾸어 나갈 수 있도록 이끌어 주어야 할 텐데 짐이 무겁습니다.

가마솥 메고 걷는 여행

오월입니다. 겨우내 잠자고 있던 나무들이 기지개를 켜는지 새로운 잎사귀들이 앞다투어 피어나 공동체 앞산이 온통 푸른 빛으로 가득합니다. 산뿐만 아니라 밭둑에도 여러 가지 풀과 꽃이 돋아났네요. 겨우내 마른 지푸라기만 먹던 소들도 싱싱한 풀을 맛볼 수 있게 되었습니다. 새벽에 남자아이들 셋과 쇠꼴을 베는데 이제는 새벽에도 쌀쌀하지 않고 선선한 바람이 불어 기분이 상쾌하고 참 좋습니다.

지난달에는 아이들과 함께 걷는 여행을 다녀왔습니다. 그동안 아이들은 일 년에 한 번 어른 몇 명과 함께 여행을 다녔는데, 저는 올해 처음 아이들과 함께 걷는 여행을 가 보았습니다. 공동체 일로 많이 바빠서 갈 여유도 없었고 아들 녀석이 초등학생인지라 혼자 떼어 놓고 어딜 간다는 것은 생각도 못 했지요. 다행히도 올해는 공동체 일을 돌볼 식구들도 많고 아들도 중학생이 되어서 길을 떠날 여유가 생겼습니다.

여행을 떠나기 전에 준비해야 할 것도 참 많습니다. 우선은 어디로 언제쯤 며칠 동안 갈 건지를 정해야 하고, 쌀과 반찬을 짊어지고 다니면서 밥을 해 먹어야 하기 때문에 반찬도 미리미리 챙겨야 합니다. 모

해마다 떠나는 '걷는 여행'에서는 진풍경이 펼쳐진다. 오십 명분 밥과 국을 해 먹을 수 있는 큰 솥을 서로 교대하면서 지게에 지고 걷는다. 밥과 반찬은 각자 나누어 진다.

든 준비는 학생들이 알아서 합니다. 어른들이 몇 명 같이 따라 가기는 하지만 아이들이 챙기지 못한 거 옆에서 도와주는 역할만 합니다.

올해는 고등부 3학년 학생들이 전체 일정을 챙기기로 했습니다. 이 학생들이 그전에 한 달 동안 공동체를 떠나 여행을 가 있었기 때문에 준비가 조금 늦어지긴 했지만 그래도 길을 나서기 전에는 잠잘 곳이며 걸을 장소가 모두 정해졌습니다. 문경새재 밑에서 시작해서 충주호, 남한강을 따라 여주 땅을 밟아 보기로 했습니다.

하루에 20킬로미터 정도 걷는 걸로 하고 잠자리는 첫날만 빼고 마을회관을 빌렸습니다. 마을회관이 민박집보다 값이 훨씬 싸기 때문입니다. 인심 좋은 이장님도 만났습니다. 마을회관 빌려 주는 데 무슨 돈을 받느냐며 그냥 지내라고 한 분도 계셨고, 아이들 먹으라고 사과와 김치를 듬뿍 내주신 이장님도 계셨습니다. 아직까지 농촌은 따뜻한 정이 남아 있어서 다행이라는 생각이 들었습니다.

올해 처음으로 걷는 여행을 가는 아이들은 걱정이 많습니다. 중학교 1학년 아이도 10킬로그램 넘는 짐을 짊어지고 하루 종일 걸어야 하니까 잘 걸을 수 있을지 걱정을 많이 하지요. 공동체에서 초등학교를 나온 나무, 겸이는 형들이 여행 가는 것을 많이 보고 자라서 그런지 여행에 대한 기대감에 은근히 들떠 있기도 했지만요.

해마다 아이들과 함께 끝까지 걷지 못하고 늘 차를 얻어 타고 다니던 한얼이는 올해는 끝까지 살아남아서 걸어 보겠노라고 장담을 했습니다. 그랬건만 결국은 몸무게를 감당하지 못하고 첫째 날과 둘째 날 그리고 마지막 날만 빼고는 버스를 타고 움직이는 서글픈 신세를 벗어나지 못했습니다. 여행이 끝나고 나서 내년에는 기필코 살을 빼서 끝까지 걸어 보겠다는 다짐을 하던데 글쎄요, 한얼이 살이 마음먹은 대로 쉽게 빠져 줄지는 잘 모르겠습니다.

난리 통에 피난 가는 사람들처럼

많은 설렘과 두려움을 안고 여행을 시작했습니다. 그런데 이게 웬일일까요. 지난해까지만 해도 출발하는 날은 날씨가 좋아서 전체가 모여, "잘 다녀오겠습니다" "잘 갔다 와" 인사하고 사진도 찍고 그랬습니다. 그런데 올해는 하필이면 길 떠나는 날 아침에 비가 세차게 오는 바람에 식구들한테 제대로 인사도 못 하고 허겁지겁 떠나게 되었습니다.

버스를 타고 문경새재를 향해 가는데 논산쯤 왔을 때 창밖을 내다보니 눈이 내리고 있네요. 허, 이것이 뭔일이다냐. 사월 말이 다 되어 가는데 눈이라니. 고속도로 휴게소에서 잠깐 쉬어 가는데 함박눈이 평평 내리네요. 첫날부터 이게 무슨 날벼락일까요. 더군다나 문경새재는 산이라서 눈이 더 내릴 텐데 걱정이 되더군요. 네 시간을 달려 문경새재 밑에 도착했는데 아니나 다를까 눈과 비가 함께 섞여서 내립니다. 그래도 어쩝니까. 잠을 자려면 어쨌든 새재를 넘어야지요. 모두들 비옷을 챙겨 입고 걷기 시작했습니다.

문경새재 길은 넓기도 하고 그리 힘든 길은 아니라서 걸을 만했습니다. 다만 차멀미를 심하게 한 소희가 많이 힘들어했지요. 소희 짝인 수현이가 소희를 앞에서 끌고 저는 뒤에서 밀며 올라가고 있는데 이번에는 공동체 막내 주찬이가 정자에 앉아 울고 있네요. 얼른 가 보았습니다.

"주찬아, 왜 울어?"

"숨이 잘 안 쉬어져서 걸을 수가 없어요. 아빠가 사 준 육만 원짜리 모자도 잃어버렸어요."

주찬이는 눈물을 뚝뚝 흘리며 말합니다. 아이고 우리 주찬이, 이를 어쩌나. 주찬이는 아직 중학생이 아니고 초등학교 6학년 아이입니다. 주찬이 형 주용이가 변산공동체학교 중등부에 입학하면서 주찬이도 덩달아 학교를 그만두고 공동체로 왔거든요. 아직 어린 나이라서 걱정을 많이 했는데 아니나 다를까 첫날부터 힘들다고 주저앉았네요.

"주찬이 힘들어요? 그래도 걸어야지 어쩔 수가 없어요."

저는 주찬이를 달래고 주찬이 배낭 속에 있던 쌀과 반찬을 빼서 다른 사람 배낭 속에 넣었습니다. 그러고는 주찬이 손을 붙잡고 정신없이 걸었습니다. 힘들 때는 무조건 빨리 걷는 게 제일 좋더군요. 아예 힘들다는 생각을 못 하게 만드는 겁니다. 그렇게 한참을 걷다 보니까 주찬이는 많이 좋아졌습니다. 첫날만 힘들어했지 그다음 날부터는 맨 앞에서 씩씩하게 잘 걸었답니다.

문경새재는 사람들이 다니는 길로 다니면 두 시간이면 힘들지 않게 넘어갈 수 있습니다. 그런데 우리는 쉬운 길을 놔두고 일부러 사람들이 잘 다니지 않는 산길을 넘었습니다. 잠자리가 산 너머에 있기 때문이지요. 산에는 눈이 쌓여 있어서 미끄럽기 그지없고 지난해 불어 닥친 태풍으로 아름드리나무들이 넘어져 있어서 길을 제대로 찾을 수가 없었습니다.

"다 말려 주겠다!" 학생들이 걷는 여행을 하면서 생각해 낸 '이동식 빨래 건조대' 모습.

그렇게 세 시간을 넘게 헤매다 숙소에 도착했습니다. 그런데 이번에는 또 뜨거운 물로 몸을 씻을 수가 없다네요. 사람이 너무 많으니까 얼굴과 발만 씻으라는 주인아주머니 말씀을 들으니 이것 참 큰일입니다. 아이들 몸은 이미 눈과 비로 흠뻑 젖었지, 날은 쌀쌀하지, 몸이라도 개운하게 씻지 않으면 감기에 걸릴 수 있어서 앞으로 여행이 힘들어질 텐데……. 고민을 하고 있는데 우리 길을 안내해 주었던 분이 수안보 온천에 가면 이천 원에 목욕할 수 있는 곳이 있다고 그러네요. 그곳까지 가는 버스도 그리 멀지 않은 곳에 있으니 아이들 데리고 온천에 갔다 오면 어떻겠냐고 해서 그러기로 했습니다.

큰 솥이 있으니 오십 명 가까운 사람들이 한 번에 밥과 국, 라면을 끓여 먹을 수 있다.

온천에 간다는 말에 아이들은 모두 신이 났습니다. 방금 전까지만 해도 힘들어서 죽겠어요, 그러더니 모두들 신나서 달려 나가네요. 아이들은 모두 목욕하러 가고 숙소에는 밥하는 어른들과 아이들 몇 명만 남았습니다.

이번 여행은 다른 때와 달리 밥을 해 먹는 솥을 지게에 지고 다녔습니다. 그동안은 등산용 코펠과 가스버너를 가지고 다니면서 밥을 해 먹었거든요. 이번에는 가스를 쓰지 않고, 밥하는 시간도 줄여 보는 건 어떨까 해서 전체가 밥을 해 먹을 수 있는 양은솥과 국솥을 젊은 남자 식구들이 지게에 지고 다녔습니다. 지게에 솥을 얹고 터벅터벅 걸어가니 꼭 전쟁 통에 피난 가는 사람들처럼 되었지만 여러 가지로 좋은 점이 많았습니다.

우선은 아침에 밥을 하면 점심 먹을 것까지 한꺼번에 할 수 있어서 좋았고요. 라면도 한 번에 오십 개를 끓일 수 있으니까 좋고 불 앞에 앉아 이런저런 이야기도 할 수 있구요. 정작 지게를 짊어지고 다니던 사람들은 힘들어서 중간에 지게를 던져 버리고 싶은 마음이 들기도 했다지만요. 내년에는 너무 큰 솥 말고 작은 솥을 여러 개 들고 다니면 어떨까 싶어요.

이번 여행이 처음인 아이들은 참 힘들었다고 합니다. 이 년, 삼 년 다녀 본 아이들은 너무 쉬워서 아쉬웠다 그러고요. 작년까지만 해도 늘 꼴지에 섰다는 민하는 저한테 이럽니다.

"아저씨, 아저씨. 저, 정말 튼튼해진 것 같아요. 징징거리지도 않고
뒤처지지도 않으니까 말이에요."

몸이 약해 걱정을 많이 했던 소희도 끝까지 포기하지 않고 잘 걸었습니다. 여행이 끝나고 일주일을 앓아눕긴 했지만요.

여행을 하다 보면 아이들 모습이 하나하나 잘 보입니다. 혜준이 짐까지 더해서 무거운 배낭을 메고 끝까지 씩씩하게 걸었던 채우도 있고, 버스 타고 다니던 한얼이한테 자기 쌀을 몰래 맡기는 약삭빠른 녀석도 있었지요. 하지만 모두들 서로가 서로를 챙겨 주면서 끝까지 함께하는 모습이 여행이 주는 가장 큰 선물이 아닌가 싶습니다.

빨래 좀 하고 살아라!

방학이 되면 공동체를 찾아오는 손님들이 있습니다. 손님들 중에는 휴가를 이용해서 온 어른들도 있고, 다른 대안학교나 공부방에 다니는 학생들도 있습니다.

공동체에 손님으로 오면 초등학생 빼고는 학생들이건 어른들이건 농사일을 해야 합니다. 요즘은 장마 지나고 밭에 지천으로 깔린 풀매기가 몇 날 며칠이고 이어지지요. 처음 해 보는 호미질이 서툴기는 하지만 열심히 하려고 애쓰는 아이들도 있고, 선생님에게 무작정 끌려와 오만상을 찌푸리고 마지못해 일을 하는 아이들도 있습니다.

열심히 일하는 아이들을 보면 '우리 아이들도 저렇게 열심히 하면 얼마나 좋아. 우리 애들은 도대체 왜 그러는 거야?' 하는 생각도 들고, 게으름 피우면서 마지못해 하는 아이들을 보면 '그래, 그래도 우리 아이들이 훨씬 낫다니까' 위안을 삼기도 한답니다.

올해는 지난해보다 학생들이 두 배로 많아졌습니다. 그래 봐야 중등, 고등 합쳐서 서른 명 정도인 작은 학교지만 농사지으랴, 공동체 살림 돌보랴 눈코 뜰 새 없이 바쁜 공동체 식구들로는 만만치 않은 숫자랍니다.

학생들이 많아지면 잔소리도 늘어나고, 없던 규칙들도 하나하나 새로 생기고, 골치 아픈 일들도 많이 생깁니다. 아이들도 생활하는 모습이 여러 가지입니다. 친구들과 잘 어울리며 공동체 생활에 쉽게 젖어드는 아이들이 있는가 하면 잘 어울리지 못하고 외톨이로 지내는 친구들도 있지요. 나이답지 않게 성숙한 아이도 있고, 아직도 어린아이들처럼 개구쟁이 짓을 하는 아이들도 있고요.

중등부 남자아이들이 철없는 행동을 많이 하는데, 기가 막힌 일들이 생겨나곤 합니다. 밤에 배고프다고 어른들 몰래 기숙사에서 라면을 끓여 먹는데 냄비가 아니라 자기들이 얼굴 씻고 발 닦는 세숫대야에 끓여 먹는 겁니다. 또 밤 열시 반이 넘으면 살금살금 기숙사를 빠져나와 불량식품을 사 먹다 들키기도 하고요(공동체에서 슈퍼마켓이 있는 시내까지는 삼십 분을 걸어 나가야 합니다. 삼십 분 걸어 나가서 컵라면, 빵, 아이스크림을 사 먹고 다시 걸어 들어오는 겁니다. 왔다 갔다 하면서 배는 다 꺼지고 몸은 힘들겠지요).

여학생들은 어떨까요? 우선 몸 움직이길 싫어합니다. 틈만 나면 방구석에 틀어박혀 나오려고 하질 않아요. 허구한 날 방구석에서 뭐 하냐고 물어보면, "책 봐요" 그럽니다. "무슨 책 보는데? 만화책?" 하고 다시 물어보면, 만화책도 책이라면서 히히거리며 웃습니다. 또 여학생들은 군것질을 엄청 좋아하는데 남자아이들처럼 들키거나 표시가 잘 안 나요. 먹는 소리가 안 들리게 음악을 크게 틀어 놓기도 하고, 큰 소리로 이야기를 하면서 먹는다고 합니다. 기숙사를 가끔 둘러보면 아궁이 있는 부엌에 과자 봉지며 음료수 병들이 산더미처럼 쌓여 있습니

여학생 기숙사 모습. 여학생들은 이 안에서 몰래 군것질을 하거나 만화책 보기를 즐긴다.

다. 그럴 때 나오는 소리가 있지요. "헐!"

또 한 가지, 여학생 기숙사는 남학생 기숙사보다 깨끗할 거란 생각
은 버리는 게 좋습니다. 멋 부리느라 옷은 자주 갈아입는데 빨래는 하
지 않고 차곡차곡 쟁여 두니까요. 보다 못해, "빨래하고 청소 좀 하고
살아라!" 큰소리를 한번 치면 그동안 밀렸던 빨래들이 한꺼번에 빨랫
줄에 매달려 줄이 모자랄 때도 있습니다.

그렇다고 모든 아이들 생활이 다 이렇지는 않아요. 공동체 생활이
두세 해 접어든 아이들은 뭐든지 척척 알아서 잘하기도 하고, 오늘은
무슨 일을 하자고 하면 '영차, 영차' 하면서 후다닥 해치우기도 하니까
요. 그래도 어른들 눈에는 잔소리할 거리만 보이는 것은 어쩔 수 없는
노릇인가 봅니다.

공동체 식구들이야 아이들하고 늘 부대끼며 살아가니까 아이들 변

화가 눈에 잘 안 들어오지만 한 달에 한 번 얼굴 보기도 힘든 학부모님들 눈에는 달라진 아이들 모습이 잘 보이는 법입니다. 한 학기를 마치고 방학을 하는 날 학부모님들과 마주 앉아 이런저런 이야기들을 나누는데 아이들이 집에 올 때마다 달라져 있다고 합니다. 조금씩 커 가는 모습으로요.

공동체 식구들하고 아이들 이야기를 나누다 보면 학생 수가 너무 많고, 공동체 정신이 부족하고, 철이 없고, 기타 등등 아이들과 지내면서 겪는 여러 가지 어려움들을 털어놓습니다. 그렇지만 어쩔 수 없지요. 아이들이 없고 어른들만 모여 사는 공동체는 심심하기 짝이 없는걸요.

아이들을 무조건 통제하기보다는 아이들 욕구를 채워 줄 수 있는 방법을 찾아보려고 여러 가지 생각을 해 봅니다.

'과자를 먹고 싶어 하는 아이들 욕구를 통제한다고 해서 될 일은 아니다. 대신 공동체 안에 친환경 과자와 라면을 사다 놓고 아이들 스스로 관리하게 하면 어떨까? 토요일, 일요일이면 딱히 할 일이 없어 피시방으로 달려가는 아이들에게는 영화를 보여 주고, 주방 문을 열어 아이들이 먹고 싶어 하는 음식을 직접 만들어 먹게 하고, 향기 나는 샴푸를 쓰고 싶다는 여학생들에겐 재료비를 주면서 직접 천연 샴푸를 만들어 쓸 수 있도록 하고. 이렇게 책임지고 해야 할 일들을 자꾸 만들어 주다 보면 아이들이 스스로 제 앞가림할 수 있는 힘을 기르고 모든 생명체와 더불어 건강한 삶을 살아가는 어른으로 자랄 수 있지 않을까?'

교육이란 게 참 어려운 문제 같지만 한 십 리쯤 떨어져서 아이들을 바라보면 그리 어렵지 않게 답을 찾을 수 있을 것 같은 왠지 모를 자신

학생들이 많아지면서 골치 아픈 일도 생기고 없던 규칙들도 하나하나 만들게 되지만 이 아이들 덕분에 공동체는 늘 생기가 넘친다.

감이 생깁니다. 아무리 힘들다고 아우성을 쳐도, 강남 갔던 제비가 봄이면 살던 집을 찾아 돌아오듯이 우리 아이들도 방학이 끝나면 개구쟁이 모습을 하고 돌아와 웃고 떠들고, 장난치고 하면서 서서히 공동체 삶에 중독되어 갈 것이기 때문입니다.

오늘부터 나 교장 안 할란다!

"오늘부터 나 교장 안 할란다! 앞으로 학교에서 일어나는 모든 일은
식구들과 학생들이 함께 의논을 해서 결정하기 바란다."

웬 뚱딴지같은 소리냐구요?

한동안 학생이 없어 문을 닫았던 변산공동체학교가 변산면에 살고
있는 아이들이 다시 들어오면서 문을 열게 되었고, 생각하지도 못했던
교장이라는 자리를 삼 년 넘게 맡아 왔는데 이제는 미련 없이 교장 자
리에서 물러나겠다는 이야기지요.

2학기 시작하면서 아이들과 함께 야심차게 시작한 일이 공동체 안
에 친환경 과자점(매점)을 여는 것이었습니다. 아이들은 과자를 비롯
한 불량 식품이 자꾸만 먹고 싶고, 어른들은 몸에 안 좋으니까 못 먹
게 하고, 그래도 아이들은 입에서 자꾸 당기니까 어른들 몰래 사 먹다
가 들켜서 혼나고……. 어른들과 아이들이 과자를 둘러싸고 끊임없이
숨바꼭질을 하니 공동체에 친환경 과자와 라면, 음료수를 사다 놓고
매점을 운영해 보자는 제안을 했지요. 아이들도 공동체 안에 매점이
생기면 불량 식품을 사 먹지 않겠다는 약속을 했고요. 매점이 열리는

날이면 아이들은 초등, 중등, 고등 가리지 않고 줄을 길게 늘어섰고 라면을 사다가 식당에서 끓여 먹기도 하면서 분위기가 참 좋았습니다.

이런 좋은 분위기를 쭉 이어 나갔으면 얼마나 좋았을까요? 그런데 이게 웬일입니까? 아이들의 꿈과 기쁨이 잔뜩 담긴 매점이 어느 날 갑자기 털렸습니다. 매점이라야 책상 크기만 한 나무상자 안에 과자를 넣어 놓고 자물쇠를 채운 것에 불과했지만 누군가 자물쇠를 부수고 그 안에 들어 있던 과자 몇 봉지를 몰래 꺼내 먹은 것입니다. 어허, 간땡이가 부어도 한참 부었지요.

초등 아이들부터 모든 식구가 모인 자리에서 제가 말했습니다.

"공동체 학생들 모두가 이용하는 매점을 터는 행위는 공동체 정신에 대한 정면 도전이요, 일어나서도 안 되고 있을 수도 없는 일입니다. 어떻게든 이번 매점 사건을 해결합시다."

엄숙한 분위기 속에서 전체 회의가 열렸습니다. 매점을 턴 사람이 고백할 때까지 매점은 문을 닫고, 학생들도 수업을 비롯해 모든 활동을 멈춘다는 결정을 내렸습니다. 아이들은 일 년에 한 번 하는 가을 축제 준비에 열을 올리고 있었는데 축제고 뭣이고 아무것도 못 하게 되었으니 모두들 맥이 빠졌습니다.

매점 사건을 해결하기 위한 활동이 시작되었습니다. 여러 가지 이야기들이 오고 갔지만 증거를 남기지 않는 바람에 결국은 아무런 물증이나 목격자를 찾을 수가 없었고, 사건을 해결할 뾰족한 수도 생기지 않았지요.

"스스로 고백을 해라. 그러면 그 사실은 비밀에 부치겠다. 또한 어떠한 처벌도 하지 않고 너그러이 잘못을 용서하겠다."

이모저모로 설득도 해 보았지만, 아무도 고백하지 않았습니다.

어쨌거나 사건은 발생했고 어떤 방식으로든 마무리를 지어야 합니다. 어떻게 할까 고민을 하다가 이번 매점 사건은 학생들을 제대로 이끌어 오지 못한 교장 책임이 제일 크니까 제가 교장을 그만두기로 했습니다.

"이번 사건에 대한 모든 책임은 내가 질 테니 이 시간 뒤로 매점 사건에 대해서 식구들이나 학생들 사이에 누가 범인인 것 같다느니 하면서 의심하는 말은 나오지 않았으면 좋겠습니다."

엄청나게 엄숙한 표정으로 말을 했습니다. 더불어서 제가 교장으로 있으면서 만들었던 모든 생활 규칙들도 없었던 걸로 하고, 앞으로는 학생들 스스로 알아서 생활하라고 했습니다.

아이들은 제가 교장을 그만둔다는 폭탄선언에 충격이 컸던지 처음 며칠은 어쩔 줄 몰라서 어리둥절하게 있더군요. 그러더니만 한 달이 조금 지난 요즘은 오히려 예전보다 훨씬 나아진 모습입니다.

그동안은 중, 고등부가 회의도 따로 하고, 방도 따로 쓰고, 일도 따로 해서 아이들끼리 친해질 기회가 별로 없었는데 지금은 함께 회의를 하고, 방도 같이 쓰고 있습니다. 고등부 학생들이 동생들에게 형, 언니 역할을 잘하고 있답니다. 이 아이들도 전에는 몰랐던 동생들의 여러 모습을 알게 되어서 놀랍기도 하고 좋기도 하다는 의견들이 많습니다. 식구들이 보기에도 중, 고등부 아이들이 함께 방을 쓰면서 전보다 훨씬 친해지고 생활도 틀이 잡힌 모습이라고 합니다.

또 한 가지 눈에 띄는 변화는 아이들 스스로 규칙을 만들면서 되도록이면 그 규칙을 지켜 보려고 애쓰는 모습이 보인다는 것입니다. 요즘도 아침 여섯 시 반이면 일어나 자기들이 정한 구역으로 가서 청소를 하고 아침을 먹습니다. 차분하고 깨끗하게 정리된 환경에서 하루를 시작해 보겠다는 생각이겠지요.

우리 아이들에게 부족했던 점이 옷이나 농기구, 생활용품 들을 함부로 쓰고 정리를 잘 안 하는 것이었는데, 이번 기회에 그런 습관들이 조금씩이나마 없어졌으면 하는 바람입니다.

요즘엔 아이들이 생활하는 모습을 보면서 교장 그만두기를 잘했다는 생각이 듭니다. 어른들에게 무조건 의지하고, 지시만 따르는 학생들이 아니라 스스로 규칙을 만들고, 집단 지혜를 모아 자기들 문제를 풀어나가는 사람으로 자라나는 게 훨씬 좋은 일이니까요.

아이들이 말썽부리고 속 썩일 때 부모님들도 한번쯤은 엄마, 아빠 안 한다고 으름장을 놓아 보세요. 그러면 아이들이 알아서 잘할 겁니다.

나에게 희정 언니는……

교장을 그만둔다는 폭탄 선언 뒤로, 학생들은 김희정 교장을 위한 영상을 만들어서 그해 가을 축제 때 상영했다(매점 사건이 벌어진 뒤에 학생들 스스로 자리매김하려고 애쓰는 모습을 보면서 김희정 교장은 다시금 교장직을 이어 나가기로 했고, 가을 축제도 예정대로 진행했다). '공동체에는 사람이 김희정밖에 없냐'는 다른 식구들 항의를 받기도 했던 영상으로 학생들이 '희정 언니'에 대하여 느낀 점을 솔직하게 이야기하는 장면이 나온다(학생들은 김희정 교장을 '희정 언니'라고 많이들 부른다). 학생들이 생각하는 김희정 교장은 어떤 모습일지, 영상에 나오는 아이들 목소리를 그대로 옮겨 본다.

정호: 그니까, 그 사람은 좀 무서워. 무섭고, 좀 짜증 나기도 하고. 진지하고, 뭔가 막 어깨도 무겁고. 그런데 뭔가 도와주고 싶고, 불쌍하기도 하고. 하여튼 그래서 좀 사랑스러운 사람이지.

기영: 저에겐 아빠 같은 사람……이에요.

수연: 나한테 그 사람은 아빠고, 그다음에 나를 변산공동체에 있게 해 준 사람?

정호 / 나는 항상

기영 / 희정 언니를

수연 / 응원하고 있어요.

지우 / 떠난 건 아니지만

지우: 처음 여기 왔을 때 아무것도 모르고 어떻게 할 줄 모르던 나를 자상하게? 아니면 친절하게? 아니, 친절하진 않고. 어쨌든 잘 챙겨 주고 힘들 때나 괴로울 때 먼저 찾아와서 얘기를 해 주시는…… 그런 분?

한을: 나한테 있어서 그 사람은 정신적인 멘토? 그런 사람이고. 내가 부모님 이혼하셨다는 소식 들었을 때 진짜 많이 울었는데 가장 먼저 위로해 준 사람이 그 사람이고. 나한테 있어서 소중한 사람, 공동체에 있어서도 소중한 사람인데. 희정 언니는 뭔가 되게 존경할 만한…… 사람이지.

채원: 혹멸소를 닮았어. 특히 웃을 때 혹멸소를 닮았어. 일을 할 때는 우리한테 화만 내.

성호: 일단은 조금, 어…… 약간 좀 귐위적인 사람이기도 한데, 그래도 뭔가 아버지 같은 사람? 난 작년부터 있었는데, 되게 고마운 사람이었어.

온: 나쁜 사람이지만 우리들에게 좋은 걸 많이 주고, 그래서 되게 좋은 거 같구, 항상 알고 지내고 싶고, 그런 사람이야.

한을 — 보고 싶어요.

채원 — 힘내세요.

성호 — 희정 언니를

온 — 사랑해요.

축제 준비한다고 수업을 빼?

　올해는 공동체 식구들이 몽땅 추석 명절 쇠러 집으로 가서 저희 집 식구만 남았습니다. 공동체에서 키우는 소, 닭, 개, 고양이한테 밥 주면서 오랜만에 남아도는 달걀도 실컷 먹고, 명절이라고 찾아온 손님이 사 온 참장어회, 꽃게찜도 먹으면서 한가롭게 보냈답니다. 아들 녀석 데리고 익산에 있는 영화관에서 만화영화도 한 편 보았는데, 내년이면 중학교에 입학하니까 이제는 아들 놈과 만화영화 함께 보는 날도 없겠네요.

　몇 년 만에 공동체에서 추석을 보내는데 마을이 한 해가 다르게 바뀌어서 그런지 이제는 추석 명절에도 농촌 마을은 명절이 아닌 그저 그런 날로 참 조용하게 지나가는 것 같습니다. 엄마, 아빠 고향에 왔다고 신나서 뛰어다니는 아이들도 없고, 흥겨운 풍물 소리는 사라져 버린 지 오래되었지요. 온 식구가 둘러앉아 오순도순 이야기 나누면서 송편 빚고, 전 부치고, 나물 무치면서 음식 장만하는 모습은 그저 텔레비전에서나 볼 수 있는 모습인지 다들 음식 장만도 조금씩밖에 안 하네요.

'한 땀 한 땀 정성스럽게.' 학생들이 강당에 모여 가을 축제 때 입을 옷을 손보고 있다.

이웃집 할머니한테, "명절이라 음식 만들려면 힘드시겠네요?" 하고 몇 마디 건네 보면, "뭔 음식 장만이어라. 전 부치고 뭐 만들어 놓으면 몇 젓가락 먹고 말지, 많이 먹기나 한다요. 남아 봐야 버리기나 한게 조금밖에 안 허요." 그러시네요. 하기사 요즘 아이들이고 어른들이고 평소에 먹을 것이 넘쳐나는 세상이니 명절이라고 특별히 맛난 음식을 찾지는 않지요. 일 년 내내 배가 고픈 우리 아이들이라면 모를까요? 아이들한테 집에 가서 뭐 했냐고 물어보면 하나같이 맛있는 거 먹고, 용돈 받고, 텔레비전 보고 그랬답니다. 그러니까 평소에 맛난 음식을 너무 자주 먹으면 안 되지요. 그래야 집에서 엄마가 오랜만에 만들어 주는 음식이 맛있는 줄 알 테니까요.

그나저나 이제 추석도 다 지나고 우리 아이들 참말로 바빠졌습니다. 가을 축제가 코앞으로 다가왔거든요.

"날이면 날마다 방구석에서 뒹굴거리지만 말고 연습 좀 해라!"

온갖 험한 얼굴로 욕을 하며 잔소리를 해도 하는 둥 마는 둥 하던 아이들이 막상 축제가 며칠 앞으로 다가오니까 이제야 마음이 급해졌나 봅니다.

"아저씨, 축제 일주일 전에 수업을 빼 주면 안 돼요? 요리 수업만이라도 빼 주면 안 돼요?"

축제 준비할 시간을 달라고 사정을 하네요.

"올해는 축제 준비한다고 수업 빼는 일 없다고 그랬지. 그러게 내가한 달 전부터 오전에 다른 일 안 잡을 테니까 차근차근 계획 세워서준비하라고 했잖아. 여태까지 펑펑 놀다가 이제 와서 수업을 빼 달라니 무슨 헛소리를 하고 있는 거냐, 안 돼!"

"표정 좋고!" 축제에서 틀 영상을 찍고 편집하는 일까지 학생들 힘으로 해낸다.

저는 야단을 쳤지요. 그래도 한 번만 더 부탁을 하면 마음 약한 나는 못 이기는 척하고, "그래 이번만 그렇게 해라" 하고 말았을 겁니다. 그런데 똑 부러지기로 소문난 우리 식구 한 명이 마침 같이 앉아 있다가, "니들 그게 지금 말이 되는 소리냐. 축제는 축제일 뿐이다. 축제 준비 한다고 다른 수업을 빼면 말이 안 된다. 축제도 중요하지만 학교 수업 도 중요하다" 하면서 좌우지간 수업을 빼서는 안 되는 이유를 숨 돌릴 틈도 없이 조목조목 짚어서 따다다다 이야기를 해 댔습니다. 말을 꺼 냈던 우리 학생회장, 입도 뻥긋 못 하고 꼬리를 내렸답니다.

"그러게 내가 뭐랬냐! 후회하지 않으려면 준비를 착실하게 하라고 그랬지. 게으른 놈은 게으른 것으로 만족해야지 좋은 결과를 얻겠다 고 욕심을 부리면 안 되는 것이여. 게으른 놈이 자꾸 욕심을 부리면 꼼수만 늘게 되어 있당게."

아이들이 축제 준비하는 모습을 보면 답답할 때가 많습니다. 열심히 하려는 의지가 안 보일 때는 더 그렇습니다. 그러다 보니 제 잔소리만 늘어납니다.

"부모님들이 많이도 아니고 일 년에 딱 한 번, 우리 새끼들이 공동체 에서 어떻게 지냈나 보려고 제주도에서, 울산에서, 강원도에서 다들 먼 길을 달려오시는데 좀 제대로 된 공연을 보여 줘야 부모님이 실 망하지 않지. 준비는 하나도 안 하고 잔치만 벌이면 어머니, 아버지 가 얼마나 실망하시겠냐."

이렇게 싫은 소리를 하면, "알았어요, 열심히 할게요" 대답은 참 잘 합니다. 그런데 막상 연습하는 걸 보면 연극을 하는 아이가 대사도 못 외우고 있지 않나, 준비가 엉망입니다. 그러면서도 축제 날은 잘할 거라고, 걱정하지 말라고 큰소리를 치는 걸 보면 뭘 믿고 그러는지 알 수가 없네요. 그래도 요 며칠 동안은 토요일, 일요일도 없이 연습하고 새벽부터 풍물 연습한다고 덩달아 어른들 잠까지 다 깨워 놨으니 축제 날 뭔가 대단한 게 나올지도 모르겠네요.

이번 축제 끝나고는 평가회를 아주 날카롭고 차갑게 해 볼 생각입니다. 사람이 무슨 일을 하든지 미친 듯이 해 봐야 뭔가 남는 게 있지, 그냥 뭐든지 대충대충 해 버리는 버릇이 몸에 배면 평생 남는 것은 후회밖에 없을 터. 앞으로는 아이들이 일도 그렇고 수업도 그렇고 집중해서 열심히 하는 습관을 들였으면 좋겠습니다.

"얘들아, 가을 축제 끝나면 일 년 농사도 갈무리하고, 또 겨울 나려면 산에 가서 나무도 해야 하니까 몸도, 마음도 야무지게 먹고 살아야 된다."

두 언니의 살벌한 이야기

갈등과 눈치 보기

"자, 지금부터 지나간 일들은 모두 잊어버리고 그동안 서로에게 미안했던 것, 그리고 서로에게 바라는 것을 말로 하지 말고 글로 써 보자. 한 사람에게 써도 되고 모두에게 써도 된다."

무슨 이야기냐고요? 한 달 전부터 여학생들 분위기가 살벌했습니다. 중등부 학생과 고등부 학생이 서로 말도 하지 않고 몇 명이 모여 수군거리면서 서로를 욕하고 그러네요. 제 눈에 그 모습이 훤히 보일 정도였으니 아이들 관계가 얼마나 틀어져 있었는지 잘 아시겠지요. 아이들이 갈라져 있는 모습을 지켜보면서 어떻게 푸나 보려고 가만히 기다리고 있었습니다.

그런데 아이들이 문제를 풀려고 하기보다는 시간이 지날수록 관계가 더 나빠지네요. 그 와중에 이쪽에도 저쪽에도 끼지 않은 아이들은 언니들 눈치만 보면서 불안한 날들을 보내고 있고요. 이대로 가만두었다가는 서로 마음의 벽을 허물지 못한 채 방학을 맞이할 것 같았습니다. 그래서 공동체 김장과 메주 만들기 같은 바쁜 일을 모두 끝내고 여학생들을 한자리에 모이게 했습니다.

"너희들, 이렇게 싸우면서 방학을 맞이할 거냐. 어떻게 하면 이 문제를 풀 수 있는지 같이 이야기를 좀 해 보자."

그렇게 해서 나온 의견 가운데 하나가 말로 하지 말고 글로 써 보자는 것이었습니다. 그리고 지난 일들에 대해서는 말을 하지 않기로 했습니다. 지난 일들을 꺼내 놓고 이야기하다 보면 다시 감정이 격앙되고 서로의 마음이 풀리기보다는 더 닫혀 버릴 수도 있으니까요.

아이들에게 글을 쓰게 하고는 저는 밖으로 나왔습니다. 마음 한편으로는 아이들이 솔직하게 자기 마음을 드러낼 수 있을까 걱정이 되기도 했습니다. 한 시간쯤 지나자 학생회장이 아이들이 글을 다 썼다면서 저를 부르러 왔습니다. 아이들 곁으로 가서 한 명 한 명 돌아가며 자기들이 쓴 글을 직접 읽게 했습니다.

아이들은 제 걱정과는 다르게 모두들 솔직하게 미안했던 것, 바라는 것들을 글로 썼습니다. 글을 읽다가 우는 아이도 있었지요. 한 아이는 그동안 그렇게 갈라져 지내면서 힘들었던 시간들이 떠올라 과격한 글을 쓰기도 했지만 다 쓰고 나니 마음이 편안해졌다고 합니다.

글을 다 읽은 뒤에 다른 친구들의 이야기를 들어 보니 어떤 생각이 드는지 아이들에게 물어보았습니다. 모두들 솔직하게 이야기를 해 주어서 마음이 편안해졌다고 합니다.

"그래, 마음의 벽이란 이렇게 솔직하게 이야기하면 쉽게 허물어지는 법이란다. 서로가 조금만 용기를 내서 솔직하게 이야기를 했으면 이렇게까지 일이 커지지 않았을 텐데 그러지 못해서 서로 오해만 키운 것 같다. 앞으로 너희들이 세상을 살아가다 보면 사람들과 많은 일들을 겪게 될 텐데 그럴 때마다 도망가려고 하지 말고 맞부딪쳐서 풀려고 애쓰는 사람들이 되었으면 좋겠다. 그리고 서로 문제가 있으면 다른 사람들을 통해서 이야기하지 말고 그 사람과 직접 이야기를 해라. 그래야지만 더 큰 오해가 생기지 않는단다."

이렇게 말해 주고는 아이들에게 과자와 음료수를 주면서 그동안 서 먹서먹해서 못다 한 이야기를 실컷 하라고 했습니다.

다음 날 학생회장한테 아이들이 서로 화해를 한 것 같으냐고 물어보 았습니다. 그랬더니 솔직하게 글을 써서 다들 깜짝 놀랐다면서 이제는 서로 잘 풀어진 것 같다고 하더군요. 제가 보기에도 아이들은 이제야 마음의 짐을 내려놓고 다시 활기찬 예전 모습으로 돌아와 있었습니다. 그동안 서먹서먹했던 아이들이 사이좋게 손잡고 서로 어울려 다니면 서 웃고 떠들고 그럽니다.

학생 여럿이 기숙사에서 함께 살다 보니 티격태격 다툴 때도 있다. 하지만 아이들은 솔직하게 자기 잘못을 인정하고 서로를 용서하면서 함께 어울려 살아간다.

왜 이렇게 싸웠을까

아이들은 왜 이렇게 중등, 고등으로 서로 갈라져 있었을까요? 문제는 이 아이들보다는 다른 데 원인이 있었습니다. 고등부 3학년 언니가 두 명 있는데 이 두 사람 사이가 틀어진 것입니다. 큰언니 둘이 갈라져 있으니 아이들은 서로 패가 갈려서 언니들 눈치를 보게 되었지요. 고등부 아이들은 중등부 아이들이 조금만 잘못한 게 있으면 한 3학년 언니한테 가서 이야기를 하고, 중등부 아이들은 고등부 언니들이 잘못한 게 있으면 다른 3학년 언니한테 가서 이야기를 하고. 그렇게 아이들끼리 이 언니, 저 언니로 패가 갈라져 버렸지요. 그리고 그 패에 함께 껴서 이야기를 안 하면 왠지 따돌림을 당할 것 같아 마음이 없어도 같이 서로를 미워하게 된 것이고요.

동생들이 서로 마음의 문을 열고 화해한 다음 날, 문제를 일으킨 언니 두 명을 불렀습니다.

"동생들 이야기는 들었지? 아이들끼리 어젯밤 늦게까지 서로 이야기를 나누면서 그동안 쌓여 있던 오해와 마음의 벽을 많이 허물었다고 하더라. 이제는 너희 둘이 문제를 풀었으면 한다. 아이들이 이렇게 갈라진 것은 바로 너희 두 사람 관계가 틀어져서 생긴 일이다. 서로 싸우든, 울든 밤을 새서라도 그동안 서로에게 쌓인 감정들을 털어내면 좋겠다."

그렇게 말해 놓고선 저는 자리에서 나왔습니다.

두 시간 정도 지났을까요? 두 녀석이 사이좋게 웃으면서 식당으로 들어오더군요. 이제 모두 풀어졌다고 하면서요. 그리고 그다음 날 한 친구는 집에 다녀오겠다는 편지를 남기고 떠났습니다. 며칠 동안 잠을 제대로 못 자서 실컷 잠을 자고 싶다면서요. 얼마나 마음고생이 컸으면 잠을 못 잤겠습니까. 다른 아이들도 모두들 비슷한 마음이었습니다. 공동체에서 김장 도우러 가는 요양원이 있는데, 공동체로 돌아가지 않고 그냥 이 요양원에서 살았으면 좋겠다고 생각한 친구도 있었습니다. 그런데 이제는 문제가 모두 풀리고 나니까 마음이 정말 편안해졌다네요. 방학을 하루 앞두고 여학생 전체가 짜장면 집에서 단합대회도 했구요.

우리 아이들은 참 착합니다. 솔직하게 자기 잘못을 인정할 줄도 알고 용서할 줄도 아니까요. 어른들한테 부족한, 순수한 마음을 가지고 있어서 좋습니다. 그래서 저는 하루하루 아이들을 통해서 새롭게 공부를 하고 있답니다.

보리, 해민이, 나무

참말로 눈 많이 옵니다. 하루 걸러 꼬박꼬박 쉬지도 않고 오네요. 아랫집에 사는 해민이 아버지와 눈이 온 날 아침이면 빼놓지 않고 나와서 집 앞길에 쌓인 눈을 치웁니다. 그러면서 몸이 불편해서 걷는 게 힘든 할머니, 혼자 사는 할머니네 마당에 쌓인 눈도 같이 치워 드렸더니 고맙다고 떡, 막걸리, 감을 마루 위에 슬그머니 올려놓고 가셨네요. 농촌에서만 느낄 수 있는 인심이 아닐까 싶어서 기분이 좋았습니다.

공동체 식구들은 요즘 참 한가롭습니다. 눈이 날마다 오니 바깥일은 통 하지 못하고 방에 들어앉아 책도 읽고, 낮잠도 자고, 기타 연습도 합니다. 저녁밥 먹고 나면 오순도순 둘러앉아 새끼도 꼬면서 그동안 보지 못했던 영화도 보고요. 말 그대로 여유작작하게 시간을 즐기고 있습니다.

올겨울이 지나면 아들내미 나무가 초등학교를 마치고 중학생이 됩니다. 중학생이 되면 공동체 식구라도 엄마, 아빠와 떨어져 기숙사에서 생활하게 됩니다. 나무는 엄마, 아빠와 떨어져 잠을 자는 게 서운하지도 않은지 형들, 친구들과 함께 기숙사 생활할 날만 손꼽아 기다리고 있습니다.

지난해에는 보리, 해민이가 공동체 초등 6년 과정을 모두 마치고 중학생이 되었습니다. 그리고 올해는 나무가 세 번째로 공동체 초등 과정을 모두 마친 학생이 되었네요.

보리, 해민이, 나무는 일반 학교 문턱도 밟아 보지 않았습니다. 놀이방에 다닐 때부터 함께 지냈는데 억지로 하는 공부는 한번도 해 보지 않았습니다.

왼쪽부터 해민이, 나무, 보리가 변산공동체학교 초등 과정을 다닐 때 모습이다.

그저 신나게 뛰어놀고, 노래 부르고, 춤추고, 그림 그리는 게 전부였지요. 초등학생이 되어서도 마찬가지였고요. 큰 걱정은 하지 않았습니다. 글을 읽고 쓰는 것도 스스로 깨칠 때까지 가만히 내버려 두었습니다. 또래 아이들보다 일 년 정도 늦었지만 지금은 구구단까지 외우니까 별문제 없지요.

많은 분들이 농촌에서 살면 아이들 교육이 가장 큰 걱정이라고 말씀들을 합니다. 하지만 저는 농촌만큼 아이들을 건강하게 길러 낼 수 있는 곳은 없다고 생각합니다. 좋은 대학을 보내려는 분들이야 저와 생각이 조금 다를 수 있겠지만요.

저는 가난한 농촌 마을에서 태어나 면에 있는 고등학교를 졸업했습니다. 초등학교 다닐 때부터 부모님한테 공부 잘해야 사람 된다는 소리는 들어 보지 못했습니다. 공부 못한다고 야단맞은 기억도 없습니다. 그리고 너는 앞으로 의사, 검사, 선생님 같은 뭐가 돼야 한다는 말도 안 듣고 자랐지요. 공부하라는 말보다 더 많이 들었던 게, '오늘은 학교 마치면 놀지 말고 동생들 데리고 고추 따라. 보리 베어야 한다. 내일은 모심어야 하니까 학교 조퇴하고 바로 논으로 와라. 눈 오기 전에 산에 가서 나무해라'처럼 주로 일을 해야 한다는 말이었습니다. 공부 못해서 야단맞는 것보다는 일 안 하고 놀아서 야단맞는 때가 더 많았습니다. 저만 그런 게 아니라 그때 농촌에서 살았던 또래 형들이나 동생들 대부분이 그랬답니다.

공부 못해서 매 맞는 곳은 학교밖에 없었으니 지금 생각해 보면 학교란 참 나쁜 곳입니다. 머리 좋고 공부에 흥미 있는 학생이야 당연히 학교에서 배우는 수업이 재미있어 공부를 잘할 것이고, 학교에서 배우는 수업이 재미없고 머릿속에 안 들어오는 학생들은 당연히 공부가 재미없을 터인데 시험 점수가 낮게 나왔다고 무조건 야단맞고 매를 맞았으니 억울해도 너무 억울한 일이지요.

그나마 저는 어릴 때부터 공부에 대한 스트레스를 덜 받고 학교를 마쳤는데, 요즘 아이들은 학교에 다니는 이유가 오로지 좋은 대학에 들어가는 것이니 얼마나 답답하고 마음속 부담이 클까요? 실제로 지금 중학교, 고등학교에 다니는 아이들 가운데 하루에 몇 번이나 얼굴을 활짝 피면서 웃는지 한번 살펴보세요. 많은 아이들 얼굴이 굳어 있다는 게 보일 겁니다. 아이들이 맞닥뜨린 현실이 아이들을 건강하게 클 수 없도록 만들고 있으니까요.

우리 아이들은 공동체 안에서 서로 어울려 일하고 놀면서, 그 또래 아이들이 겪어 보지 못하는 많은 것을 보고 배우며 살아가고 있습니다. 시험이 없으니 서로 눈치 보며 경쟁할 일도 없고, 날마다 뛰어놀고 몸 놀리며 일을 하니 밥도 엄청나게 많이 먹지요. 그러니 아이들이 모두 건강하고 얼굴이 참 밝습니다. 공동체에 일손 도우러 오는 손님들이 모두들 입을 모아 부러워하는 게 아이들 표정이 모두 밝고 건강해서 좋은 기운을 얻는다는 겁니다.

교육이란 게 이러면 되지 않나 싶습니다. 아이들이 마음의 상처를 받지 않고 건강한 어른이 되는 것. 앞으로 뭐가 될지는 아무도 모릅니다. 마음속에 간절히 바라는 게 있다면 그때 열심히 매달려서 노력하면 되겠지요. 대신에 손, 발의 감각이 살아 있을 때 부지런히 손발을 자유자재로 놀릴 수 있는 훈련을 해야 합니다. 머리 쓰는 공부와 달리 손, 발, 몸 쓰는 공부는 다 때가 있더라고요. 그래서 저는 새삼스레 어렸을 때 일을 많이 시킨 우리 부모님이 참 고마운 분이란 걸 느끼고 있답니다. 제가 농사짓고 살 거라는 걸 어떻게 알아보셨는지 어렸을 때부터 그 감각을 일깨워 주셨으니까요.

아, 그리고 저와 같이 그렇게 공부에 담쌓고 지냈던 친구들은 지금 모두들 가정을 꾸려서 건강하게 잘 살고 있답니다. 사업에 눈을 떠 돈을 잘 버는 친구도 있고, 저처럼 농사지으며 사는 친구도 있고, 평범한 회사원도 있습니다. 공부 못한다고 바보가 되는 것은 아니더라구요.

잘 가, 어서 와, 처음이지?

졸업장

○○○ 학생은 변산공동체학교에서 추구하는
더불어 사는 삶과 가치관을 배우고
정직하게 땀 흘리는 경험과 시간을 얻었습니다.
산살림, 갯살림, 들살림 활동을 통해
함께 어울리며 몸으로 익힌 공부와 가치를
소중하게 지켜 나갈 것을 믿으며
이 졸업장을 드립니다.

2013. 2. 28

변산공동체학교 드림

지난 2월에 졸업식과 입학식을 함께 했습니다. 초등 졸업생 다섯 명, 중등 졸업생 다섯 명, 고등 졸업생 세 명까지 해서 올해는 졸업생들이 참 많았습니다. 아들 녀석 나무는 초등 과정을 마치고 그토록 기다리던 중학생이 되어서 엄마, 아빠 품을 미련 없이 떠나 기숙사에 들어갔습니다.

우리 학교가 중, 고등 통합이라 스무 살이 되어 사회에 나가는 아이들한테만 졸업장을 주었는데 올해는 중등부 아이들 졸업식도 같이 했습니다. 다섯 명이 모두 공동체에서 삼 년을 살았습니다. 중등 과정을 마치고 공동체에 계속 남아 있는 친구도 있지만 새로운 길을 찾아 떠나게 된 아이들도 있습니다. 그래서일까요. 삼 년을 부대끼며 함께 살았는데 막상 떠나려니 뭔가 서운한가 봅니다. 졸업식 해 달라고 졸라 대더군요.

"그래, 그러자꾸나. 공동체에서 삼 년 동안 살아 낸 것만 해도 얼마나 기특하냐."

그렇게 해서 중등부 졸업식도 같이 하게 되었습니다.

졸업식 날은 참 많이들 울었습니다. 장구를 잘 치는 민주는 축하 공연을 마치고 졸업장 받으려고 앞에 나왔는데 계속 울기만 했습니다. 고등부 성호 졸업장을 읽어 주면서는 저도 그만 울고 말았습니다.

'아, 이 아이들이 이제 떠나가는구나.'

고등부로 들어온 아이들은 부모 곁을 떠나 공동체에서 지내는 데 큰 어려움은 없는 편입니다. 하지만 중학교 1학년 아이들이 부모와 떨어져 여러 사람들 속에 섞여 지낸다는 게 쉬운 일은 아니지요. 공동체 생활이 여러 가지로 힘들었을 텐데 모두들 잘 지내 주었습니다. 삼 년을 같이 살면서 아이들끼리 정도 많이 들었고 몸과 마음도 부쩍 커진 듯합니다.

눈만 뜨면 볼 수 있던 아이들이 하나둘 제 갈 길을 찾아 떠나게 되어 이제는 자주 볼 수 없게 된다고 생각하니 너무 서운했습니다. 모든 것이 어설프고 부족한 것투성이인 공동체에서 건강한 청년으로 자라 사회로 나가게 되어 고맙기도 했고요. 졸업하는 아이들에게 이렇게 말했습니다.

"모두들 건강하고 씩씩하게 살고, 늘 말했지만 바깥세상이 아니다 싶으면 주저하지 말고 공동체로 돌아오길 바란다."

아마 우리 아이들은 더욱 성숙한 어른이 되어서 다시 공동체로 돌아오게 될 것입니다.

떠나는 아이들이 있으면 새로 찾아오는 아이들도 있겠지요. 올해는 학년별로 아이들이 골고루 들어왔습니다. 중등부는 1학년에 두 명, 2학년에 두 명, 3학년에 두 명이 들어왔습니다. 고등부는 1학년에 한 명, 2학년에 두 명 이렇고요. 우리 학교가 고등부 3학년만 빼고 학년 구분 없이 방만 있으면 아이들을 받아들이기는 하지만 올해는 참 유별나네요.

중등부 1학년에 새로 들어온 준모, 주용이는 아직 초등학생 티를 못 벗어서 어리둥절해 보이지만 조금씩 공동체 생활에 적응하고 있습니다.

준모 아버지가 지난가을에 입학 상담을 하러 왔습니다.

"선생님, 우리 아이가 좀 특이해요. 학교는 초등학교만 나오면 되지 중학교를 왜 가야 하냐, 그리고 방학이 왜 이렇게 짧냐, 오전에만 공부하면 되지 왜 하루 종일 공부를 해야 하냐, 나는 중학교 안 가겠다, 그러는 아이예요."

그날 준모 아버지가 들려준 말입니다. 하하, 제가 해야 할 소리를 엄마, 아빠한테 다 해 놓았네요. 세상이 참 좁다고, 마침 준모 아버님하고 잘 아시는 분이 준모 이야기를 듣고 변산공동체학교를 소개시켜 주었답니다. 준모한테 맞는 학교는 여기밖에 없다면서요. 그래서 우리 학교로 오게 되었는데 아주 똘망똘망하게 생겼습니다. 준모한테는 우리 학교가 딱 맞는 준모 스타일이니까 이제는 엄마, 아빠한테 학교 안 다닌다고 떼쓸 일은 없겠지요.

주용이는 남원에서 왔습니다. 주용이 아버지는 고향이 전남 고흥인데, 꿈이 삼대가 한집에 살면서 농사짓는 것이라네요. 그래서 일찌감치 주용이한테 농촌 생활을 가르치려고 보냈는데, 주용이는 마른하늘에 날벼락이라고 '이게 뭔 일이다냐' 싶은 눈치입니다. 엄마, 아빠한테 등 떠밀려 오기는 왔는데 영 아닌가 봅니다. 신입생 환영회 때는 말도 잘 안 하고, 다른 아이들과 통 어울리지도 않고 혼자서 지낼 때가 많았습니다. 아버지한테 전화해서 전학시켜 주면 안 되겠냐고 울기도 했다

떠나는 아이들 때문에 울지만 새로 찾아오는 아이들이 있기에 웃을 수 있다. 학생들이 손수 만든 '2013년 졸업식 입학식' 현수막을 행사장에 걸고 있다.

네요. 가만히 주용이를 살펴보면 통 말이 없습니다. 무엇을 하든 있는 듯 없는 듯하고, 밥도 반찬 몇 개로만 먹고, 밖에서 온 중학교 1학년 초기 모습 그대로입니다. 그래도 이제는 입학식도 했겠다 다른 학교로 전학 가는 것은 포기했는지 얼굴이 조금씩 밝아지고 있습니다.

제 경험으로 볼 때 주용이 같은 아이들이 공동체 생활에 적응하기 시작하면 가장 빠르게 바뀝니다. 밥도 가장 많이 먹고 떠들기도 가장 많이 떠들고 사고도 가장 많이 치고. 그동안 숨어 있는 모습들이 하나 둘 밖으로 뛰쳐나오게 되지요. 이 두 아이뿐만 아니라 다른 아이들도 워낙에 독특해서 올해 우리 학교는 사건 사고가 끊이지 않을 듯합니다.

올해 졸업식, 입학식 문구가 '잘 가, 어서 와, 처음이지?'인데 참 재미있는 말이네요.

"애들아! 이런 학교 처음이지. 어찌 되었던 너희들은 공동체와 떼려야 뗄 수 없는 인연인가 보다. 모두들 이 소중한 인연을 잘 가꾸어 가길 바란다."

이런 학교 처음이야!

 나에게 변산공동체학교는

- 매년 새로운 나를 만나는 곳 • 똥 누기 힘든 곳?
- 먹고 자고 일하고 배우고 배고픈 곳 • 항상 돌아가고 싶은 곳
- 많이 노는 좋은 학교 • 힘들지만 재미있는 곳 • 나의 삶터
- 잠이 많아진다 • 사춘기의 절정에 온 철들게 해 준 학교
- 단순한데 복잡하다 • 열심히 살아 볼 만한 곳 • 집보다 많이 먹을 수 있다

 나에게 공동체 친구는

- 좋은 친구들 • 살면서 다시 만날 수 없을 것 같은 친구
- 친한 아주 겁나 친한 친구 • 추억할 수 있는 사람들
- 항상 내 곁에 있어 주는 가족 같은 존재 • 똘끼를 나누는 동지
- 영원한 친구 • 이상하고 이상하다 • 함께 라면을 먹을 때 가장 맛있다
- 100년 친구 • 어딜 가서 만나도 반가울 사람들 • 공동체 밖에서도 친구

 나에게 농사는

- 영원한 버팀목 • 평생 공부해 볼 만한 것
- 꿈이다 • 마음가짐 • 사람이 많으면 빨리 끝나는 것
- 나를 되돌아보게 되는 일 • 힘들지만 어쩔 땐 재밌는 것
- 하기 전에는 조금 망설이지만 막상 하고 나면 보람찬 것
- 대한민국의 농부들을 돕는 것 • 생각해 볼 길 • 신기한 거 • 생각 비우기

 나에게 자연은

- 너무나 거대하지만 거대한 만큼 보호받아야 하는 것
- 일부다 • 편안한 곳 • 덥고 춥고 놀 수 있고 맛있다
- 늘 옆에 있고 당연히 옆에 있는 거 • 우리가 살아가기 위해 지켜야 할 것
- 춥다 • 먹여 주고 재워 주는 거 • 농사보다 더 신기한 거
- 땔감 • 설명이 불가 • 먹을 것이 많은 것

* 중, 고등부 학생들이 쓴 글을 정리한 것입니다.

3장

언제쯤 밭매기 다 끝나요?

어른들이 게으름 피우지 않고 열심히 일하면 아이들도 자연스레 따라 합니다. 어른들이 아무것도 하지 않으면서 이거 해라, 저거 해라 시키기만 하면 아이들은 하기 싫은 일을 억지로 하듯이 재미가 하나도 없지요. 그래서 아이들이 무슨 일을 할 때 되도록 어른 한두 명이 꼭 같이합니다. 아이들에게 일을 제대로 하는 요령을 알려 주기도 하고 일하면서 이런저런 이야기들을 함께 나눌 수 있기 때문이지요.

함께 일하면서 나누는 이야기

정신없이 바쁜 농사철이 되었네요. 모심고, 보리와 밀은 베어서 탈곡하고, 마을에 양파 일 도우러 나가고. 아이들도 어른 식구들도 모두들 밭에서, 논에서 부지런히 몸을 놀리고 있습니다. 더군다나 오월에는 날이 너무 뜨거워서 보리, 밀이 다른 때보다 일주일이나 빨리 익었습니다. 보리, 밀 거두어들일 때쯤 해서는 비가 자주 내려 늘 애태우면서 일을 했는데 올해는 비가 없으니 손쉽게 일을 끝냈습니다.

이제 남은 일이라곤 보리와 밀을 거두어들인 밭에 콩 심고, 고구마 심고, 들깨 심는 일과 함께 마늘과 감자 캐는 것만 남았습니다. 한 일주일만 바삐 움직이면 식구들도 한숨 돌릴 수 있겠지요.

지난 오월 말에는 모내기를 했습니다. 올해는 보리출판사 식구들이 일손을 도우러 왔습니다. 그전에는 한 사십 명 되는 사람들이 내려왔는데 출판사 식구들이 많이 줄어서 서른 명 조금 못 되게 왔습니다. 그래도 우리 식구들과 학생들이 워낙 많아서 이틀 만에 모내기를 마쳤습니다.

우리 학부모님들도 몇 분 오셔서 함께 모를 심었네요. 지난해에도 학부모님들이 여러 분 오셔서 아이들과 함께 모내기를 했는데 올해도 염원이 부모님, 혜준이 어머니, 주현이 어머니가 변함없이 오셨구요. 동욱이 어머니는 집안에 제사 지내고 밤늦게 제주도에서 비행기 타고 오셨답니다. 딱 하루 모내기하려고 제주도에서 비행기까지 타고 오시는 걸 보면 참 대단한 분이지요. 동욱이 어머니와 여러 학부모님들의 뜨거운 열정으로 올해 벼농사도 풍년이 들 것 같습니다.

이렇게 백 명 가까운 사람들이 모여서 참 재미나게 모를 심었습니다. 모내기를 모두 끝내고는 돼지고기도 굽고 우리 식구가 직접 담근 막걸리와 맥주를 마시며 신나게 놀았습니다.

이번에 모내기를 하면서 공동체에서 일 년 넘게 기르던 돼지를 잡았습니다. 작년에 암놈, 수놈 한 마리씩 해서 새끼 돼지 두 마리를 들여와 길렀는데 이놈들이 일 년이 넘도록 새끼를 안 가지네요. 새끼도 치고 해야 돼지 기르는 보람이 있는데 가지라는 새끼는 안 가지고 허구한 날 밥만 먹고 살만 찌우고 있으니 답답한 노릇이었지요.

'안 되겠다. 이참에 암돼지 한 마리를 잡아서 모심는 사람들 고기나 실컷 먹이고 돼지 한 마리를 다시 들여와서 길러야지.'

사료 한번 안 주고 공동체에서 나오는 음식물 남은 것만 먹여 길렀더니 정육점에서 사 먹는 돼지고기보다 훨씬 맛있더군요. 우리끼리만 맛있게 먹고 자랑해서 미안하지만 어쩌겠어요, 농촌 사는 사람들만 누릴 수 있는 행복인데.

올해는 모내기를 하면서 참 행복하다는 생각을 많이 했습니다. 아빠와 아들이, 엄마와 딸이 같이 논에서 모를 심고, 새참을 먹고, 밥을 먹고, 이야기를 나누며 서로 즐겁게 일하는 모습을 보면서 이런 생각이

들었어요.

'우리가 말하는 행복이란 게 별거 아니구나. 이렇게 살면 참 좋겠구
나.'

아마 다른 분들도 비슷한 마음이 들지 않았을까 싶습니다.

도시에서는 부모, 자식 간에 서로 얼굴 보기도 힘들고 이야기 나눌
시간도 별로 없지요? 아이들은 아이들대로 학교에서 공부하고 친구들
과 노느라 정신이 없고, 부모는 부모대로 먹고사는 일이 바빠 자식들
하고 편안하게 이야기 나눌 시간이 잘 나지 않습니다. 어쩌다 며칠씩
쉬는 날이 되면 모두들 차 타고 도시 밖으로 빠져나와 산으로, 바다로
놀러 다니기에 바쁩니다. 바깥에서라도 이야기를 많이 나누면 좋겠지
만 그것도 쉽지는 않고요. 그러니 부모와 자식 간에 소통이 잘 안 됩니
다.

공동체에서는 아이들하고 함께 일을 하다 보면 이야기를 참 많이 나
눌 수 있습니다. 말 한마디 않고 조용히 앉아서 일만 할 수 없으니까
온갖 이야기를 다 하게 되지요. 아이들은 궁금한 게 있으면 물어보기
도 하고, 또 제가 아이들한테 해 주고 싶은 이야기도 자연스럽게 들려
줍니다. 굳이 교실에 앉아서 수업을 하지 않아도 밭에서 함께 일하면
서 나누는 이야기가 더 큰 공부가 됩니다.

아이들이 손으로 모를 심고, 낫으로 보리를 베고 나면 꼭 물어봅니
다.

"아저씨, 공동체는 왜 다른 사람들처럼 기계를 안 써요? 기계를 쓰
면 우리가 이 고생을 안 해도 되고 빠르고 편하잖아요."

"그러게, 나도 기계를 쓰면 참 좋겠는디. 근디 어쩌겠냐. 이 많은 사

퇴비장에서 학생들과 일하고 있는 김희정 교장. 굳이 교실에 앉아 수업을 하지 않아도 학생들은 선생님과 함께 일하면서 나누는 이야기를 통해 많은 것들을 배운다.

람들 놔두고 기계를 쓰기엔 좀 거시기 허잖냐. 글고 사람이 편리한 것에 익숙해지면 안 되는 것이여. 지금 당장은 기계를 쓰면 우리 몸이 편하고 좋은 것 같지만 나중에 기계가 없어지면 우리가 어떻게 먹고 살겠냐. 기계가 없으면 아무것도 못하는 바보가 될지도 몰라야. 그러니까 너무 기계 부러워하지 말고 열심히 몸으로 배우고 익혀야 한다이. 알겠냐."

그러면 아이들은 한숨을 푹 쉬면서 "예" 하고 대답합니다. 자기들도 공동체에서 기계를 쓸 리 없다는 것을 뻔히 알면서 혹시나 하고 한번 물어보는 걸 테니까요.

여자아이들은 일하러 나올 때 햇볕에 타지 말라고 햇빛 차단제 바르고, 마스크 하고, 긴팔 옷을 꼭 입고 나옵니다. 보는 제가 더 더워서 한

마디 합니다.

"얼굴 하얗고 피부 하얀 것이 무슨 자랑이다냐. 하얀 얼굴보다 햇볕에 그을린 얼굴이 훨씬 건강하고 아름다운 것이여."

그러면 아이들이 바로 대꾸를 합니다.

"아저씨, 모르는 소리 마세요. 자외선이 얼마나 나쁜 것인데요. 여자는 피부가 생명이에요. 지금도 얼굴이 새까맣게 타서 걱정인데 여기서 더 타면 큰일 나요."

"느그들은 피부 색깔이 까만 사람이든, 누런 사람이든, 하얀 사람이든 다 똑같이 평등하게 살아야 한다고 말하더니 이제 보니께 다 거짓말이었구만. 느그들 맘속에는 하얀 것은 좋은 것이고, 까만 것은 나쁜 것이라는 그릇된 생각이 들어 있구만."

"그건 아니지만 어쨌든 얼굴이 타는 것은 안 돼요."

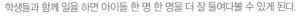

학생들과 함께 일을 하면 아이들 한 명 한 명을 더 잘 들여다볼 수 있게 된다.

이것뿐만 아니라 아이들과 함께 일을 하면서 선거 이야기도 하고, 연예인 이야기도 하고, 누구랑 누구랑 사귄다는데 그 짝들은 어떻더라 연애 이야기도 하고, 공동체에 다녀간 손님 이야기도 하고, 남 흉도 보고, 자기들 고민도 자연스럽게 꺼내 놓고 이야기를 합니다. 교실에 앉아서 "자, 우리 이런 이야기 한번 해 볼까?" 하면 아무 말도 안 하고 가만히 앉아 있을 텐데 밭에서는 자연스럽게 이야기하는 게 많습니다. 밭에서 함께 일하다 보면 공동체 안에서 일어나는 여러 가지 사건들이 두루두루 퍼지곤 합니다. 그러니 공동체 안에서는 지켜지는 비밀이란 없단 말이 생겨났겠지요.

아이들과 일을 함께하면 아이들 한 명 한 명을 잘 볼 수 있게 된답니다. 서툴지만 아주 열심히 일하는 아이도 있고, 어릴 때부터 일하는 것이 몸에 배어서 무슨 일이든지 씨억씨억 해내는 아이도 있고, 또 일을 대충대충 건성으로 하는 아이도 있습니다. 일이 조금 힘들면 아프다는 핑계로 어떻게든 빠져나가려고 하는 아이도 있고요. 그러면 바로 잔소리가 나가지요.

"이 녀석들아! 우리 식구들이 여태껏 정성들여 기른 작물인데 그렇게 함부로 다루면 어떡하냐. 천천히 해도 되니께 정성껏 해라. 작물들도 일하는 사람 기분을 다 알아챈다. 일하는 사람이 즐거운 마음으로 일하면 작물들도 좋은 기운을 받아들여서 건강하게 큰단다. 그런디 일하는 사람이 마지못해 억지로 일하면 작물들도 나쁜 기운을 받아들여서 건강하게 못 커. 일하면서 힘들지 않은 사람이 어디 있냐. 나도 힘들고 다 힘들지. 조금 힘들다고 꾀만 부리면 앞으로 세상을 어떻게 살아갈래. 힘들어도 참고 이겨 나가야제."

아이들을 때로는 혼내기도 하고 잘한다고 칭찬도 하는데 처음에는 일하기 싫어서 뺀질대던 얘들도 일이 몸에 배면 자연스럽게 다들 잘합니다. 아직은 한창 놀고 싶은 나이인지라 일하자고 하면 죽어라고 싫어하지만 일만 시작하면 웃고 떠들면서 재미나게 합니다. 아이들도 자기들이 힘들게 일해서 마무리를 지으면 뿌듯해하고요.

아무리 마음이 삐뚤어져 있던 아이들도 일 년 열심히 함께 일하다 보면 마음이 순해지는 것을 여러 번 보았습니다. 그동안 쌓여 있던 마음의 응어리들이 땀으로 몽땅 빠져나가서 마음이 편안해졌는지도 모르지요.

학부모님들한테 '시간 날 때마다 공동체에 오셔서 아이들과 함께 땀 흘려 일하는 것이 가장 좋다. 아이들도 엄마, 아빠와 함께 일하면 다들 좋아한다'고 여러 번 이야기를 하는데도 많이들 바쁘신지 시간 내기가 참 힘드네요.

너무 바쁘게만 살지 말고 아이들이 더 크기 전에 함께 일하면서 엄마, 아빠와 정을 쌓는 것이 좋지 않을까요. 아이들은 멈추어 있는 게 아니라 금방 커 버리거든요. 콩밭 매는 칠월이 머지않았습니다. 벌써부터 아이들은 올여름 콩밭 맬 걱정을 한가득 하고 있는데, 엄마 아빠가 슬며시 아이들의 호미를 같이 들어 주면 참 좋겠습니다. 행복은 어디 멀리 있는 게 아니더라고요, 함께 땀 흘리는 데 있지.

나도 일찍 깨워 줘,
모내기 같이하게

한 달 넘게 가뭄이 계속되고 있네요. 엊그제 모내기하는데 잠깐 비가 내리긴 했습니다만 바짝 마른 땅에 흔적조차 남기지 못했습니다. 제때 비가 오지 않으니까 밭에 심은 작물들도, 사람도 힘이 드네요. 양파, 마늘, 감자는 지금 한창 알이 굵어질 때라 비가 그립고 고추, 담배는 부지런히 커야 할 때라 비가 그리운데 비가 오지 않으니 물이 있다 싶으면 다들 경운기며 갖가지 기계를 대 놓고 밤이고 낮이고 밭에 물 주느라 정신들이 없습니다.

지난 한 달은 경운기와 살수기 끌고 다니면서 산 것 같다는 생각밖에 안 듭니다. 그나마 물이라도 줄 수 있는 사람들은 다행이지만 물을 줄 형편이 안 되는 사람들은 애간장만 태우고 있습니다. 공동체 앞에 있는 조그마한 저수지는 웬만해선 물을 안 빼 쓰는데 이번엔 수문을 활짝 열어 물이 많이 줄었습니다. 물 대기가 수월하지 못한 논에는 아직도 모를 심지 못해 하늘만 쳐다보고 있는 농부도 있는데 여지껏 제대로 된 비 소식이 없으니 올해 모를 심을 수 있을지 걱정입니다.

농사라는 게 제때 맞춰 심고, 김매 주고 거두어들여야 알찬 수확을

어린 학생들은 모를 한 움큼씩 떼어 사람들한테 던져 주는 '모잽이' 노릇을 주로 한다.

할 수 있는데 때를 놓쳐 버리면 아무리 오랫동안 농사를 지어 온 농부
라도 농사 망치기 십상이지요. 농사는 사람이 짓는 게 아니라 하늘이
짓는다는 말을 이번 가뭄이 제대로 가르쳐 주는 것 같습니다. 그나마
요즘은 저수지나 물을 퍼 올릴 수 있는 기계들이 잘 갖추어져 있어서
웬만한 가뭄은 이겨 낼 수 있지만 하늘만 쳐다보고 농사를 지을 수밖
에 없었던 시절엔 그 고통이 어떠했을지 상상이 안 가네요.

긴 가뭄 속에서도 모내기를 했습니다. 심어야 할 마지기 수는 지난
해하고 같은데 올해는 작년보다 하루 먼저 끝났습니다. 우리 식구들이
많이 늘어나기도 했지만 아직 물을 대지 못한 논이 있어서 일찍 끝난
것입니다.

초등학교 6학년이 된 아들 녀석도 어른들 따라서 모내기를 함께했
습니다. 그동안에도 모내기를 할 때면 따라와서 놀기도 하다가 심심하

모내기를 여러 번 해서 손이 익은 학생은 어른 대신 못줄을 잡을 때도 있다.

면 논에 들어와 모를 심기도 하고 그랬는데 올해는 무슨 마음이 들었는지, "아빠, 나도 일찍 깨워 줘. 모내기 같이하게" 그러네요. 새벽 다섯 시 반에 깨워서 여섯 시에 아침을 먹고 논에 가서 모를 심는데, 작은 키에 논장화를 신으니 장화가 바지처럼 되었습니다. 첫날은 땡볕에, 둘째 날은 비를 맞아 가며 심었는데도 힘들다는 이야기 한번 하지 않고 즐겁게 일을 해서 대견하기도 하고 기분이 좋습니다. 아마도 내년이면 저도 중학생이 되니까 미리 준비를 하는 것인지도 모르겠습니다.

　모내기하는 날이면 공동체는 잔치 분위기가 됩니다. 처음 이 일을 해 보는 신입생들은 선배들이 모내기는 힘들다고 으름장을 놓아서 긴장을 하기도 합니다만, 해마다 일손 도우러 오는 사람들로 공동체가 시끌벅적하지요. 작년에는 서울 애화학교 학생들과 선생님들이 오셨고, 올해는 보리출판사와 〈작은책〉 식구들이 맥주와 수박 선물을 한 아름 들고 찾아왔습니다. 공동체학교 졸업생, 식구로 살다가 밖에 나가서 생활하는 사람들도 모내기 때면 일손을 거들러 온답니다.

백여 명 되는 사람들이 모를 심어야 하니까 한 논에 다 들어갈 수는 없고 두 조로 나눠서 심는데 어찌 보면 모보다 사람 수가 더 많다는 느낌이 듭니다. 다들 서툰 솜씨지만 줄잡이 구령에 맞춰 허리를 구부렸다 폈다 하면서 부지런히 손을 놀리는 모습이 아름답습니다. 중간중간 노래도 흘러나오고 우스갯소리도 하면서 다들 신나게 일을 하지요. 차를 타고 지나가던 사람들도 차를 세워서 구경하고, 카메라를 꺼내 이 진기한 풍경을 놓칠세라 찰칵 사진을 찍기도 합니다. 이제는 들녘 어디에서도 쉽게 찾아볼 수 없는 신기한 풍경이 되어 버렸기 때문이지요.

모내기하는 날이면 아이들은 신이 납니다. 몸이야 힘들지만 공동체에서 평소 구경하기 힘들었던 고기반찬이 나오고 참도 푸짐하게 나오

학생들은 제 손으로 모를 심으면서 자기가 먹는 밥이 얼마나 소중한지 하나하나 배워 간다.

니까요. 논에서 서로 넘어뜨리고 장난치면서 온몸이 진흙투성이가 된 녀석들도 있는데 뭐가 그리 신나는지 웃음소리가 끊이질 않습니다.

올해는 참말로 평생에 한 번 볼까 말까 한 진기한 풍경도 있었답니다. 그때 상황을 생각하면 지금도 웃음이 절로 나오는데, 말씀을 드리자면 이렇습니다.

아시다시피 논밖에 없는 들판에는 똥, 오줌을 누는 변소간이 따로 없습니다. 남자들이야 오줌 마려우면 아무 데나 등 돌리고 싸면 그만이지만 여자들은 사정이 다르지요. 사람들 눈을 피할 수 있는 으슥한 곳을 찾아가야 하고, 일하는 중간에 살짝 빠져나와 볼일을 봐야 하거든요. 그래서 모내기를 좀 해 본 여자 분들은 목이 마르더라도 물을 잘 안 마시는데 초보자들이야 그런 사정을 생각하지 못하지요.

어쨌든 다들 모심으러 논에 들어가고, 모가 부족해서 일손 도우러 오신 학부모 한 분하고 트럭을 끌고 논 귀퉁이를 돌아가는데 어허, 이런 낭패가 있나. 눈앞에 하얀 엉덩이가 보이는 게 아니겠어요. 여학생 둘이 오줌을 누는데 한 명은 앉아서 누고 있고, 다른 한 명은 우리가 귀퉁이를 도는 순간 엉덩이를 까고 있어서 우리한테 그 하얀 엉덩이를 다 보여 주고 말았네요. 마주치는 순간 서로 큰 소리로 웃었는데 차는 더 이상 앞으로 나아가지 못하고 멈출 수밖에 없었지요. 여학생도 바지는 내렸겠다, 어쩌겠습니까. 시원하게 오줌을 다 누었지요.

볼일 다 보고 서로 제 갈 길을 가는데 그저 할 말은 없고 서로 큰 소리로 웃을 수밖에 없었답니다. 아무래도 내년에는 여자 분들을 위한 이동식 변소간을 만들어야 할까 봅니다.

그런데 말이에요, 이런 이야기를 하는 분들도 있어요. 기계로 심으면 돈도 적게 들고 사람도 힘들지 않을 텐데 뭐하러 그 먼 서울에서 버스 빌려서 모내기하러 오느냐고 말이죠. 맞는 말입니다. 사실 기계로 심으면 사람이 심는 것보다 훨씬 빠르고 돈도 별로 안 듭니다. 그런데도 우리가 굳이 손모내기를 하는 것은 무엇 때문일까요? 답은 본인이 찾아야 할 겁니다.

아이들은 모를 심으면서 일을 몸에 익히고 자기가 먹는 밥이 얼마나 소중한지 하나하나 배워 나가는 것 같아요. 어른들은 어떤 생각을 하면서 모를 심을까요?

양파 한 망당 배달료 오백 원

긴 가뭄이 끝나고 장마가 시작되었습니다. 올해는 초여름 가뭄이 너무 길어 다들 고생이 많았습니다. 그래도 변산면은 저수지와 농업용 지하수가 잘 갖춰져 있어서 큰 고생은 없었지만 드문드문 내려 주는 저수지 물로 서로 자기 논에 물을 먼저 대느라 가끔 다툼이 일어나기도 했습니다.

논에서 만난 어르신 한 분은 가뭄에 논물 댈 때는 사촌도 남이라면서 예전부터, "일 년 농사 끝나고 봅시다" 하는 인사말이 있었다고 합니다. 농사짓기가 쉽지 않았던 시절엔 아무리 가까운 사촌이라도 서로 남이 되어 내 농사가 우선이었다는 말이겠지요.

실제로 물이 없어 갈라지는 논을 보면 남의 논 생각할 마음 여유도 없이 어떻게든 내 논에 먼저 물을 대야지 하는 마음이 앞섭니다. 내 논에 적당히 물이 차면 다른 논들도 물을 댈 수 있게 물길을 열어 주어야 하는데 다른 논은 물을 대든 말든 내 논에 조금이라도 물을 더 채워 놓으려고 물꼬를 지키고 앉아 있으니, 맨 끝에 있는 논들은 물 구경하기가 힘들어지지요.

더군다나 논농사 말고 별다른 농사가 없는 노인 양반들은 하루 종일 논에 나와 자기 논 물꼬를 지키고 있으니, 논농사와 함께 다른 농사도 많은 사람은 물 대기가 더욱 힘들게 됩니다. 오죽했으면 저수지 물 관리하는 직원들이 다섯 명씩이나 나와서 맨 끝에 있는 논들 물 대라고 지키고 서 있기까지 했겠습니까? 아마도 며칠만 가뭄이 더 계속되었다면 여기저기서 물 때문에 싸움이 났을 텐데 늦게나마 장맛비가 내려서 사람들이 한결 여유로워졌습니다.

콩농사를 많이 짓는 공동체 밭에도 물을 주느라 고생을 했습니다. 물 구경을 전혀 할 수 없는 산 밑에 있는 콩밭엔 차로 물을 실어 날라 살수기를 돌렸습니다. 사흘 동안 쉬지 않고 물통을 차에 싣고 날랐더니 그나마 콩 싹이 올라와 한숨 돌리긴 했는데, 콩보다 먼저 올라온 풀이 온 밭을 뒤덮고 있어서 올여름 콩밭 맬 걱정이 앞서네요. 콩밭이 마치 잔디를 심어 놓은 것처럼 바랭이 풀로 좌악 깔렸으니 차라리 콩을 뽑아내고 골프장을 만들면 어떻겠냐는 우스갯소리도 하고, 아예 밭을 갈아엎고 콩을 다시 심으면 낫지 않겠느냐는 이야기도 나옵니다. 이래저래 긴 가뭄은 작물이나 사람을 참 힘들게 했습니다.

올해도 고등부 아이들과 함께 양파 배달을 했습니다. 지난해에는 남자애들 몇이서 마을 분들이 부탁하면 용돈 벌이 삼아 몇 집만 날라 주었는데 올해는 아예 양파 배달을 영업으로 삼아 나섰습니다.

일찌감치 농협에 트럭을 등록해 놓고 배달 일이 들어오면 연락해 주라고 했지요. 언제 배달 일이 들어올지 모르니까 아이들은 늘 대기 상태이고요. 그런데 어째 배달 전화가 뜸하더군요. 가끔 들어오는 일거리는 양이 적거나 밭에 차가 들어가기 힘들어서 하나하나 어깨에 메고 날라야 하는 밭이고요.

이러다가는 아무것도 되는 일이 없겠다 싶어 변산면에 사는 학부모한테 전화해서 일을 잡아 달라고 부탁을 했지요. 역시 토박이의 힘은 큰 것일까요. 드문드문 있던 배달 일이 바빠졌습니다. 더군다나 저녁에 비가 온다는 일기예보가 있던 날은 배달 일이 줄을 섰습니다. 어째 빨리 안 오냐는 전화가 너무 많이 와서 아예 전화기를 꺼 놓고 일을 했습니다.

20킬로그램짜리 양파 망을 트럭에 싣는 힘든 일을 하면서도 학생들은 즐거운 얼굴이다. 스스로 번 돈으로 부모님께 손 벌리지 않고 여행을 떠날 수 있기 때문일까?

1톤 트럭에 20킬로그램짜리 양파 망을 백이십 개에서 백삼십 개까지 싣는데 비가 온다는 그날은 트럭으로 열세 차를 날랐습니다. 아침부터 저녁 여덟 시까지 점심 먹는 시간 빼고 쉬지 않고 날랐지요. 양파 한 망당 배달료를 오백 원씩 받으니까 하루에 칠십만 원 가까이 벌었습니다. 저녁 무렵에는 아이들이 지쳐서 힘들어했지만 그래도 그렇게 정신없이 일하는 게 아이들한테는 좋은 경험이 되었을 겁니다. 양파 배달해서 이백만 원을 모으자고 아이들하고 약속했는데 아직 계산이 나오지 않았지만 아마 그 정도는 충분히 모으지 않았을까 싶네요.

그러면 우리 아이들은 이 돈을 가지고 무엇을 할까요?

이백만 원이 모이면 고등부 아이들과 함께 여름방학에 제주도에 가기로 했습니다. 제주도에 그냥 놀러 가는 것은 아니고요, 해군기지 반대 운동을 하고 있는 강정마을 주민을 응원하러 가기로 했답니다. 고등부 아이들이 공동체에서도 강정마을에 가 봤으면 좋겠다는 이야기를 자주 했는데, 제주도 가는 돈이 만만치 않아 갈 엄두를 못 내다가 양파 배달로 돈을 모아서 가면 어떨까 하는 생각을 했지요. 부모님께 손 벌리지 않고 너희들이 일을 해서 번 돈으로 가면 좋겠다는 말에 아이들도 흔쾌히 그러자고 하더군요.

농촌에서는 젊은 사람들이 없어서 마음만 먹으면 일자리를 쉽게 구할 수 있습니다. 우리 아이들처럼 별다른 재주가 없어도 사람 수와 힘만 있으면 돈을 벌 수 있는 일이 바로 양파 배달입니다.

더운 여름날 흙먼지와 땀으로 뒤범벅이 되긴 하지만 그래도 며칠 만에 꽤 큰돈을 벌 수 있기 때문에 우리뿐만 아니라 화물차 운전하는 분들도 양파 배달을 해서 돈을 법니다. 그분들이야 먹고사는 일이기 때문에 배달하기 쉬운 밭에 일감도 많이 몰아주지만 우리야 아르바이트로 해서 그런지 차로 실어 나르기 힘든 밭에다 일감도 적게 주는 걸지도 모르겠네요.

아이들은 배달 일뿐만 아니라 양파 담기 품팔이도 나갔습니다. 처음에는 남학생 두 명이 품팔이를 나갔는데 꾀부리지 않고 열심히 일하니까 다른 분들이 자기네 집 일도 오라고 해서 몇 집 더 나가게 되었지요. 거기에다 가을에 감 딸 때 꼭 오라는 말까지 듣고 왔으니 올가을에는 감 일도 하러 나가게 생겼습니다.

지금 아이들은 제주도 갈 생각에 모두 들떠 있습니다. 제주도로 가는 배편도 알아보고 제주도에서 어떻게 지낼지 즐거운 고민을 하고 있답니다. 혹시 젊은 일꾼들 필요하신 분들이 있으면 공동체로 연락해 주세요. 우리 아이들, 무슨 일이든 주어지면 여럿이 힘을 모아 일을 참 잘 해낸답니다.

콩밭 매는 아이들 1
언제쯤 밭매기 다 끝나요?

날씨 참 덥지요. 해가 뜨면 밖에 나가 돌아다니기가 겁날 정도로 더운 날이 계속되고 있습니다. 장마가 끝나자마자 기다렸다는 듯이 불볕더위가 시작되었으니 벌써 보름이 훌쩍 넘어가고 있네요. 이 무더위 속에서 다들 어떻게 지내고 계신지요?

공동체 식구들은 올해도 변함없이 콩밭에서 풀과 씨름하느라 정신 없이 보냈답니다. 더군다나 올해는 지난해보다 콩밭이 두 배로 늘어서 더 힘들었지요. 콩밭이 늘어난 만큼 일이 많아지기는 했지만 아이들 방학을 콩밭 매기가 다 끝날 때까지 미루어서 그나마 일찍 마칠 수 있었습니다.

학생들, 식구들, 손님들 모두 모이니까 사람이 무척 많습니다. 그 많은 사람들이 콩밭에 앉아서 호미 들고 밭을 매고 있으니 지나가던 마을 분들은 신기한 듯이 쳐다보기도 하고, 어린것들이 무슨 밭을 매냐며 걱정도 하시고, 좌우지간 사람이 많으니 일이 신나기도 하고 콩밭이 시끌시끌 조용할 날이 없었습니다.

올해는 장마가 다른 해보다 길어져서 모든 밭에 풀들이 가지런하게,

정말 빈틈 하나 없이 빽빽하게 돋아났습니다. 처음 밭에 들어서면, '아이고, 저 많은 풀들을 언제 뽑는다냐' 한숨이 먼저 나옵니다. 그래도 막상 앉아서 풀을 뽑기 시작하면 조금씩 의욕이 생기지요. 눈은 게으르고 손은 부지런하다고 쪼그리고 앉아서 하나둘 풀을 뽑다 보면 그 넓은 밭도 어느새 깔끔한 콩밭으로 변합니다. 그런데 아직 밭매기가 서툰 아이들은 밭고랑에 주저앉아 이라도 잡는지 아주 작은 풀까지 손으로 하나하나 뽑느라 더디기만 합니다.

"그렇게 이 잡듯이 세월아 네월아 풀을 뽑고 있으면 어느 세월에 이 넓은 콩밭 다 매겄냐. 큰 풀을 먼저 뽑아내고 아주 작은 풀들은 호미로 박박 긁어 주기만 해도 된당게. 인자는 그렇게 해라이."

"예, 알았어요."

대답은 잘 하는데 조금 있다 가 보면 아까와 똑같이 이를 잡듯 밭을 매고 있습니다. 한 손으로 풀을 잡고 다른 한 손으로는 호미로 풀 밑동을 툭 찍어서 뽑아내야 하는데 두 손을 쓰는 게 익숙하지 않은 모양입니다.

'그래, 알아서 해라! 어쨌든 콩밭에 앉아 있기라도 하면 조금이라도 앞으로 나아가지 않겠냐.'

마음 편하게 생각하는 수밖에 없지요.

콩밭을 맬 때는 새벽 다섯 시 반부터 일을 시작합니다. 동이 트자마자 아이들을 깨워 밭으로 데리고 나가서 새벽일을 하고 아침을 여덟 시에 먹습니다. 아침을 먹고 나면 열두 시까지 다시 밭을 매고 점심을 먹지요. 점심 먹고 나서는 햇볕이 너무 뜨거워 낮잠 한숨 자고 오후 세 시 반이나 네 시에 열기가 조금 식으면 오후 일을 시작합니다. 올해는 날이 하도 더워서 식구들 모두가 하루에 세 번씩 꼬박꼬박 땀으로 목욕을 했습니다. "콩밭 매는 아낙네야 베적삼이 흠뻑 젖누나~" 이런 노래도 있는데 아닌 게 아니라 콩밭에 한 시간만 앉아 있으면 온몸이 땀으로 흠뻑 젖고 맙니다. 날은 덥지, 일은 생각만큼 쉽게 되지 않지, 아이들은 자꾸만 지금 몇 시냐고 물어봅니다.

"아저씨, 이 밭 다 매려면 이제 얼마나 남았어요? 언제쯤 밭매기 다 끝나요?"

점점 지쳐 간다는 이야기지요.

"아직 멀었은게, 부지런히 매기나 혀. 매다 보면 끝나겄지. 자꾸 물어본다고 일찍 끝나겄니. 부지런히 해라이."

아침 참 먹고 열한 시쯤 되면 가장 더울 때입니다. 해는 머리 위에서 무섭게 내리쬐고, 땅에서 더운 열기는 팍팍 올라오고, 어른들도 숨이 콱콱 막힐 정도로 힘들어요. 그러나 어쩝니까? 우리도 먹고 살려면 밭을 매야지요. 아무튼 식구들, 아이들, 하필이면 이 무더운 날 공동체를 찾아오신 손님들이랑 함께 죽기 살기로 밭매기에 매달리다 보니 사천 평이 넘는 콩밭, 들깨밭이 깔끔하게 되었습니다.

학생들은 올해 처음으로 어른들하고 같이 여름 밭매기를 했습니다. 그동안은 칠월 중순이면 방학을 해서 계절학교를 맡은 아이들 빼고는 모두들 일찍 집으로 갔습니다. 그런데 가만히 생각해 보니 우리 학교가 스스로 제 앞가림할 줄 아는 농사꾼을 길러 내자고 만든 학교인데, 여름에 콩밭을 안 매면 말이 안 되겠다 싶더군요. 그래서 올해부터는 학생들하고 제대로 일 좀 해 보자고 마음을 먹었지요.

아예 학기 초에, 아이들에게 으름장을 놓았습니다. 올해부터는 비가

공동체는 농번기

글, 그림 바냐

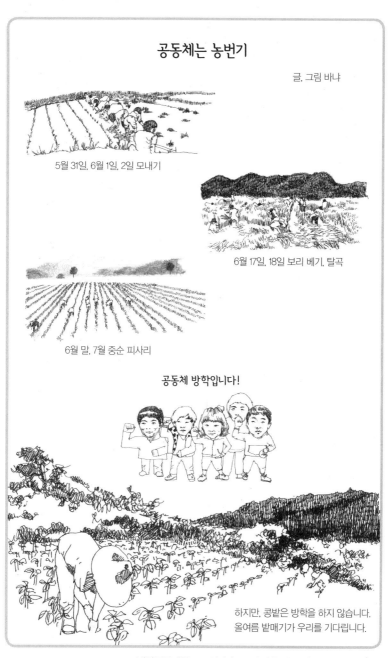

5월 31일, 6월 1일, 2일 모내기

6월 17일, 18일 보리 베기, 탈곡

6월 말, 7월 중순 피사리

공동체 방학입니다!

하지만, 콩밭은 방학을 하지 않습니다.
올여름 밭매기가 우리를 기다립니다.

변산공동체학교 소식지 〈구름산 마을 이야기〉 10호에 실린 그림.

뜨거운 여름에는 새벽 다섯 시 반부터 콩밭 매는 일을 시작한다. 한여름 콩밭에 콩과 잡초가 서로 누가 빨리 자라나 내기라도 하듯이 엇비슷한 크기로 자라고 있다.

많이 오는 장마철에 방학을 잠깐 주는 대신 콩밭 매기가 다 끝나야 여름방학을 시작할 테니까 다들 그렇게 알고 마음 단단히 먹고 있으라고요. 아이들은 어차피 콩밭 매기가 다 끝나야 방학이 시작된다는 것을 알아서인지 별 불만 없이 다들 열심히 해 주었습니다. 밭을 매다가 '내가 왜 이 짓을 하고 있지?' 하는 생각이 들어 중간에 도망가고 싶었다는 녀석도 있었고, 늦잠 자느라 새벽일 빼먹는 녀석, 콩밭에 퍼질러 앉아 풀을 뽑기보다는 이야기하면서 떠드느라 일은 뒷전인 녀석들이 있어서 야단을 치기도 했지만 이 무더운 여름날 묵묵히 따라 준 아이들이 그저 예쁘고 고마울 따름입니다.

콩밭 매기가 다 끝나고 두 주에 걸친 계절학교도 끝나는 날 돼지 한 마리 잡아서 식구들이 모두 모여 고기 잔치를 벌였습니다. 일이 너무 힘들었나, 예전 같으면 환장하고 먹어 치웠을 아이들이 고기도 별로 먹지 못하더군요. 지금은 그 아이들이 모두 집으로 돌아가 공동체가 다시 조용해졌습니다.

일도 그렇게 바쁘지 않아서 식구들은 하루에 두 끼만 먹습니다. 오전에 열 시까지만 일을 한 뒤에 아침 겸 점심을 먹고, 오후 네 시부터 일을 시작해서 저녁은 일곱 시 반에 먹습니다. 모두들 오랜만에 누려 보는 여유지요.

날은 갈수록 더워지고 비는 오지 않아 애써 가꾼 콩들이 잘 여물지 걱정입니다. 그래도 우리 식구들의 정성이 듬뿍 들어간 콩농사인데 잘 될 테지요. 그나저나 내년부터는 콩을 조금만 심어서 모든 남자들의 부러움을 사고 있는 동네 아저씨들마냥, 우리들도 동네 정자에 드러누워 시원한 바람 쏘이며 여름을 보내는 것도 참 좋을 것 같은데 그럴 수 있을지 모르겠네요.

콩밭 매는 아이들 2
오십 명이 넘는 대부대

올여름 장마는 비가 별로 없네요. 서울이나 중부지방에는 제법 많은 비가 내린다는데 우리가 사는 변산면은 비도 드문드문 내렸고, 장마라고 느낄 수 있을 만큼 많은 비는 며칠 내리다가 말았습니다. 짧은 장마 덕분에 콩밭 매기가 벌써 끝났습니다. 다른 해 같으면, "이제 장마도 끝났겠다 콩밭 매러 갑시다!" 그랬을 때인데 말이죠.

콩밭 매는 일이 일찍 끝나니까 아이들 여름방학도 보름이나 빨라졌습니다. 콩밭을 다 매면 여름방학이 시작되는데 너무 일찍 끝나니까 믿기지가 않는지, "아저씨, 진짜 밭매기 끝난 거예요? 왜 이렇게 빨리 끝나요. 진짜 집에 가도 돼요?" 몇 번이고 물어보는 아이들도 있습니다.

"그래! 진짜 끝났다니까. 집에 가도 돼. 방학이야!"

콩밭 매기가 끝났다는 말에 아이들은 신이 났습니다. 그런데 그렇게 마냥 신나는 아이들만 있는 것은 아닙니다. 바로 계절학교 도우미를 하겠다고 나선 몇 명입니다. 공동체에서 해마다 도시 아이들을 데리고 여름 계절학교를 두 번 여는데 이 계절학교가 늘 콩밭 매는 시기와 겹

쳤거든요. 그래서 계절학교 도우미를 하면 콩밭 매기를 안 하고 훨씬 편하겠지 하는 생각으로 도우미로 나선 아이들이 몇 명 있는데 아이고, 이를 어쩌나 계절학교 시작도 하기 전에 콩밭 매기가 다 끝난 겁니다. 다른 아이들은 다들 신나서 집으로 가는데, 집에도 못 가고 꼼짝없이 공동체에 남아서 이제부터 계절학교 준비하고 집에는 팔월 초 계절학교가 끝나야 가게 생겼으니 말이죠. 그렇게 꼼수를 부렸던 아이들 가운데 몇이 이번에는 다시, "나 도우미에서 빼 주면 안 되냐"고 사정을 하네요.

'푸하하하, 꼼수를 부렸으면 당연히 꼼수를 부린 보상을 받아야지. 어딜 미꾸라지처럼 빠져나가려고. 어림 반 푼어치도 없는 소리지.'

올해 콩밭 매기가 이렇게 빨리 끝난 것은 날씨가 기가 막히게 뒷받침을 해 준 덕도 크지만 우리 식구들이 워낙에 많아서이기도 합니다. 밭매려고 식구들이 죽 늘어서면 오십 명이 넘습니다. 말 그대로 대부대이지요. 오십 명 넘는 사람들이 호미 하나씩 들고 밭에 앉으면 그 모습이 참 볼 만한 풍경이기도 하고 웬만한 밭은 후다닥 해치웁니다.

처음 호미질을 해 보는 아이들은 밭매는 솜씨가 서툴기 짝이 없지만 작년, 재작년 밭을 매 본 아이들은 일을 씨억씨억 잘합니다. 작년에 퍼질러 앉아서 콩밭을 매다 온갖 잔소리를 도맡아 들었던 혜준이도 올해는 일을 참 잘합니다. 호미질 하는 팔에 힘도 많이 생겼고 게으름을 피우지도 않으니 말입니다. 아이들은 저렇게 한 해 한 해 커 간다는 생각이 절로 들지요.

아이들과 함께 어울려 일을 하는데 나무가 하는 말이 이렇습니다.

"아빠, 밭매는 일은 일 잘하는 다섯 명보다 못하는 사람이라도 백 명 있는 게 훨씬 나은 것 같아."

맞는 말이지요. 농사일은 사람 손으로 이루어지는 게 대부분이니까요. 아무리 일손이 서툰 사람들이라도 많이 모이기만 하면 두려울 게 하나도 없습니다.

그런데 우리 농촌은 점점 사람 손이 사라져 가고 있습니다. 지난해에 견주어 올해는 더욱 밭에 나와 일하는 할머니들 수가 줄었습니다. 나이가 들고 몸이 아파서 일을 못하시는 분들이 많아졌지요. 올해 양파 작업할 때도 우리 아이들이 여기저기 많이 불려 갔습니다. 우리 마을뿐만 아니라 다른 마을까지 일하러 가기도 했으니까요.

아이들한테 양파 일 다니면서 본 농촌의 모습을 글로 써 보라고 했습니다. 돈을 벌어서 좋았다는 아이도 있고, 할머니 할아버지들이 몇 날 며칠을 흙먼지 뒤집어쓰면서 일하는 모습이 가슴 아프다는 아이도 있습니다. 그리고 자기도 앞으로 농사를 지으며 살 생각인데 도시에 있는 젊은 사람들을 농촌으로 많이 내려오게 해서 함께 농사지으며 살아야겠다는 생각을 가진 아이도 있습니다. 참 건강하고 소중한 아이들이지요.

요즘 도시에서는 젊은이들이 일터를 잡지 않고 아르바이트를 하면서 산다는 뉴스를 들었는데, 그런 뉴스를 들을 때면 화가 치밀고 분노가 일어납니다. 농촌에서는 일할 사람이 없어 나이 어린 우리 아이들도 일을 거들러 가는데 도시에서는 젊은이들이 하는 일 없이 무기력하게 하루하루를 보낸다니. 언제까지 도시 사람들은 농촌의 늙은 노동력을 착취하면서 살아가야 하는지 답답하기도 합니다.

아이들한테 늘 하는 말이 있습니다.

콩 싹이 작게 올라온 밭을 매고 있는 모습. 아이부터 어른까지, 수십 명 넘는 사람들이 호미 하나씩 들고 밭에 앉으면 웬만한 콩밭은 후다닥 해치울 수 있다.

"도시에서 지금 배부르고 편안하게 사는 사람들은 너희들이 밭에서 만났던 칠십 넘은 할머니들의 힘든 노동을 빼앗아 가면서, 돈만 있으면 모든 것이 다 해결될 수 있다고 생각하는 어리석은 사람들이다. 이런 잘못된 사회는 결코 오래가지 못하며 반드시 뒤바뀌어야 한다. 모두가 땀 흘려 건강하게 일하고, 자기가 먹을 거는 자기 손으로 농사지어서 마련하고, 불편함을 기꺼이 받아들이면서 살아갈 때 사람답게 사는 세상이라고 할 수 있다."

올여름 우리 식구들이야 콩밭 매기가 일찍 끝나서 더위를 피해 갈 수 있지만 이제부터 일이 시작인 농촌 할매들은 이 무더위를 또 어떻게 이겨 나갈까요.

콩밭 매는 아이들 3
밭에서 하는 조기교육

올해는 아이들이 밭을 매고자 하는 정성이 대단했습니다. 밭을 매다가 비가 오면, "아저씨, 어째서 비가 온대요? 비 조금 오는 것 같은데 그냥 비 맞고 계속해요" 이런 말을 다 하더라니까요.

아이들이 이렇게 하루라도 빨리 밭매기를 마치고 싶어 하는 까닭은 별것 없습니다. 콩밭을 다 매야 집에 갈 수 있기 때문이지요. 그래서일까요. 새벽 다섯 시 반부터 일을 시작하는데 누구 하나 불평하는 아이가 없습니다. 평소 같으면 깨워야 일어나고, 어째서 새벽에 일을 하냐고 불만이 많은데 다들 일찌감치 일어나 어디 밭으로 와라 하면 시간 맞춰 꼬박꼬박 잘 나옵니다. 일하다 말고 자기들끼리 떠들고 노느라고 서 있다가 잔소리를 듣기도 하지만요.

중학교 1학년 귀염둥이 막내들부터 공동체 식구 모두가 밭에 엎드려 풀을 뽑다 보면 그 넓은 밭들이 잠깐 사이에 깔끔한 콩밭으로 바뀝니다. 사람 손이 얼마나 대단한지를 보여 줍니다. 올해는 작년보다 콩밭이 늘었습니다. 콩과 들깨 심은 밭을 모두 더하면 오천 평이 조금 넘습니다. 말이 오천 평이지 밭에 들어가 앉아 보면 언제 저 넓은 밭을 다 맬지 한숨이 절로 나옵니다. 한숨 쉬고 앉아 있다고 풀이 저절로 뽑히는 것도 아니니 그저 열심히 쭈그리고 앉아서 호미질을 하는 수밖에 없지요.

다행히 올해는 날씨가 덥지 않았습니다. 아직은 한여름 무더위가 찾아오지 않았으니까요. 콩밭 맬 때는 늘 비 오듯 땀을 흘렸는데 올해는 날도 흐리고 바람도 살랑살랑 불어 주었습니다. 콩밭 매면서 땀을 흘려 보지 않은 것도 이번이 처음이네요.

아이들은 작년보다 밭매는 솜씨가 많이 늘었습니다. 다들 이 년, 삼 년씩 일을 해 보아서 그런가 봅니다. 그런데 올해 처음 호미를 잡아 보는 중학교 1학년 세령이는 열심히 호미질을 하는데도 늘 꼴찌입니다. 같이 일하다가 세령이가 안 보여서, "세령이 어디 있나?" 불러 보면 저 뒤에서 열심히 호미질을 하고 있습니다. 마음은 자기도 언니, 오빠들

공동체에는 초등학생들이 일구는 '초등밭'이 따로 있다. 어렸을 때 손과 발을 놀리며 농사일을 해 보는 것은 아이들의 감성과 이성이 고루 발달하는 데 도움이 된다.

처럼 빨리 하고 싶은데 손이 영 자기 마음대로 움직여 주지 않는가 봅니다.

세령이 풀 매는 것을 옆에서 가만히 지켜보니 느릴 수밖에 없습니다. 손에 잡히지 않는 작은 풀들은 그냥 박박 긁어 주고 말아야 하는데 아주 작은 풀까지 하나하나 꼼꼼하게 주워 내고 있으니까요.

"세령아, 아주 작은 풀들은 그냥 득득 긁어만 놓아도 다 죽으니까 안 주워도 돼" 하면서 여러 번 말을 해도 그게 잘 안 되는가 봅니다. 풀을 깔끔하게 주워 내지 않으면 다시 살아날까 봐 불안하다고 하네요. 이런 세령이도 내년이면 똑소리 나는 야무진 일꾼이 되겠지요.

같은 1학년인 가을이는 밭매기 선수입니다. 어설프게 일하는 어른들보다 빠릅니다. 하루는 가을이하고 올해 공동체 식구가 된 아가씨가 나란히 앉아서 밭을 매는데 가을이는 저만치 앞에 가 있고 그 아가씨는 한참 뒤에 있습니다. "아가씨야, 가을이보다 느리면 어떡해" 그랬더니만 한다는 말이, "가을이가 빨라요" 그럽니다. "아, 이 사람아. 그래도 그렇지. 가을이는 이제 중학교 1학년이여" 하면서 웃고 말았는데 제가 봐도 가을이는 손끝이 참 야무집니다.

가을이 손끝이 야무진 것은 밭에서 해 온 조기교육 때문입니다. 가을이는 초등학생 때부터 엄마 옆에 앉아서 같이 콩밭을 맸거든요. 같은 농촌에 사는, 다른 아이들은 공동체에서 일 많이 한다고 집에 가면 통 일을 안 합니다. 사실은 그렇게 많은 일을 하지 않으면서 말입니다. 그러니 애네들은 당연히 가을이보다 손이 느리지요. 가을이 일하는 것을 보면 어렸을 때부터 일을 익히는 게 얼마나 소중한지를 다시금 깨닫습니다. 아이들 조기교육은 이런 게 아닐까요. 머리를 키우는 게 아

볕 좋은 가을날, 학생들이 모여 앉아 깨를 털고 있다. 밭을 일구고, 김매고, 거두어들이는 일까지 어린 학생들도 밭에서 하는 일에 빠짐없이 참여한다.

니라 손과 발을 잘 놀릴 수 있는 교육 말입니다.

가을이는 콩밭 맬 때 언니들한테 인기가 가장 많았습니다. 서로 가을이를 자기 옆에 두고서 일하려고 했으니까요. 밭을 잘 매는 사람이 옆에서 하면 편하거든요. 늦게 오는 사람 풀까지 같이 뽑아 주면서 나가니까요.

아이들과 어른들이 이렇게 이른 새벽부터 부지런히 몸을 놀려서 올해 콩밭 매기는 다른 해보다 훨씬 일찍 끝났습니다. 아이들은 콩밭 매기가 끝나자마자 바로 짐을 싸 들고 집으로 갔습니다.

중학생인 나무, 겸, 준모, 보리는 자전거 타고 준모네 집에 놀러 간다고 길을 나섰습니다. 변산면에서 서천까지 90킬로미터가 넘는 거리입니다. 중학생 아이들이 어른들 없이 자동차들이 쌩쌩 달리는 도로를 자전거 타고 간다니 걱정이 되긴 하지만 한편으로는 부럽기도 합니다. 저도 저렇게 아무런 겁도 없이 무작정 덤벼들던 때도 있었는데, 이제는 자전거 타고 길을 나서려 하면 겁부터 덜컥 나니 말입니다.

이게 어른과 아이들의 다른 점이 아닐까 싶습니다. 어른들은 자전거 타고 친구네 집에 놀러 간다고 하면, "야! 그거 재밌겠다" 하면서 그냥 부러워만 할 뿐입니다. 웬만해선 자전거 타고 안 가니까요. "굳이 땡볕을 받으며 힘들게 자전거 타고 가냐, 그냥 편안하게 차 타고 갈 수 있는데" 하면서요. 어른들은 늘 아이들의 용기를 부러워하지만 온갖 것을 다 계산해서 쉽게 포기합니다. 하지만 아이들은 그저 자기들이 하고 싶은 게 있으면 이것저것 계산하지 않고 바로 몸으로 부딪쳐 봅니다. 나무는 준모네 집에서 돌아오면 한참을 자전거 여행 이야기로 재잘재잘 떠들 겁니다. 그저 나는 옆에서 재밌었겠다, 맞장구 쳐 주면서 들을 테고요.

'그럴 게 아니라 올여름 콩밭 매기도 다 끝났겠다, 나도 한번 용기를 내서 자전거 타고 어디론가 떠나 봐?'

개울에서 하는 이불 빨래

하루가 멀다 하고 쏟아지던 비 때문에 마음 졸이던 여름이 가고 가을이 왔네요. 올여름은 비로 시작해서 비로 끝난 것 같습니다. 변산면은 날마다 하늘이 잔뜩 흐려 있어서 여름인지 아닌지 정신을 차릴 수가 없었지만 다행히도 비 피해는 없답니다. 우스갯소리로 우리 나라가 이제는 사계절이 아니라 '우기'라는 계절이 하나 더 생겨서 오계절이 되었다고 하던데 앞으로 자연의 변화가 어떻게 일어날지는 아무도 알 수가 없네요.

추석 전에 수확하려고 이른모를 심은 사람들은 벼농사가 신통치 않은데, 공동체는 늦모를 심어서 벼들이 이삭을 내밀고 가을 햇살에 탐스럽게 익어 가고 있습니다. 하지만 밭에 심은 작물들은 비 때문에 몸살을 앓아서 수확이 별로 없습니다. 감자 농사는 해마다 풍년이 들어 공동체 식구들이 겨울날 때까지 반찬으로, 새참으로 잘 먹었는데 올해는 농사가 영 시원찮아서 몇 번 쪄 먹지도 못했네요.

이백 근 수확을 장담하며 야심차게 심은 고추는 잦은 비에 버티지 못하고 모두 탄저병에 걸려 겨우 오십 근 정도밖에 못 땄지요. 칠월 말, 늦어도 팔월 초에는 밭매기 다 끝내고 한여름 뜨거울 때면 식구들도 한가롭게 쉬곤 했는데 올여름엔 제대로 쉬지도 못하고 비 구경만 하다가 구월 초에야 겨우겨우 콩밭 매기를 마쳤답니다.

올해 처음 저희들끼리 농사를 지어 보겠다고 나선 독립부 아이들은 고추를 천 주 넘게 심었는데, 수확은? 글쎄 이걸 수확이라고 말하기도 민망하지만 어찌 됐든 냉면그릇으로 한 대접 따고는 일찌감치 고추밭을 정리했답니다. 탄저병 예방한다고 현미식초도 자주 뿌리고 나름 애를 많이 썼는데 날씨가 도와주지 않으니 그저 하늘이 원망스러울 따름이지요.

비 때문에 이래저래 피해도 많이 보고 불편한 것도 있었지만 좋은 점도 있었답니다. 초등 아이들은 여름만 되면 바다에 놀러 가자고 어른들을 귀찮게 졸라 대는데 올해는 냇가에 물이 많으니 바다 가자는 이야기를 별로 안 하더군요. 바다 가자고 졸라도 냇가에서 놀라고 하면 되니까 좋은 핑곗거리도 생겼고요. 물론 물놀이한다고 하루에 두세 번씩 옷을 갈아입어 엄마 아빠가 빨래하느라 고생은 했지만 아이들은 신나게 잘 놀았지요.

공동체 식구들은 여름이 끝날 때쯤이면 손님방에 있는 이불, 계절학교 때 아이들이 썼던 이불, 공동체 여기저기에 굴러다니는 이불들을 모아 빨래를 합니다. 올해는 개울물이 넘쳐나서 힘들이지 않고 물놀이 삼아 쉽게 끝냈답니다.

이불 빨래는 어떻게 하냐고요? 이불, 고무통, 천연 비누를 빨래터가 있는 냇가로 가져갑니다. 고무통에 개울물을 담고 거기에 비누를 묻힌 이불을 넣어 발로 밟습니다. 열심히 밟다 보면 이불 때가 어느 정도 빠

고무통에 이불을 넣고 밟다가 흐르는 개울물에 던져 놓으면
물살의 힘으로 쉽게 이불을 헹굴 수 있다.

지지요. 때가 빠졌다 싶으면 이불을 고무통에서 꺼내 물이 폭포처럼 떨어지는 곳에 던져 놓습니다. 그러면 물살에 비누 거품이 씻겨 나가면서 이불이 자연스럽게 헹구어집니다. 이불이 다 헹궈졌다 싶으면 건져서 두 사람이 비틀어 짭니다. 물기가 어느 정도 빠진 이불을 탈수기에 넣고 한 번 더 짜서 빨랫줄에 널면 이불 빨래 끝.

깔끔 떠는 사람들이 보면 저게 무슨 빨래냐 싶겠지만 우리가 보기에는 이보다 완벽한 빨래는 없어요. 시원하게 냇물 뒤집어쓰고, 천연 비누에 묵은 때 벗겨 내고, 따뜻한 햇살에 몸을 말리니 이불도 행복에 겨워 살랑살랑 불어오는 바람에 춤을 춥니다. 다 마른 이불을 만져 보면 뽀송뽀송하고 냄새도 아주 상큼하지요. 이불 빨래를 처음 해 보는 무식한 남자들이 더러 솜이불을 통째로 물에 담그는 바람에 물먹은 솜이불 들어 올리느라 고생하기도 했지만 개울에서 하는 이불 빨래는 꽤 재미있는 일 가운데 하나지요. 놀이방에 다니는 나이 어린 꼬맹이들도 이날만큼은 엄마, 아빠 따라와 개울에서 실컷 물장난을 하고, 모두에게 즐거운 놀이랍니다.

올해 하도 비가 많이 와서 물 이야기만 했네요. 그런데 말이죠, 비 때문에 모두들 난리 통을 치르는 가운데 불 때문에 고생을 하고 있는 사람들도 있답니다.

십여 년 전에 공동체로 귀농을 했다가, 지금은 독립을 해서 같은 마을에 살고 있는 한 식구 집에 불이 나 집 전체가 홀라당 타 버린 안타까운 일이 있었어요. 스코트 니어링과 헬렌 니어링 부부가 여기저기 널려 있는 돌을 주워다가 집을 지었다는 책을 읽고, 이 부부도 개울에서 돌을 가져다 직접 돌집을 지었습니다. 집 짓는 데 들어간 재료들(창문, 지붕 자재 따위)이 사람들이 안 쓰고 버린 것들이어서 마을 사람은 이 부부의 집을 조각집(조각조각 모아서 지은 집이라는 뜻)이라고 불렀지요.

남들이 뭐라 하든 이 부부에게는 참 소중한 집인데 어떻게 손을 써볼 새도 없이 홀라당 타 버렸으니 참으로 허망하고 속상한 일입니다. 농촌에 살다 보면 산불도 보게 되고 가끔은 이렇게 집에 불이 나는 것

시원하게 냇물 뒤집어쓴 이불을 마당에 널어놓으면 햇살과 바람의 힘으로 금세 뽀송뽀송해진다.

도 보게 되는데, 집을 지을 때 어떤 재료를 써야 좋을지 많이 생각하게 됩니다.

이번 불은 창고 쪽에서 일어난 불이 살림집으로 옮겨붙었는데, 하필이면 살림집 지붕이 샌드위치 패널(널빤지)로 되어 있어서 불을 끌 엄두도 못 내고 구경밖에 할 수 없었어요. 샌드위치 패널 안에는 스티로폼이 들어 있어 더위와 추위를 막아 주는 역할을 하는데 문제는 스티로폼이 불에 약하다는 겁니다. 일단 불이 붙었다 싶으면 순식간에 큰 불기둥이 생기고 검은 연기와 유독가스 때문에 소방관들도 어쩌지 못하고 전부 다 탈 때까지 기다리는 수밖에 없지요.

샌드위치 패널이 일을 손쉽고, 빠르고, 편리하게 해 주는 여러 가지 장점이 있지만 편리함 속에는 무서움도 함께 숨겨져 있기 마련이지요. 만약에 이 집이 우리네 전통 집들처럼 나무 서까래에 진흙을 얹어 지붕을 했다면 마을 사람들이 물동이에 물을 퍼다 날라서라도 집 전체가 타는 것을 막을 수는 있었을 거예요.

올여름은 물난리에, 불난리에 이래저래 참 어수선하게 지나갔습니다. 자연이 이렇게 사람들에게 시련을 안겨 주는 것은 우리가 똑바로 살고 있는지, 자연의 질서를 거스르며 살고 있지는 않은지 진지하게 되돌아보라는 충고가 아닐는지요.

벼 베는 날

가을이 깊어 가네요. 여름 내내 푸르던 앞산 나무들은 울긋불긋한 옷으로 갈아입고 아름다움을 뽐내고 있구요, 들판을 가득 채웠던 벼들도 하나둘 알곡이 되어 창고로 들어오고 있습니다. 콩, 고구마, 들깨 따위를 갈무리하느라 농부들 손은 하루도 쉬지 않고 바삐 움직입니다.

올여름엔 비가 너무 오랫동안 많이 내려서 농사가 흉작일 거라 생각했는데, 많은 분들의 손길 덕분인지 공동체 벼농사는 지난해만큼 수확을 냈습니다. 콩도 튼실하게 열매를 맺어 된장과 두부가 될 준비를 하고 있답니다. 며칠 전에 거두어들인 고구마는 굼벵이 먹은 흔적 하나 없이 매끈하게 잘 빠져서 밤마다 아이들이 구워 먹고, 깎아 먹고 신이 났습니다.

해마다 이맘때쯤 한 해 농사를 갈무리할 때가 되면 늘 아쉬움이 남습니다. 조금만 더 부지런하게 논과 밭을 둘러보고 보살폈다면 지금보다 더 나은 결실을 맺을 수 있었을 텐데……. 순간 게으름을 피우다 보면 마지막 결실을 맺을 때 늘 후회를 하게 되지요. 농사짓고 살면서 그냥 먹고살기 위해 어쩔 수 없이 하는 일이 아니라 온몸과 마음을 기울

공동체 식구들 여럿이 모여 보리타작을 하고 있다. 벼도 보리처럼 콤바인 없이 낫으로 베고, 탈곡기로 타작할 수 있는 방법을 찾아 열심히 궁리 중이다.

여서 작물들을 정성스레 돌보았는지 반성도 해 보고, 내년에는 올해보다 더 꼼꼼하게 챙겨야지 하는 다짐도 해 봅니다.

모내기 때는 공동체 식구들하고 서울 애화학교 학생들이 함께 어우러져 들판이 시끌벅적했는데 벼 베는 날은 참으로 쓸쓸하기만 했습니다. 요즘엔 예전 우리 아버지, 어머니 세대들처럼 낫으로 벼를 베지 않고 모두들 콤바인 기계로 수확을 합니다. 공동체도 마찬가지입니다. 콤바인은 벼를 베고 탈곡까지 한꺼번에 해치우는 참 편리한 기계지요. 그래서인지 어릴 때 제가 보았던 가을 들판과 요즘 가을 들판 모습이 너무 달라서 낯설게 느껴질 때가 있습니다.

아마 농촌에서 나고 자란 많은 분들은 벼 베는 날 모습을 아직도 생생하게 기억하고 있을 거라 생각합니다. 아침밥을 먹자마자 어머니,

아버지는 낫을 갈아 들고 논으로 가지요. 동네 어른들하고 하루 종일 논바닥에 엎드려 날이 시퍼렇게 선 낫으로 누렇게 익은 나락들을 쓱 쓱 베어 논바닥에 한 아름씩 가지런히 눕히던 모습. 낫으로 벼를 베어 낸 논은 참 예뻤어요. 오랜만에 단정하게 머리를 자른 모습이라고나 할까요.

이렇게 베어 낸 벼들은 며칠 동안 햇빛과 바람에 잘 말리고 나서 볏단으로 묶습니다. 논에서 벼를 탈곡하는 집도 있고 집으로 볏단을 가져와서 탈곡을 하는 집도 있었는데, 그때는 경운기도 흔하지 않던 시절이라 남자 어른들은 하루 종일 지게로 볏단을 져 나르기도 했지요. 지금 생각해 보면 그 고된 일들을 어떻게 다 해내셨는지 그저 존경스러울 따름입니다.

집으로 옮긴 볏단은 발통기(우리 동네에서는 통이 돌아갈 때 '에롱에롱'

"한 알도 놓치지 않겠다!" 보릿단을 옮길 때 땅에 떨어진 낟알을 학생들이 꼼꼼히 줍고 있다.

소리가 난다고 해서 에롱기라 불렀습니다)로 탈곡을 합니다. 발통기는 기계라기보다 동력을 쓰지 않는 도구라고 봐야겠지요. 낟알을 털 수 있는 둥그런 통이 있고 통을 돌리게끔 발판이 있는데 힘 좋은 남자 어른 두 사람이 함께 박자를 맞춰 가며 발판을 밟으면 '에롱에롱' 소리가 나면서 통이 돌아갑니다.

신나게 돌아가는 통에 벼 이삭을 갖다 대면 낟알이 저절로 떨어집니다. 이때 남자들에게 적당한 양으로 볏단을 쉬지 않고 전해 주는 일을 주로 여자 어른들이 했습니다. 한쪽에서는 부지런히 벼를 집어 주고 또 한쪽에서는 열심히 발로 밟아 통을 돌리면서 탈곡을 합니다. 벼 이삭이 다 털린 볏짚을 가지런히 모아 짚단을 묶는 사람들이 있고, 탈곡하면서 나오는 검부쟁이를 갈퀴로 긁어내고 나락 이삭만 따로 모아 가마니에 담는 사람도 있어야 하지요. 아이들은 아이들대로 바쁩니다. 묶은 짚단을 비에 썩지 않게 오래 보관하려면 솜씨 있는 어른이 차곡차곡 잘 쟁여야 합니다. 아이들이 그 어른한테 짚단을 날라 주는 일을 하는 거지요.

그러다가 경운기가 나오고, 경운기에 연결해서 쓰는 탈곡기가 나오기는 했습니다. 그렇지만 일이 조금 편해졌다 뿐이지 벼 베고 탈곡하는 일은 혼자서는 어림도 없고 어른, 아이 할 것 없이 마을 사람들이 힘을 모아야만 할 수 있는 일입니다. 그래서 모내기하거나 벼 베는 날은 평소에는 구경하기도 힘들던 돼지고기와 생선이 나오고 밥상에 차려진 반찬들도 푸짐했습니다.

그런데 요즘엔 그런 풍경들이 모두 사라져 버렸습니다. 벼 베는 논에는 고작해야 논 주인과 낟알을 실어 나를 트럭 두어 대, 콤바인 기사가 전부입니다. 콤바인 기사는 하루에 얼마나 많은 일을 하느냐에 따라 돈이 달라지기 때문에 점심도 여유롭게 먹을 시간이 없습니다. 그냥 들판에서 중국집에 전화해 음식을 배달시켜 먹고 바로 일어섭니다.

이제 농촌 가을 들판엔 예전에 보았던 흥겨움도 야단법석도 없습니다. 농촌에 일할 사람이 없으니 어쩔 수 없는 노릇이긴 하지만 마음 한구석이 허전하고 안타까운 것은 어떻게 달랠 수가 없습니다. 그렇다고 해마다 이렇게 재미없이 지낼 수는 없는 노릇이고, 어떻게 신나게 살아 볼 수는 없을까 고민하다 퍼뜩 이런 생각이 들었습니다.

'그려, 아무리 거시기 해 봐야 누가 뭐시기 해 주는 것도 아니고. 미친 척하고 내년에는 공동체 식구들이 우리 아버지, 어머니들처럼 낫으로 벼를 베고 경운기로 탈곡을 해 보는 것이여. 공동체가 내세울 수 있는 것은 오직 하나 사람 많은 거, 일은 서툴러도 그저 사람 수 많은 것으로 여태껏 버텨 왔는데 이 일이라고 못 하겠냐.

아이들이 이 이야기를 들으면 뒤로 넘어갈 일이지만, 언젠가는 이 아이들도 희정 언니 덕분에 우리가 살아남을 수 있었던 거라고 고마워하지 않겠

벼 타작을 마치면 논에 뿌릴 볍씨를 따로 모았다가 이듬해 봄에 그 볍씨를 볏모로 키운다. 볍씨를 소독하고 있는 모습.

어? 내년부터 공동체 논 전부를 낫으로 베자고 하면 다들 도망갈지도 모릉게, 우선은 조금씩만 해 보는 거지. 그러다 차츰차츰 일이 몸에 익으면 양을 늘리고. 그래도 걱정은 돼. 그렇지 않아도 공동체 사람들은 워낙에 엉뚱한 짓을 많이 해서 마을 사람들한테 별종으로 취급받는데 이번에는 낫으로 벼를 베고 경운기로 탈곡을 한다고 나서면 또다시 온갖 이야기들이 오고 갈 테지. 뭐, 어쨌든 변산면 사람들 심심하지는 않을 테니 그것도 괜찮긴 하지.'

그렇지만 선구자는 늘 외롭고 힘든 법. 지금은 세상 사람들이 우리를 비웃고 놀릴지라도 머지않아 우리들이 걷는 길이 정도(正道)임을 알게 될 테지요. 아마 우리 아이들, 입으로는 투덜대도 막상 낫을 잡으면 신나게 일을 할 겁니다. 변산공동체학교 학생이니까요.

"얘들아, 세상살이가 몸 편하고 돈 많이 버는 게 좋을 것 같지만 몸은 힘들고 돈은 안 되어도 여럿이 함께 어울려 일하면서 얻는 즐거움은 그 무엇과도 바꿀 수 없단다."

새우치기가 무슨 일 하는 거예요?

올해 고등 과정을 마치고 스무 살이 되는 청년들과 지난 삼 년 동안 사람 사는 집만 여섯 채를 지었습니다. 사람 사는 집뿐만 아니라 똥간, 씻는 곳까지 더하면 여덟 채가 넘는 건물을 지었습니다. 이 아이들은 집 짓는 복을 타고 났는지 입학하자마자 집 짓는 일을 시작해서 졸업할 때까지 한 해도 거르지 않고 집을 지었습니다. 이 아이들이 입학할 즈음 어른 식구들이 많이 늘었고, 학생들도 감당하기 어려울 만큼 많이 들어왔습니다. 살 집은 없고 식구들은 계속 들어오니 부지런히 짓는 수밖에 없었지요.

공동체에서 집 짓기는 힘든 일이기도 하지만 아이들 몸을 튼튼하게 만드는 데는 더 없이 좋은 일입니다. 중학교 1학년부터 어른들까지 모두가 참여해서 함께할 수 있는 일이기도 하구요. 공동체에서 짓는 집들은 황토벽돌로 벽을 쌓아 올린 흙집입니다. 우리가 사는 부안 땅이 질 좋은 황토 흙이 많이 나오는 지역이고, 처음 집 짓기를 배우는 아이들이 흙벽돌로 지으면 금방 익힐 수 있기 때문입니다.

집 짓는 일은 크게 어렵지 않습니다. 더군다나 아이들과 함께 집을 짓다 보면 아이들은 아이들대로 배우는 게 많고, 어른들은 아이들이 일하는 모습을 보면서 한 명 한 명 있는 그대로의 모습을 볼 수 있기에 아이들을 훨씬 잘 이해할 수 있어서 좋습니다. 그럼 지금부터 집 짓는 이야기를 시작해 볼까요.

집을 지으려면 먼저 황토벽돌을 찍어야 합니다. 요즘은 황토벽돌을 공장에서 만들어 팔기도 하지만 우리처럼 가난한 살림에는 사다 쓰기 힘들지요. 황토벽돌을 가장 싸게 얻을 수 있는 방법은 흙을 사다가 직접 찍는 겁니다. 마침 공동체에 십 년 전에 사 둔 벽돌 찍는 기계가 있어서 그 기계로 벽돌을 찍습니다. 어른, 아이들 가릴 것 없이 서너 명이 하루 내내 찍으면 삼백 장에서 사백 장까지 찍을 수 있습니다. 삼월, 사월 농사일이 크게 바쁘지 않고 아이들도 일이 없어 심심할 때, 수업 없는 시간에 학년별로 조를 짜서 벽돌을 찍습니다. 오월, 유월이

공동체 식구들이 직접 찍은 흙벽돌. 공장에서 나온 벽돌과는 달리 크기가 일정하지 않고 들쭉날쭉해서 벽돌 쌓는 일이 쉽지만은 않다.

되면 모든 식구들이 농사일에 매달려야 하니까 집 짓기는 주로 농사일이 크게 바쁘지 않은 봄철과 구월, 시월에 합니다.

흙벽돌 찍기는 아주 쉽습니다. 먼저 흙무더기에서 삽으로 퍼낸 흙을 통에 담아 벽돌 찍는 기계 틀 안에 부어 줍니다. 그다음 기계를 작동하는 사람이 요리조리 손을 움직이면 벽돌 모양이 되어 나옵니다. 틀 안에서 만들어져 나온 벽돌을 손으로 날라 한 줄로 세워서 보름에서 한 달 정도 말리면 집을 지을 수 있는 튼튼한 흙벽돌이 됩니다.

벽돌 찍는 일은 참으로 단순하기 짝이 없는 일입니다. 하루 내내 삽질하고, 가만히 서서 기계 작동하고, 나르고 하다 보면 지루하기도 하고 힘들기도 합니다. 그래서 맡은 일을 서로서로 바꾸어 가면서 합니다.

또 아이들은 자기들이 좋아하는 음악을 크게 틀어 놓고 일을 합니다. 그리고 그날그날 채워야 할 양을 미리 정해 놓고 하기 때문에 조금이라도 빨리 끝내려고 쉬지 않고 할 때도 있습니다. 하루 내내 찍은 벽돌을 저녁 작업회의 시간에 이야기하는데 누가 많이 찍었네, 적게 찍었네 하면서 경쟁이 붙기도 합니다. 이렇게 아이들이 찍은 벽돌은 한 장당 오십 원씩 품삯을 줍니다. 그러면 아이들은 그 돈을 가지고 중등부, 고등부 학생끼리 단합대회를 할 때 씁니다. 공동체에서는 큰돈 들이지 않고 벽돌 찍을 수 있고 아이들은 돈 생겨서 좋고, 누이 좋고 매부 좋은 일이지요. 그렇게 벽돌 찍는 일이 끝나면 이제는 집을 앉힐 터 파기를 합니다.

터파기에 주어진 연장은 곡괭이와 삽. 터파기는 힘이 약한 중등부 학생과 여학생들은 못하고 힘 좋은 고등부 남학생들이 합니다. 가끔

할 일이 없어 심심하다면서 터파기에 끼어드는 여학생도 있지만 큰 도움은 되지 않습니다. 큰 돌, 작은 돌이 섞인 단단한 땅을 곡괭이와 삽으로 30센티미터 넘게 파다 보면 온몸이 땀으로 흠뻑 젖고 여기저기서 허리 아프다는 소리가 들립니다. 남들은 포클레인으로 파는데 우리는 왜 곡괭이로 파냐고 투덜대기도 합니다. 그러면 어김없이 나오는 말이 있지요.

"코딱지만 한 터파기 하면서 뭐이 힘들다고 포클레인 타령이냐. 부지런히 파기나 혀. 부지런히 파다 보면 다 파진게."

그러면 애들도 지지 않고, "언니 코딱지는 참 크기도 하네요" 한마디 합니다. 그렇게 우스갯소리를 주거니 받거니 하면서 터파기를 마칩니다. 터파기가 다 끝나면 이제는 기초를 쌓습니다. 아이들이 열심히 파낸 땅속에 돌을 넣고 시멘트, 모래, 자갈을 섞어서 만든 콘크리트를 붓지요. 그 위에 같은 방법으로 60센티미터 넘게 기초를 쌓습니다.

공동체에서 집을 작게 짓는 이유

보통은 기초를 쌓을 때 철근을 넣고 레미콘 차를 불러서 금방 끝내버리는데 우리는 마을에 흔하디흔한 돌을 주워다가 콘크리트를 만들어 기초를 쌓습니다. 우리 마을에는 돌이 참 많습니다. 밭 가장자리에도 밭일 하면서 주워 낸 돌들이 여기저기 무더기로 쌓여 있고 마을 개울에도 주워다 쓸 수 있는 돌들이 참 많습니다. 워낙 돌이 많으니까 공동체에 있다 독립한 식구 한 분은 개울에서 주운 돌만으로 스무 평이 넘는 집을 짓기도 했습니다.

돌 줍기는 공동체 식구들이 아침밥을 먹기 전 새벽에 모두들 개울에 모여서 함께합니다. "자, 얘들아, 집 지을 돌 줍자" 그러면 여자애들은 꼭 자기들이 들기 편한 조그마한 돌들만 주워 가지고 옵니다. 그럴 때면 밥 먹고 힘은 어디다 쓰냐고 하면서 그 위에 두 개, 세 개를 더 얹어 줍니다. 그런가 하면 남자애들은 꼭 힘자랑한답시고 집 짓기에는 알맞지 않은 큰 돌들을 낑낑거리면서 날라 옵니다. 자기들 딴에는 힘자랑도 하고 작은 돌 몇 개 줍느니 큰 돌 하나 주워 나르는 게 일을 빨리 끝낼 수 있다고 잔머리를 굴리는 거지요.

밥 먹기 전에 운동 삼아 한 시간만 주우면 트럭으로 두 차, 세 차 줍는 것은 일도 아닙니다. 이럴 때는 사람 많은 것이 최고지요. 그런데 희한한 것은 그동안 집 짓느라 개울에서 돌을 참 많이도 주워 왔는데 돌들은 어디서 그렇게 끊임없이 나오는지 다음에 개울에 가 보면 어김없이 여기저기 널려 있다는 것입니다.

그렇게 주워 모은 돌로 기초를 쌓습니다. 기초를 쌓을 때 가장 힘든 일은 뭐니뭐니해도 콘크리트 작업입니다. 모래, 자갈, 시멘트, 물을 섞어서 반죽을 하는데 온몸이 욱신욱신 쑤실 정도로 고된 일입니다. 그냥 삽 들고 땅을 파라고 하면 그나마 쉬엄쉬엄하면서 할 수 있지만 이거는 서너 명이 한꺼번에 달라붙어 호흡을 맞춰 가며 일이 끝날 때까지 해야 하는 일입니다. 그런지라 잔머리 굴릴 수도 없고 오로지 몸뚱아리를 부지런히 움직여야 일찍 끝나기 때문에 죽으나 사나 열심히 삽질을 할 수밖에 없지요. 그리고 보면 사람이 기계를 쓰지 않고 몸을 써서 하는 일은 참 정직합니다. 요령이란 게 통하지 않으니까요. 오직

나무로 문틀 고정하고 흙으로 벽 쌓고. 학생들이 두 칸짜리 뒷간을 직접 짓고 있다.

부지런한 몸놀림만이 시작과 끝을 알려 준답니다.

콘크리트 작업을 할 때는 여자애들도 달라붙어 비벼 놓은 반죽을 통에 담아 틀 안에 붓는 일을 합니다. 오로지 두 팔로 통을 들어서 날라야 하니까 팔 힘이 약한 여자애들로서는 죽을 맛이지요. 그래도 어쩝니까? 맡겨진 일이니 해야지요.

팔 힘이 부족하니 온몸을 써서 통을 들어 나르는데 그러다 보면 옷이고 신발이고 반죽 범벅이 됩니다. 이 일을 하루 해 본 여자애들 가운데 한 명이 일 다 끝나고 나서, "아저씨, 공동체에서 왜 집을 작게 짓는지 알겠어요" 그럽니다. 자기가 몸을 써서 일을 해 보니까 집 짓는 일이 쉽지 않다는 것을 알겠거든요. 무슨 일이든지 직접 해 보면 그 일의 어려움도 알고 욕심을 부리지 않게 됩니다. 그러나 돈만 주면 언제든지 남이 지어 놓은 집을 구할 수 있는 요즘 세상에서는 집을 짓는 데 들어간 사람들의 땀방울과 힘든 노동에 대해서는 알 수가 없습니다. 그래서 사람들은 작고 소박한 집보다는 넓은 집, 겉모양이 화려한 집, 생활하기에 편리한 집만 찾게 됩니다.

"집이란 게 무엇이냐. 사람이 하루 일을 마치고 편안하게 몸 누일 곳 아니냐. 돌아가신 권정생 선생님은 평생을 방 한 칸짜리 조그마한 오두막에서 살면서도 좋은 글을 많이 쓰셨는데 선생님에 견주면 우리 공동체 집도 굉장히 사치스럽다."

집을 지으면서 아이들에게 이런 말을 들려주는데 제 말을 얼마나 알아듣고 가슴 깊이 새겨 두었는지는 모르겠습니다.

"우리들이 지은 집이에요"

이렇게 기초 작업이 끝나면 이제부터는 흙벽돌을 쌓기 시작합니다. 흙벽돌은 한 장 무게가 12킬로그램 정도 됩니다. 그러니 여자애들은 쌓을 엄두를 못 내고 집 짓는 곳에 벽돌을 날라다 주는 일을 합니다. 벽돌 나르는 사람, 밑에서 흙 반죽 만드는 사람, 벽돌 올려 주는 사람, 벽돌 쌓는 사람. 집 짓는 공사장에는 어느 때보다 사람이 많습니다. 벽돌 쌓는 일은 그래도 제법 눈썰미가 있고 몇 번 쌓아 본 경험이 있는 사람들이 합니다. 삼 년 동안 저와 함께 집을 지었던 아이들은 이제는 집 짓는 일에 이골이 나서 시키지 않아도 알아서들 척척 합니다.

그렇다고 모든 아이들이 벽돌을 잘 쌓는 것은 아닙니다. 아무리 가

흙벽돌은 한 장 무게가 약 12킬로그램 정도라 웬만한 장정도 몇 장 나르면 힘에 부친다.

르쳐도 벽돌을 반듯하게 못 쌓는 애들도 있더라고요. 그러면 자기가 알아서 흙 반죽하는 일을 합니다. 그런 아이 가운데 한 명한테 붙은 별명이 '흙사장' '곱사장'입니다. 이 친구 별명이 곱등이라 곱사장이라고 부릅니다.

우리가 찍은 벽돌은 공장에서 찍어 낸 벽돌마냥 크기가 일정하지 않습니다. 찍을 때 흙이 많이 들어간 벽돌은 두껍고, 흙이 적게 들어간 것은 얇습니다. 어떤 벽돌은 두께 차이가 심하게 나서 써먹지 못하기도 합니다. 그러니 벽돌 쌓는 게 쉬운 일만은 아니지요. 일정한 간격으로 두께를 맞춰 가면서 쌓아야 하는데 들쭉날쭉하기 쉽습니다. 저야 오랫동안 벽돌 쌓는 일을 해 보았으니 요령 있게 맞추지만 아이들은 쉽지 않지요. 제가 석 장 쌓을 때 벽돌 한 장 들고 맞추느라고 낑낑대는 모습을 보면 재미있습니다.

"자, 받아라! 새우 올라가신다." 학생들이 새우치기를 하고 있다. 새우치기는 진흙 반죽을 둥글게 다져서 지붕 틈새를 메꾸는 일로, 방열과 방한을 위한 작업이다.

"몇 번을 말해야 알아듣겠냐. 이렇게 맞추는 것이랑께."

이렇게 놀려 주기도 합니다. 그래도 여전히 맞추기가 쉽지 않은지 대충 쌓아 놓고 이렇게 말합니다.

"아, 조금 틀리면 어때요. 어차피 내가 살 집 아니잖아요."

일이 힘드니까, 또 일이 서투른 것을 서로가 구박하지 않고 위로해 주려고 하는 우스갯소리지요. 아이들이 서투른 솜씨로 지은 집들이지만 아직까지는 무너지지 않고 다들 잘 살고 있습니다. 어머니 뱃속에서부터 집 짓는 법을 배워 가지고 나온 사람은 없으니까요. 하나하나 배우다 보면 어느새 반듯한 일꾼이 되어 있는 것 아니겠어요. 그래도 요즘은 가끔씩 황토 집 지어 줄 수 있냐고 물어보는 사람도 있습니다. 그럴 땐 이렇게 말하지요.

"예, 우리는 참으로 탕수육만 사 주면 어디든지 달려갑니다."

아마도 몇 년 안 있으면 우리 아이들과 함께 공동체 식구들이 살 집만 짓는 것이 아니라 다른 사람들이 살 집도 짓게 되지 않을까 싶습니다. 당당한 일꾼으로서 말이죠.

이렇게 벽돌을 다 쌓고 그 위에 서까래 올리고 **판자**를 깔고 나면 새우치기를 합니다. '새우'는 지붕 틈새에 다져 넣는 진흙을 말하고, '새우치기'란 지붕 위에 그 진흙을 던져서 바르는 일입니다. 작업회의 때 내일 새우치기 한다고 하면 이 말을 처음 들어 본 애들은 이렇게 물어봅니다.

"아저씨, 새우치기가 무슨 일 하는 거예요?"

"응, 내일은 흙속에 새우를 잔뜩 넣어서 지붕 위에 올리는 거야. 그래야 집이 따뜻하고 좋대."

"그러면 내일 일하면서 새우도 먹어요?"

"그럼, 실컷 먹지."

이렇게 말해 주면 아이들은 참말인가 거짓말인가 하면서도 새우 먹는다는 말에 '와, 신난다' 그러면서 좋아합니다.

새우치기 할 흙은 미리 볏짚을 잘게 썰어서 흙 반죽을 한 다음 집 앞에 잔뜩 쌓아 놓습니다. 이렇게 만들어 놓은 진흙을 호미와 괭이로 조금씩 떼어 내 동글동글하게 만듭니

아이들과 함께 집 짓는 일이 마냥 즐겁다는 김희정 교장. 새로 짓는 집 벽에 흙을 바르고 있다.

다. 그걸 지붕에 올라가 있는 사람들한테 던져 주면 지붕에 있는 사람이 그 흙을 받아서 세게 내려치는 겁니다. 그렇게 내려치다 보면 진흙이 튀어서 얼굴이고 옷이고 흙투성이가 됩니다.

아이들은 또 장난치느라 밑에서 일부러 세게 던져서 사람을 맞추기도 하고 자기들끼리 서로 진흙을 던지면서 온갖 장난을 하기도 합니다. 어른들끼리만 일을 한다면 이런 재미난 일들이 별로 없을 텐데 아이들하고 일하다 보면 웃을 일이 참 많지요. 또 새우치기에 대해 들었던 아이들 가운데 새우가 어디 있냐고 진지하게 물어보는 순진한 아이도 있어서 한바탕 웃기도 하네요. 이렇게 새우치기 끝나고 지붕을 강판으로 덮으면 집 짓는 일은 일차로 마무리 됩니다.

사람들이 말하기를 자기가 살 집 한 채 지으면 십 년씩 늙는다고들 합니다. 저는 공동체에 살면서 열 채가 넘는 집을 지었습니다. 그런데도 아직까지 늙지 않고 젊음을 이어 가고 있는 까닭은 아마도 아이들과 함께 즐겁고 재미있게 집을 지어서가 아닐까 합니다. 어떤 때는 아이들 때문에 화가 나기도 하지만 금세 잊어버리고 웃게 되거든요.

학교라고 해서 왔는데 집 짓는 일만 시킨다고 불평하던 아이들도 자기들이 지은 집 앞에서는 자부심이 대단합니다. 손님이 찾아와서 공동체 안내를 하다가 자기들이 지은 집 앞에 가면, "이 집은 우리들이 지은 집이에요" 하면서 꼭 자랑하거든요. 우리 아이들에게 작고 소박한 집 지어 달라고 부탁하실 분들은 언제든지 연락하세요. 탕수육 먹으러 곧바로 달려갑니다.

안 돼! 피죽이라니, 우리는 죽었다

지름박골 갑니다

2010년 3월17일, 여섯 명의 건장한 청년과 여려 보이는 아가씨 한 명이 산을 오릅니다. 맨몸으로 산을 오르면 얼마나 좋을까마는 지게에 가마솥, 쌀, 곡괭이, 삽, 텐트, 침낭 등 여러 가지 살림 도구와 작업 공구를 짊어지고 헉헉거리며 고개를 넘습니다. 산으로 가는 중간중간 마을 어른들을 만나면 한마디씩 물어보십니다.

"어디 가는 거여?"

"예, 지름박골 갑니다."

"그런디 지게에다 뭘 지고 가는 거여?"

답하기 참 곤란합니다. "예, 뭐 그냥" 얼버무리고 맙니다. 마을 어른들은 속으로 분명 '쟤네 또 뻘짓거리 하러 가는구먼' 그러실 겁니다.

그동안 공동체 식구들이 이 마을에 살면서 워낙에 이상한 짓을 많이 해서 그런지 이제는 웬만한 일엔 별로 놀라지도 않습니다. 그저 속으로 별난 사람들이 별난 짓만 골라 한다고 혀만 끌끌 찰 뿐.

삼월에는 유난히도 비가 많이 오고 추웠습니다. 이 청년들이 애초에는 이달 초에 산속으로 들어가기로 했는데 계속해서 비가 내리는 바람에 중순이 넘어서야 비로소 올라가게 된 것입니다.

지름박골, 차를 비롯해 기계는 전혀 들어가지 못하고 전기도 들어오지 않고 오로지 갈 수 있는 방법은 사람이 걸어가야 하는 곳, 그래서 사람의 때가 묻지 않아 계곡물이 맑은 곳, 여기에 공동체 땅이 조금 있습니다. 그리고 공동체 식구 가운데 집도 절도 없는 노인 한 분이 계십니다. 재작년인가?

"나는 자유인이다. 이제는 모든 짐을 내려놓고 바람 부는 대로 발길 닿는 대로 떠돌면서 자유롭게 살 거다. 모두 잘 지내라, 안뇽."

거창하게 선언을 하고는 진짜 연락도 없이 떠돌더니만 지난겨울에 갑자기 사람들 앞에 나타났습니다. (아마 혼자 떠돌기에 지쳤을 겁니다. 아니면 이것저것 간섭하고 싶어서 못 견뎠거나. 주로 서울에서 지내는데 이따금 공동체에 내려옵니다.) 이럴 수가? 우리는 이미 얼씨구나, 잘되었다 하고 그 노인네가 쓰던 방을 다른 식구들이 차지하고 말았는데……. 이제 이 노인네 천덕꾸러기 신세라, 내려올 때마다 식구들 눈치 보면서 은근슬쩍 압박을 해 댑니다.

"나 오늘 어디서 자야 하냐?"

빨리 내 잠자리 만들어 내란 얘깁니다. 그래서 결심했습니다.

'그래, 집을 지어 주자. 되도록 공동체에서 먼 곳에.'

그리하여 이 청년들이 요즘 보기 힘든 거지 꼴을 하고 산속으로 들어가게 된 것입니다. 집 지으러, 오로지 몸뚱아리 하나와 곡괭이, 삽처럼 손발로 쓸 수 있는 도구들만 챙겨 들고 산속에 들어가 텐트 치고 거기에서 잠을 자고 가마솥에 밥을 해 먹으며 집을 짓습니다.

이 청년들은 우리 학교 고등부 아이들입니다. 열일곱, 열여덟 살 먹은 남자아이 여섯 명, 여학생 한 명, 그리고 저. 주어진 시간은 농사일이 바빠지기 시작하는 유월이 오기 전 오월 말까지 두 달. 두 달 만에 열 평이 조금 못 되는 방 한 칸, 부엌 한 칸짜리 흙집을 지어야 합니다.

집 짓는 일을 해 본 사람은 저 말고는 없습니다. 그나마 남자아이 두 명은 지난해부터 공동체에서 일을 해 봤지만 나머지는 올해 공동체에 들어온 도시내기 초짜들입니다. 우리는 집을 지을 수 있을까요? 집 없이 떠도는 노인네는 과연 편안한 보금자리를 마련할 수 있을까요?

죽어라 피죽 날라야 밥 한 그릇

공동체에서는 살 집을 주로 직접 짓지만 이번처럼 산속에다 집을 짓는 일은 무척 힘듭니다. 먼저, 우리들이 머물 보금자리부터 마련해야 하지요. 십 년도 훨씬 전 지름박골에서 여름 계절학교를 할 때 조그마한 비닐하우스 두 동을 지었는데, 제대로 관리를 안 해서 몇 년 전 눈이 많이 왔을 때 폭삭 주저앉아 버렸습니다. 공동체 식구들과 아이들은 무너진 하우스를 뜯어내고 다시 지어 숙소를 마련했습니다. 필요한 자재는 모두 어깨에 메고 날랐지요. 한 동은 텐트 치고 잠자는 숙소로, 한 동은 식당으로 쓰기로 했습니다.

이제부터 시작입니다. 비 안 맞으면서 밥할 수 있는 주방을 만들고 화장실도 지어야 합니다. '뭐로 짓지?' 고민하다 우리가 나무판자를 부르는 말인 피죽(죽데기)을 써서 뚝딱 짓기로 했습니다. '그런데 지름박골까지 어떻게 나르지?' 걱정할 것 없습니다. 지게가 있으니까요! 가까운 곳까지 차로 날라 줄 수도 있지만 일부러 공동체에서부터 져 나릅니다. 아이들에겐 지금부터 몸을 만들어 놔야 집 지을 때 힘이 덜 든다고 설명합니다. 아이들은 항의도 못 해 보고 져 나릅니다. 저는 판자를 길이에 맞춰 잘라 주기만 하고요.

건성건성 일한다 싶으면 조건을 내답니다. "요만큼 날라야 점심 먹는다." 아이들은 미치고 환장할 노릇이지요. 죽어라고 나르는 수밖에 없습니다. 하루에 일곱 번도 넘게 판자를 들고 고개를 넘나듭니다. 사실 이 판자가 은근히 무거워요. 어른들도 두세 장 어깨에 메고 고개를 넘기에는 힘이 벅차지요. 그래도 아이들은 오로지 밥 때문에 죽어라고 날랐습니다. 지게 지고 가다 넘어지는 때도 있었지만 어쨌든 날랐습니다. 그다음부터 아이들이 가장 무서워하는 말이 '피죽이나 나를까'입니다. 그 한마디에 아이들은 한꺼번에 비명을 지르지요.

"아, 안 돼! 피죽이라니, 우리는 죽었다."

"농담이야, 자식들아! 대신에 모래 져 나르자!"

"안 돼! 모래라니, 더 죽었다."

모래는 집 짓는 데 굉장히 중요한 재료랍니다. 흙벽돌이나 시멘트처럼 편하게 집을 지을 수 있는 재료가 산속에 있을 리 없습니다. 밭에 쌓인 흙과 계곡의 돌멩이가 전부지요. 그래서 선택한 방법이 밭흙과 모래, 짚을 섞어서 반죽을 만들고 그 진흙을 손바닥으로 두드려 벽을 쌓는 겁니다. 벽 두께는 30센티미터 이상 되어야 합니다. 문제는 모래지요. 모래를 섞지 않으면 벽이 갈라질 수 있고 튼튼함이 떨어집니다.

"후딱 나르고 밥 먹어야지." 어른들도 어깨에 메고 고개를 넘기에 힘이 벅찬 나무판자를 학생들은 지름박골로 열심히 져 날랐다.

차가 올 수 있는 곳까지 모래를 싣고 와서 언덕길은 등짐으로, 평탄한 곳은 수레로, 개울을 건널 때는 다시 등짐으로 집 짓는 곳까지 날랐습니다. 그렇게 수십 번 오가야 했습니다. 여덟 평짜리 집 한 채 짓는 데 모래가 1톤 트럭으로 여덟 차 들어갔습니다. 아이들은 모래를 나르면서 장딴지가 굵어지고 어깨가 떡하니 벌어졌습니다. 이런 경우를 일컬어 꿩 먹고 알 먹고, 도랑 치고 가재 잡고라고 그러던가요.

공동체 식구들은 저하고 일하는 것을 가장 두려워합니다. 왜냐고요? 누구 닮아서 워낙 무식하게 일하거든요. 제 좌우명이 '어차피 죽으면 썩을 몸, 아끼면 뭐하냐? 살아 있는 동안 부지런히 써먹자'랍니다. 또 한 가지. 잘 쉬지도 않습니다. 웬만하면 계속해서 일합니다. 잠도 별로 없어서 새벽부터 설치고 돌아다니고 게으름 피우면 큰소리로 화도 잘 냅니다.

"야, 이 강아지 새끼들아! 그렇게 일해서 밥 먹고 살겠냐? 느그들은 인자 임자 만났다. 두 달 동안 죽었다고 생각해라."

새벽 여섯 시, 아이들이 일어날 시간입니다. "일어나자!" 이 한마디면 아이들은 군말 없이 일어나 식당으로 모여듭니다. 맨 꼴찌로 식당에 들어오는 사람은 아침 설거지 당번을 해야 합니다. 식당에 들어와 눈 비비고 수다 좀 떨다가 자연스럽게 모두들 흩어집니다. 밥 짓는 아이, 물 긷는 아이, 나무하러 가는 아이, 어제 저녁에 먹은 밥그릇을 씻으러 가는 아이……

일곱 시 반이 아침 식사 시간입니다. 가마솥에서 퍼 온 뜨끈한 밥과 국, 거기에 김치와 공동체에서 가져온 반찬 한두 가지 더해서 아침을 먹습니다. 아침이지만 한 사람이 보통 세 그릇씩 먹습니다. 아침을 먹고 나면 기타 치며 노래하는 아이도 있고, 수다를 떠는 아이도 있지요. 그러다 여덟 시가 넘으면 삽, 괭이, 장화, 장갑을 챙겨 들고 집 짓는 곳으로 갑니다.

먼저 흙에 모래와 지푸라기 썬 것을 넣고, 물을 부어 발로 밟아서 진흙을 만듭니다. 진흙이 다 만들어지면 흙을 뭉쳐 벽을 쌓습니다. 모두들 처음

벽돌이나 시멘트 대신 흙과 모래로 집을 지었다.

해 보는 일이라 서툴지만 어느새 벽이 제법 올라갔습니다.

열 시가 되면 오전 참이 나옵니다. 일하면서 아이들은 시계를 가진 아이한테 계속해서 몇 시냐고 물어봅니다. 참 시간이 되었는지 궁금한 게지요. 처음에는 한 여학생이 식사 당번을 했는데 밥 짓기에 몇 번 실패하고 시간도 너무 많이 걸려서 다른 사람으로 바꿨습니다. 그다음에는 요리 학원을 한 달 다녔다는 남학생이 식사 당번을 맡아서 참으로 고구마를 쪄 왔는데 반은 익고 반은 익지 않아 아이들 원성을 들었고, 그 아이 또한 교체됐지요. 자기는 양식 요리 학원에 다녔다나요. 그래서 결국 식사 당번은 요리 경험이 많은 제가 맡게 되었답니다.

오전 참을 먹고 나면 진흙 만드는 사람과 벽 쌓는 사람이 일을 바꾸어서 합니다. 집 짓기에서 가장 힘든 게 진흙 만드는 일이지요. 흙이 장화에 들러붙어 자칫하면 넘어지기 쉽고, 장화가 진흙 속에서 잘 빠지지 않기 때문입니다.

"오늘 반찬이 억수로 화려하네!"

오후 한 시가 되면 점심밥을 먹으러 갑니다. 점심도 아침과 다를 게 없어요. 시간을 아끼려고 점심때 먹을 밥을 아침에 미리 해 놓기 때문이지요. 점심도 보통 두세 그릇씩 먹습니다. 다섯 그릇까지 먹는 아이도 있습니다. 점심 먹고 나면 삼십 분쯤 쉬는데, 잠깐 잠을 자는 아이도 있고 책을 보는 아이도 있습니다. 두 시가 되면 다시 일터로 갑니다. 오후에는 일이 조금 더디네요. 손발을 놀리는 시간보다 입을 놀리는 시간이 많습니다. 그러다가 제가 잔소리하면 바짝 힘을 내다가 다시 떠들고, 몇 시나 됐냐고 계속해서 물어봅니다.

오후 일은 여섯 시에 끝납니다. 일을 마치면 개울에서 몸을 씻고 빨래도 합니다. 개울에는 아이들 양말, 옷가지 들이 물속에 담겨 있습니다. 사나흘씩 물속에 잠겨 있는 팬티를 보기도 했습니다. 여섯 시 반에는 저녁을 먹습니다. 저녁은 생선을 굽기도 하지만 반찬은 아침과 점심에 먹은 것과 크게 다를 게 없습니다. 가끔 반찬 한 가지가 더 나오면 아이들이 입을 모아, "우와, 오늘은 반찬이 억수로 화려하네!" 기뻐서 소리를 지릅니다. 그럴 땐 꼭 바보들 같아요.

아이들은 밥을 참 많이 먹습니다. 여덟 명이 일주일에 쌀 20킬로그램을 먹네요. 제가 우스갯소리로, "니들은 밥만 많이 먹고 일은 너무 조금 한다"고 말하면 아이들도, "맞다, 우리는 먹은 밥을 입으로 떠들고 똥으로 다 싼다"며 웃습니다. 보통 아홉 시면 자러 들어갑니다. 잠은 텐트 속에서 잡니다. 저녁 먹고 일곱 시 좀 넘으면 잠자러 가는 아이도 있네요. 하기야 여덟 시만 지나도 밖이 어두컴컴하니 할 일도 없지요. 손전등 불빛이 밝지 않아서 책 읽기도 힘들고요.

삼월이 다 갈 무렵 날이 좀 풀렸습니다. 집 짓는 일이 한결 쉬워졌지요. 아이들은 하루 종일 진흙을 만들고, 나르고, 손으로 두드립니다. 노래를 부르고, 장난

흙에 짚을 섞어서 진흙 반죽을 만드는 모습.

치고, 수다를 떱니다.

"야, 이 강아지들아! 입 좀 닫고 일 좀 해라!"

큰소리를 지르면 잠시 조용하다, 눈치 보면서 또다시 떠들어댑니다.

아이들은 노래도 쉬지 않고 불러 댑니다. 춤과 노래를 좋아하는 우리 민족의 후손들답지요. 그런데 노래가 완전히 다르네요. 우리 아버지, 할아버지 세대는 타령조의 노동요라면, 이 아이들의 노동요는 주로 랩이거든요. 저는 입이 딱 벌어집니다. 와! 세상에 일하면서도 그 빠른 랩이 가능하구나.

노래하는 거 보고 있으면 신기할 따름입니다. 젊은 기운이, 살아 있는 기운이 일터에 넘쳐납니다. 요즘 보기 드물게 마음씨 착하고 힘이 넘치는 아이들, 정말이지 사랑스럽습니다. 이쯤에서 아이들 소개 들어갑니다.

산적떼 같은 요놈들, 예쁘다

명기는 부모님의 교육관이 독특합니다. '고등학생이 되면 독립해서 살아라. 이제 부모와 자식의 관계가 아니라 함께 세상을 살아가는 도반의 관계다.' 이런 생각을 갖고 있지요. 명기는 스스로 선택해서 이곳에 왔습니다. 노래 잘하고, 춤 잘 추고, 일도 잘합니다.

한솔이는 중학교도 졸업하지 않았습니다. 왜? 컴퓨터게임 때문에. 아버지가 어찌어찌 변산공동체학교를 알게 돼서 강제로 떠맡기다시피 했습니다. 처음 왔을 때는 일이 조금 힘들면 현기증 난다며 누워서 자곤 했는데 지금은 궂은일을 가장 많이 하는 야무진 일꾼입니다.

정호는 고등학교를 그만두고, 자기 길을 찾는다며 떠돌아다니다가 공동체에 왔습니다. 스스로 어정쩡이라고 하는데 아이들은 어정정호라고 부릅니다. 무엇을 하더라도 우리가 왜 그 일을 하는지 꽤나 진지하게 고민하고 무엇을 물어보면 엉뚱한 대답을 잘합니다. 하지만 마음이 한없이 따뜻해서 주위 사람들을 잘 챙깁니다.

성호는 초등학교 3학년 때부터 공동체 여름 계절학교에 꼬박꼬박 와서 식구나 다름없는 아이랍니다. 지난해에는 고등학생이라 공부한다고 못 왔는데 올봄에 학교를 아예 그만두고 공동체로 왔습니다. 새장 속의 새처럼 답답해서 싫었다네요. 늘 웃는 얼굴이고, 무슨 일이든지 싫다는 말 안 하고 참 잘합니다.

승기는 고등학교를 안 가고 오토바이 타고 놀면서 지내다가 변산에 사는 친척 분 소개로 왔습니다. 처음 인상은 껄렁껄렁해서 잘 버틸 수 있을까 걱정했는데, 마음도 무척 여리고 어떻게든 일 년을 버티고 부모님을 찾아뵙겠다는 의지도 강합니다.

우혁이는 프로게이머가 꿈인 아이랍니다. 어느 부모가 좋다고 박수 칠까요. 그래서 가출했습니다. 공동체 여름학교에 몇 번 온 인연으로 올 삼월에 왔는데, 온 지 사흘 만에 산으로 올라왔습니다. 요리 학원 한 달 다닌 경력을 내세워 주방장 한다고 나섰다가 거듭 밥 짓기에 실패해 원성을 샀지요. 그래도 요즘은 밥 짓기를 가장 잘합니다.

어느 날, 한 남학생 어머니가 아들을 보러 오셨습니다. 아이들 모습을 보고 무슨 말을 해야 할지 모르겠다는 얼굴이네요. 산속에서 집 짓는다고 말은 들었는데 상상했던 것보다 더, 전라도 말로 거시기했나 봅니다.

　제가 넌지시, "아이들 모습이 어떠세요?" 하고 물어보니까, "흙속에서 뒹굴다가 방금 나온 고구마, 감자 같다"고 말씀하시네요. 아이들 얼굴이 생기가 넘쳐 보이는 게 참 좋다는 말이겠지요? 집에 있을 때는 컴퓨터 앞에만 앉아 있었는데 지게 지고서 나무해 오고, 불 때서 밥해 먹는 모습이 신기하다고 하십니다. 가실 때 아이들 먹으라고 삼겹살을 많이 사 주셨는데 한 끼에 다 먹어 치웠지요. 우리는 절대 남기는 법이 없으니까요.

　변산공동체학교 아이들한테는 제도권 학교에서 가르치는 수학, 영어 같은 게 정규 과목이 아닙니다. 이런 과목들은 정말 배우고 싶어 하는 아이들만 따로 모여서 공부를 합니다. 대신 몸으로 배우는 수업이 훨씬 많지요. 그러나 누구 한 사람 걱정하거나 마음 졸이지 않습니다. 오히려 지금 생활이 무척 즐겁고 행복하답니다. 몸이 고되고, 생활은 불편하지만 아이들은 하루가 다르게 어른이 되어 가고 있습니다. 저는 거꾸로 아이들과 함께 지내면서 날마다 젊어지고 있고요.

　이렇게 다들 살아온 길이 다른 여섯 아이들이 두 달 동안 산속에서 지냈습니다. 동네 형님 말처럼 산적떼가 되어서 야생으로 살았습니다. 그리고 오월이 다 가기 전, 마침내 우리는 작지만 너무나 예쁘고 세상에 하나뿐인 가장 큰 집을 지었습니다. 이제 남은 것은 집주인이 크게 한턱내는 일.

　"얘들아, 여름 농사 열심히 짓고 한가해지면 한 채 더 지어야지, 할 수 있겠지?"

김희정 교장과 학생들이 두 달에 걸쳐 지은 지름박골 집에서 윤구병 선생이 이따금씩 머물곤 한다.

도끼질 너무 재밌어요

지난겨울 눈을 밟으며 잘라 왔던 통나무를 어른들이 모여 장작 패기를 합니다. 도끼로 한번 힘껏 내리칠 때마다 옹이가 없는 통나무는 시원스런 소리를 내며 기분 좋게 갈라집니다. 어른들 장작 패는 모습이 재미있어 보였는지 고등부 남자애들 몇 명이 자기들도 해 보겠다고 나섭니다. 공동체에서 일 년, 이 년 지낸 친구들은 도끼질을 몇 번 해 봤다고 제법 잘하지만 올해 처음 도끼를 손에 잡아 보는 아이들은 어째 영 서툴기만 합니다. 툭하면 도끼 자루로 통나무를 때려 대니 죄 없는 도끼 자루만 부러뜨리게 되지요. 그래도 해 보겠다고 나선 용기가 기특해서 도끼질 잘하는 법을 차근차근 알려 주었습니다.

"자, 봐라. 네가 자꾸 도끼 자루로 통나무를 치게 되는 것은 거리 조절을 잘못해서 그런 거다. 너무 멀리 떨어져도 안 되고 너무 가까이서 내리쳐도 안 된다. 통나무에 도끼날을 정확하게 맞힐 수 있는 적당한 거리를 정해야 한다. 도끼로 내려칠 때는 한번에 힘을 팍 줘야지 도끼만 높이 쳐든다고 해서 나무가 잘 쪼개지는 것은 아니다. 그리고 통나무가 굵으면 미련하게 가운데부터 패려고 하지 말고 가장 자리부터 야금야금 쪼개 나가면 된다.”

아무리 설명을 해 줘도 몸을 한 번도 써 본 일이 없는 친구들은 여전히 서툴기만 합니다. 오빠들이 장작 패는 것을 보던 중학교 2학년 다향이도, “아저씨, 나도 한번 해 볼래요” 하고 나섭니다. 다향이는 덩치도 제법 있고 웬만한 남자아이들보다 팔 힘이 센 아이입니다. 그리고 무슨 일을 하든지 가리지 않고 씨억씨억 참 잘합니다.

“그래, 다향이도 한번 해 봐라.”

마음속으로는 잘못해서 도끼로 발등을 찍지는 않을까 걱정이 되기도 했지만 가만히 지켜보기로 했습니다. 어라, 그런데 다향이 도끼질하는 모양새가 참으로 우스꽝스럽습니다. 남들은 다들 두 다리를 적당히 벌리고 도끼질을 하는데 우리 다향이는 도끼를 들 때마다 오른발을 같이 들었다 내리치네요. “다향아, 어째서 도끼를 들고 춤을 추고 그러냐” 우스갯소리를 했더니, “아저씨, 저는 한쪽 발을 드는 게 훨씬 잘돼요” 그럽니다. 도끼질하는 모양새가 남다르긴 해도 나무가 시원스럽게 쪼개져 나갑니다.

“다향이 멋있다!”

“아저씨, 저 잘하죠. 도끼질 너무 재밌어요. 또 해 볼래요. 올겨울엔 우리 아빠보다 장작 더 잘 팰 수 있을 것 같아요.”

“그래, 다향이가 열심히 연습해서 집에서 땔 장작 다 패면 되겠다.”

다향이네 집에서도 겨울에 장작을 때서 방을 덥힌답니다. 다향이 아버님, 올겨울엔 힘센 따님 덕 보시겠어요. 다향이가 도끼질을 하니까 이번에는 중학생이 된 나무도, “아빠, 나도 해 볼래” 하고 나섭니다. 초등학생일 때는 장작 좀 패라고 아무리 말해도 중학생 되면 한다면서 내뺐는데 이젠 시키지 않아도 하겠다고 나서네요. 처음엔 도끼가 무거워서 껑껑대더니 그래도 공동체에서 살아온 세월이 있어서인지 금세 요령을 익힙니다. 나무 엄마한테, "인자는 나무가 당신보다 도끼질을 잘허네" 했더니, "무슨 소리, 아직은 내가 났제" 그럽니다.

산에서 베어 온 나무가 워낙에 많아서 몇 날 며칠을 시간이 날 때마다 장작을 팼습니다. 아이들도 수업이 없는 시간이나 놀다가 심심하면 도끼 들고 재미 삼아 장작을 팼습니다. 도끼질하는 아이들 모습을 보면서 여러 가지 생각이 들었습니다. 아이들은 무엇을 보며 배우는 것일까? 아이들에게 가장 좋은 교육이란 무엇일까?

어른들이 게으름 피우지 않고 열심히 일하면 아이들도 자연스레 따라 합니다. 어른들이 아무것도 하지 않으면서 이거 해라, 저거 해라 시키기만 하면 아이들은 하기 싫은 일을 억지로 하듯이 재미가 하나도

도끼질은 거리와 힘 조절이 중요하다. 공동체에서 한 해, 두 해 지내본 아이들은 도끼질도 제법 잘한다.

없지요. 그래서 아이들이 무슨 일을 할 때 되도록 어른 한두 명이 꼭 같이합니다. 아이들에게 일을 제대로 하는 요령을 알려 주기도 하고 일하면서 이런저런 이야기들을 함께 나눌 수 있기 때문이지요.

미국에서 오랫동안 전통농업을 고집하며 공동체를 꾸려 오고 있는 아미쉬 사람들 이야기를 쓴 책《아미쉬 공동체》(브래드 이고우, 들녘, 2002)에 이런 말이 나옵니다.

> 우리에게는 한 가지 모토가 있다. "가족이 늘 함께 기도를 올리면 늘 함께할 수 있다." 이것은 단 몇 마디 말로 아주 많은 것을 말해 준다. 그러나 아주 충분하지는 않다. 확실히 너무나 단순화시키고 있다. 제대로 된 가족이 되려면 함께 기도드리는 것 이상으로 더 많은 것을 함께해야 한다. 함께 일하고, 함께 친구를 방문하고, 함께 읽고, 함께 계획을 세우고, 함께 먹고, 기쁨과 슬픔 희망과 낙담을 함께 나누어야 한다. 한마디로 말해서 가족은 '함께 살아야' 한다.

우리 아이들은 집으로 돌아가면 사랑하는 식구들이 있습니다. 공동체에 있을 때는 공동체 안에서 함께 사는 사람들이 한 식구지요. 우리 아이들은 집에서 식구들과 보내는 시간보다 공동체에 있는 시간들이 훨씬 많습니다. 어린 나이에 엄마, 아빠 품을 떠나 있는 아이들과 한솥밥을 먹으며 같이 사는 식구로서, 저는 모든 것을 바치면서 함께 살고 있는지 돌아봐야겠습니다.

낫, 톱, 호미를 들게 하자

중고등부 아이들에게 짚풀공예를 가르치는 형진이 형님이 어느 날 한숨을 내쉬면서 이런 말을 하더군요.

"아이고, 아이들 데리고 수업하기 참 힘들구만."

"아니 왜요? 애들이 말을 잘 안 들어요?"

"아, 이놈들이 말을 안 듣는 것은 둘째치고 당최 수업을 따라오지 못하니 말이여. 큰 걱정이구만."

태어나서 처음 꼬아 보는 새끼줄이 손에 쉽게 익을 리는 없지만 그래도 아이들 수준이 꽤 심각한가 봅니다.

짚풀공예는 아이들 손끝의 감각도 살리고, 모든 게 플라스틱으로 갖추어져 있는 우리네 살림 도구들을 짚풀로 만든 것으로 바꾸어 보자는 생각에서 열게 된 수업입니다.

제가 어릴 때 농촌에서는 바구니, 멍석, 소쿠리, 빗자루 들처럼 살아가면서 필요한 여러 가지 물건들을 어머니, 아버지가 직접 만들어서 썼지요. 겨울이면 두 분서서 방 안에 앉아 새끼 꼬는 게 일이었는데, 우리들도 옆에 앉아 놀면서 자연스럽게 새끼줄 꼬는 법을 익혔습니다.

연이나 팽이처럼 아이들이 주로 가지고 노는 놀잇감도 형들이 만드는 걸 보면서 어깨너머로 익히곤 했고요.

그런데 요즘 아이들은 필요한 것이 있으면 손으로 직접 만들어 쓰는 것이 아니라 죄다 돈 주고 사 옵니다. 가지고 노는 장난감은 장난감 가게에서 사 오고, 책꽂이는 가구점에서 사 오고. 그러니 아이들 손은 점점 굳어 갑니다. 초등학생은 말할 것도 없고 중학생, 고등학생이 되어서도 연필 한 자루 예쁘게 깎을 줄 모릅니다.

손으로 쓰는 글씨도 아주 엉망이지요. 그나마 여자아이들은 나름 글씨도 예쁘게 쓰려고 하고, 적어도 알아볼 수 있게는 쓰는데 남자아이들은 무슨 글자인지 통 알아보기 힘든 경우도 있습니다. 이제는 연필이나 볼펜을 손에 들고 글을 쓰는 시대가 아니라 컴퓨터, 손전화로 글을 주고받으니 손 글씨를 잘 쓸 수가 없습니다. 모든 생활 습관이 빠르고 편리한 것에 익숙해져 있지요. 몇 줄 되지도 않는 문서 하나 만드는 것도 꼭 컴퓨터를 쓰려 합니다. 아이들이 여는 가을 축제 알림장을 컴퓨터로 만들지 말고 손으로 직접 그림도 그리고 글씨도 써서 예쁘게 만들어 보라고 해도 끝내 컴퓨터로 만들더군요.

"우리가 연애할 때는 손으로 정성 들여 편지 써서 여자애들, 남자애들 마음을 사고 그랬는데 너희들도 지워 버리면 없어지는 문자로 사랑을 나누지 말고 평생 보관할 수 있는 편지를 써 봐."
이렇게 말해도 아이들 귀에는 그저 흘러간 옛 노래로 들리나 봅니다.

우리 아이들만 그런 것은 아니겠지요. 아마도 대한민국의 많은 아이들이 그러하지 않을까 싶습니다. 컴퓨터게임을 하거나 문자를 보낼 때 아이들 손놀림을 보면 어쩜 저리도 빨리 움직일 수 있나 그저 신기할

호미로 김매고 낫으로 풀 베고. 공동체 아이들은 호미와 낫을 잘 다룬다.

따름인데 정작 손을 놀려서 무언가를 만들라고 하면 그저 아무짝에도 쓸모없는 둔한 손이 되어 버립니다. 우리 아이들이 계속 이 상태로 자라나서 어른이 된다면 제대로 된 사람 구실을 할 수 있을지 걱정이 됩니다. 돈이야 어떻게든 벌 수 있겠지만 돈이 없으면 단 한순간도 사람 구실을 못하는 바보가 되어 버릴 수도 있습니다. 못 하나 박는데도 목수를 불러야 하고, 그 밖에 필요한 모든 것은 남에게 의지하면서 살아가는 사람이 될 수 있다는 말입니다.

우리 사는 곳에 농사일이라면 몸에 착 달라붙어 못하는 게 없는 형님이 한 분 계십니다. 이 형님이 손으로 모심는 모습을 보고 있노라면 그저 입이 딱 벌어집니다. 어쩌면 저렇게 빠른 손놀림으로 똑같은 개수를 정확하게 심을 수 있을까? 이 형님은 아주 어린 나이 때부터 집안이 가난해서 농사일을 몸에 달고 살았다고 합니다. 농사일뿐만 아니라 장구도 기가 막히게 잘 치고 노래도 멋들어지게 잘 부릅니다. 손놀림, 발놀림이 아주 자연스러운 분이지요.

솜씨라는 게 타고난 경우도 있습니다. 그러나 많은 경우 어렸을 때부터 손 놀리고, 발 놀리는 것을 꾸준히 배우고 몸에 익히면 적어도 내가 살아가는 데 필요한 많은 것들을 직접 만들어 쓰는 정도는 될 수 있지요. 우리 아이들 손에 컴퓨터나 손전화를 쥐어 줄 게 아니라 낫, 톱, 호미를 들게 해서 죽어 가는 아이들 감각이 다시 살아날 수 있게 해야겠습니다.

4장

야들아, 미래는 걱정을 하덜 말어

아이들하고 두런두런 이야기를 하다 보면 이 아이들이 살아갈 삶이 어떤 모습일지 궁금하기도 하고, 걱정도 많이 됩니다. 그래도 한 가지 믿는 구석이 있다면, 이 아이들은 참 좋은 아이들이라는 겁니다. 그동안 공동체에서 부지런히 갈고 닦은 건강한 몸뚱이와 '혼자만 잘 살면 무슨 재민겨, 여럿이 함께 어울려 잘 살아야 한다'는 공동체 정신이 몸에 잔뜩 배어 있을 거라고 믿으니까요.

오로지 밥하고 물만 먹어?

성현이는 울산에서 초등학교를 마치지 못한 채 공동체로 왔습니다. 정확하게 몇 월에 왔는지 기억이 나지 않습니다만 늦가을이 아니었나 싶습니다. 변산면이 아닌 다른 지역에 사는 초등학교 6학년 아이를 공동체에서 받아들이는 일은 없는데, 성현이는 워낙에 사정이 딱했습니다.

울산에서 다니던 초등학교에서 사고를 많이 쳐서 그런가, 학교에서 더 이상 성현이와 함께 생활할 수가 없다고 했다네요. 그러다 성현이 부모님이 변산공동체학교를 어떻게 알게 되어서 데리고 왔습니다. 덩치는 커다란 녀석이 눈 밑에 다크서클이라고 거무스름한 멍이 드리워져 있어서 마치 판다곰 같았다고나 할까요. 저는 성현이를 통해서 다크서클이란 말을 처음 알았네요. 어쨌거나 2학기도 거의 끝나 갈 무렵이고 내년에 중학생으로 입학하면 되니까 같이 지내보자고 했지요.

근데 이 녀석 참 볼수록 가관입니다. 밥을 먹는데 반찬은 아예 손도 안 대고 오로지 밥하고 물만 먹어요. 집에서도 이렇게 먹느냐고 물어보니까 아주 어릴 때부터 과일이며 채소는 통 먹지 않았다네요. 과일은 물컹거리는 느낌이 싫다나 어쩐다나. 그나마 먹는 나물이 콩나물 조금이라고 하네요. 그런데 어떡하나요, 공동체는 일 년 가야 고기반찬 구경하기가 하늘에 별 따기만큼이나 어려운데.

날마다 밥을 먹으면서 잔소리를 했습니다. 김치도 먹어 보고 다른 채소들도 먹어 보라고요. 같이 밥상에 앉은 식구들은 성현이가 다른 반찬을 먹나 안 먹나 지켜보기도 했어요. 그래도 성현이는 다른 반찬에는 전혀 손을 안 댑니다. 밥숟가락 위에 김치 한 조각 올려 주면 입 안에 밀어 넣고는 안 먹고 버티고 있다가 뱉어 버리곤 했지요. 그래도 어쩌겠어요. 여기는 자기가 살던 울산이 아니고 변산인데. 언젠가는 먹게 되겠지 하면서 기다렸습니다.

그나저나 당장은 초등학생이라 중등 수업에 들어가기도 그렇고, 그렇다고 어른들 일하는 데 같이 끼어서 할 수 있는 것도 아니고. 그래서 그냥 하고 싶은 거 하면서 실컷 놀라고 내버려 두었지요. 그랬더니만 하루는 변산초등학교를 찾아가서, "이 학교 짱 나와서 한판 붙어 보자!"고 큰소리를 치고 왔다지 뭡니까.

또 한번은 어른들한테 혼나고 마음이 틀어졌는지 집에 간다면서 공동체를 나갔습니다. 그런데 집에는 못 가고 가까운 해수욕장에 있다가 경찰 아저씨한테 이끌려

공동체에서는 직접 기른 채소와 곡식으로 밥상을 차리기에 고기반찬은 구경하기가 쉽지 않다.

공동체로 돌아오기도 했답니다.

그렇게 성현이와 티격태격하면서 겨울을 맞이했습니다. 다른 아이들은 다들 방학을 해서 집으로 돌아갔는데 성현이는 공동체에서 식구들과 겨울을 나게 되었지요. 어차피 집에 가 봐야 밤늦도록 게임이나할 테고 그러다 보면 부모님과 계속 부딪치게 될 것은 뻔하니까요.

때마침 성현이 아버님이 직장을 옮기게 되어서 새 직장에 다니기 전까지 시간이 좀 생겼습니다. 그래서 성현이와 함께 공동체에서 며칠 지내보겠다고 오셨지요. 성현이 아버지가 공동체에 머무르면서 식구들과 함께 일도 하고 그러는데 어느 날인가 성현이와 아버지가 한판붙었습니다. 그날 비로소 성현이가 마음속에 담아 두었던 여러 가지이야기들을 울면서 쏟아 냈던 것입니다.

"아부지는 왜 내가 조금만 잘못해도 야단만 치느냐. 그리고 왜 때리느냐."

성현이는 그동안 아버지한테 서운했던 마음을 마구마구 쏟아 내었지요. 성현이 아버지는, "나는 니가 다른 아이들처럼 평범하게 지냈으면 좋겠는데 그러지 못해서 속상해. 아버지라서 그랬던 거야" 하면서잘못했단 말씀도 하셨고요.

성현이 부모님은 아주 평범한 분들입니다. 두 분이 다 일을 하기 때문에 아이들을 돌볼 시간이 그리 많지 않았습니다. 그러니 성현이는자연스레 먹는 것도 고기 아니면 즉석식품이고, 또 그 나이 또래 아이들이 쉽게 빠져드는 컴퓨터게임을 밤늦도록 해도 통제할 수 없게 되어 버렸지요. 성현이는 아버지와 함께 공동체에서 두 주일가량 지내면서 그동안 마음속에 응어리져 있던 상처들이 조금씩 풀렸는지, 아니면

풀밖에 나오지 않는 공동체 환경에 어쩔 수 없이 적응을 한 것인지 먹는 것도 이것저것 조금씩 먹기 시작하고 성격도 밝아졌습니다.

그렇게 지내면서 겨울이 끝나고 중학생이 되었는데 남들은 하지 않는 별 희한한 행동을 다 해서 사람들을 뜨아하게 만들기도 했답니다. 어른들 몰래 라면을 끓여 먹는데 냄비에 끓여 먹으면 들킬까 봐 세숫대야에 끓여 먹기도 했다네요. 몸을 움직여 일하는 것은 여전히 싫어하지만 그래도 조금씩이라도 움직이니까 살도 많이 빠지고 눈 밑에 짙게 드리워져 있던 다크서클도 없어지기 시작했지요.

그리고 머리가 좋은 것인지, 아니면 일하기 싫어서 후딱 해치우고 놀고 싶어서 그런 것인지, 일을 할 때면 어떻게든 몸이 덜 힘들게 빨리 끝내려고 머리를 굴려서 이것저것 만들어 옵니다. 남들이 생각지도 못한 방법을 써서 좌우지간 일을 빨리 끝냅니다. 한 해를 마무리하는 축제 날에는 서툰 솜씨지만 기타 공연도 선보였고요. 그렇게 일 년을 지내다가 성현이는 다시 울산으로 돌아갔습니다. 학교에는 다시 돌아가지 않았습니다. 집에서 공부하면서 고등학교를 가겠다고 말이죠. 공동체에 몇 년 더 있으면서 하고 싶은 일을 찾아보는 게 어떻겠냐고 설득을 해 보았지만 끝내 말을 듣지 않았습니다.

가을 축제 때 성현이가 놀러 왔기에 앞으로 어떻게 지낼 거냐고 물어봤어요. 이제는 게임도 재미없고 공업고등학교에 들어가서 기술을 배우든가 경찰관이 될 거라고 그러네요. 어디까지가 사실인지는 잘 모르겠지만요.

"니가 경찰관이 되면 고생 좀 할 거다. 너처럼 말썽 많이 피우던 놈이 무슨 염치로 아이들을 타이를 수 있겠냐"고 우스갯소리를 했는데 오히려 성현이처럼 말썽꾸러기로 자란 사람들이 상처받은 아이들 마음을 잘 이해할 수 있을 거라는 생각이 드네요. 성현이는 이제 예전처럼 마음속에 상처를 안고 살아가지는 않을 거란 믿음이 있습니다. 성현이 옆에는 아픈 마음을 잘 보듬어 안아 줄 수 있는 부모님이 계시니까요. 이제 성현이는 이름도 바꾸었답니다. 할아버지 할머니가 착한 아이로 자라라고 다시 이름을 지어 주었다네요.

저도 아이를 키우고 있지만 자식하고 부모가 솔직하게 마음을 열고 이야기를 나누기는 쉽지 않습니다. 더군다나 도시에서 직장에 다니는 부모라면 아이를 위해서 시간을 내기도 만만치 않고요. 그러나 저는 성현이 아버님을 보면서 저렇게 부모님이 아이가 안고 있는 고통을 함께 나누기 위해서 노력한다면 아이들 마음은 금방 풀어질 수 있다는 것을 배웠습니다.

어쩌면 우리 어른들은 아이들에게 무조건 이거 해라, 저거 해라 요구만 하지 아이들 마음속을 잘 들여다보지는 못하는 것 같습니다. 내 아이가 문제가 있다면 다른 모든 것을 제쳐 두고 아이와 함께 시간을 보내는 것이 가장 좋은 방법이 아닐까 싶어요. 아이가 입은 마음의 상처를 제때에 쓰다듬어 주지 못하면 평생을 서로 원망하면서 살게 될 수도 있으니까요.

잠자리를 날것으로 먹는 아이

올해 우리 학교에 참 특별한 아이 한 명이 들어왔습니다. 학교에 입학하기 전에 부모님을 만나 뵙는데 이런 말씀을 하시더군요.

"우리 애가 대안 초등학교를 다니고 있는데 학교 수업보다 하천에 가서 물고기 잡고 텃밭 가꾸는 것을 좋아한다. 학교 가는 길에 조그마한 텃밭이 있는데, 상추며 배추 같은 여러 가지 채소들을 심고 가꾸어서 주변 분들한테 팔기도 한다. 아이가 워낙에 농사일을 좋아하고 자연 속에서 노는 것을 좋아해서 중학교는 도시에 있는 학교보다 농촌에 있는 학교로 보내려고 한다. 변산공동체학교는 아는 분을 통해서 알게 되었다. 우리 아이를 꼭 받아 주었으면 좋겠다."

부모님 말씀을 듣고는 참 별난 아이다 싶었습니다. 농촌에서 나고 자란 아이들도 농사일에 흥미를 갖고 스스로 자기 텃밭을 가꾸는 일이 잘 없는데 도시에서 나고 자란 아이가 직접 텃밭을 꾸리다니요. 아이가 공동체를 직접 보기도 하고, 공동체 생활을 며칠 경험해 보면서 스스로 지낼 만한지 어떤지 결정을 내려야 하니까 여름 계절학교에 한번 보내라고 말씀을 드렸지요. 그렇게 만남이 끝나고 한참을 잊고 지냈는데 여름방학이 되자 부모님한테 연락이 왔습니다. 이번 여름방학에 영수를 계절학교에 보내려고 하는데 괜찮겠냐고요. 그렇게 영수와 첫 만남이 이루어졌습니다.

영수의 첫 모습은 여느 아이들과 다를 게 없었습니다. 계절학교 때도 다른 아이들과 잘 어울려 지냈구요. 한 가지 특별난 게 있다면 잠자리를 잡아서 그냥 날것으로 먹는다는 것이었지요. 그걸 왜 먹느냐고 물어보니까 무슨 맛인지 궁금해서 먹는다나요. 그리고 또 한 가지 독특한 점은 계절학교가 끝나고 집으로 돌아갈 때 공동체 주변에 있는 익모초를 한 보따리 뜯어서 가방에 짊어지고 갔다는 사실입니다. 익모초는 어디에 쓰려고 그렇게 많이 뜯어 가나니까 여자들이 먹으면 좋다고 하기에 달여서 엄마 주려고 그런다네요. 한편으로는 기특하기도 하고 또 한편으론 어이가 없기도 했고요. 영수는 겨울방학 때도 혼자 공동체에 놀러 와서 일주일을 머물다 갔습니다. 그리고 드디어 올해 입학을 하게 되었답니다.

그런데 이때부터 영수의 참모습이 슬슬 나타나기 시작했습니다. 성격이 참 예민한지 아이들끼리 하는 장난에도 화를 내고 누군가 자기 몸에 슬쩍 닿기만 해도 화를 내면서 큰 소리로 울부짖는 겁니다. 심지어는 자기 분을 이기지 못해서 식당에 드나드는 커다란 유리문을 발로 차서 상처를 입기도 했지요.

수업 시간에도 마찬가지였습니다. 가만히 앉아 있지 못하고 괴상한 소리를 내서 수업을 할 수가 없었어요. 입학하고 한 달 동안 날마다 울거나 괴성을 지르거나 그랬지요. 세수하고 머리 감는 일은 애시당초 나하고 아무런 상관없는 일이라는 듯이 씻지도 않아서 손이며 얼굴이며 머리카락이며 땟국물이 질질 흘렀습니다. 보다 못한 짚풀공예 선생님이 영수를 미장원에 데리고 가서 이발을 시켜 주기도 했습니다. 그래도 신기한 것은 빨래는 꼭 개울물에 가서 하더군요.

밥 먹을 때도 그렇습니다. 맛있는 반찬이 나오면 엄청난 편식을 하고, 밥을 숟가락으로 떠먹는 게 아니라 젓가락으로 밥알을 한 알씩 떼어 먹었지요. 때로는 남들이 먹지 않는 풀을 뜯어 와서 먹기도 하고요. 허참, 이 아이를 어찌해야 하나. 식구들이 보기에 영수는 전혀 길들지 않은 야생의 소년이었습니다.

봄에는 '개구리' 가을에는 '뱀'

그렇다고 영수를 학교에서 내보낼 수는 없고 어떻게든 방법을 찾기로 했습니다. 우선 아이들에게 영수는 작은 일에도 아주 민감하게 반응을 하니까 말 한마디, 행동 하나도 영수가 화나지 않도록 신경 쓰자고 했지요. 어떻게 하면 모두들 영수하고 친하게 지낼 수 있는지 글로 써서 영수한테 주기도 했고요. 영수한테도 수업 듣기 싫으면 안 들어와도 되고, 대신에 텃밭을 하나 마련해 줄 테니 수업 시간에 텃밭을 가꾸어도 된다고 했습니다. 그런데도 수업은 끝까지 들어오겠다고 하네요. 수업 들어오고 싶으면 다른 사람에게 방해되는 행동을 해서는 안 된다는 약속을 받았습니다.

부모님한테도 전화를 드려서 공동체로 오시게 했습니다. 두 분이 모두 직장을 갖고 있고 특히나 영수 아버님은 쉬는 날이 많지 않은 직장이라 힘들 텐데도 급하게 내려오셨습니다. 부모님한테 영수가 공동체에서 지내면서 아이들이나 식구들과 부딪치며 일어났던 일과 영수의 성격에 대해 말씀을 드렸습니다. 그리고 영수 초등학교 때 담임 선생님하고 통화한 이야기도 해 드렸지요. 부모님한테는 영수가 집에서 어떻게 지냈는지 이야기를 들었습니다. 이것저것 이야기를 나누면서 영수는 야단치고 잔소리해서 생활을 바로 잡을 수 있는 게 아니라 그냥 따뜻하게 안아 주고 있는 그대로 받아 주는 수밖에 없겠다는 생각이 들었습니다.

그렇게 영수와 아웅다웅하면서 생활한 지 두어 달 지났을까요. 영수의 성격이 많이 차분해졌습니다. 다른 아이들과 싸우는 것도 줄어들고, 장난을 쳐도 그전처럼 화를 내거나 울부짖지 않습니다. 오히려 이제는 영수가 다른 아이들을 놀리고 장난치고 그렇게 되었지요.

오월 달이 되면서는 영수의 전성시대가 열렸습니다. 공동체 앞에 있는 저수지에서 날이면 날마다 개구리를 잡아다 구워 먹는 것입니다. 영수가 워낙에 맛있게 먹으니까 이제는 여자아이들도 영수한테 개구리 구워 달라고 그러네요. 가을에는 뱀 잡아서 구워 먹는다고 하다가 뱀한테 물려 병원에 입원하기도 했답니다.

공동체에 입학하고 처음 한 달 동안 어쩌면 영수는 많이 두려웠는지도 모르겠습니다. 초등학교 때는 아무런 간섭도 받지 않고 혼자서 마음대로 생활했는데 중학생이 되면서 처음 보는 얼굴들과 공동체 생활을 해야 하니 답답하기도 하고 다른 사람들과 관계를 어떻게 맺어야 할지 두려워서 늘 아이들과 싸우고 울부짖었는지도 모르지요. 그래도 우리 아이들은 영수를 이해하고 받아들이려고 애썼습니다. 아마 아이

자기와 조금 다르더라도 이해하고 받아들이려고 애쓰는 친구들이 있기에 개성이 강한 영수도 공동체 안에서 조금씩 제자리를 찾아갈 수 있었다.

들이 '쟤는 이상한 놈이다' 하면서 따돌려 버렸다면 영수는 우리 공동체 식구가 될 수 없었을 겁니다.

　어른들은 아이들이 살아가는 모습을 보면서 배운다고 하는데 저는 우리 아이들이 어른들에게 잘 가르쳐 주고 있다고 생각합니다. 어른들은 나하고 조금 다르면 마음의 문을 금방 닫아 버리지요. 더 이상 이야기하지 않고 외면해 버리기도 하고요. 그러나 아이들은 나하고 다르더라도 그냥 편하게 인정하고 삽니다. 때론 싸우면서 또 금방 깔깔대고 웃기도 하고요.

　영수는 여전히 잘 씻지 않습니다. 집에 갈 때도 덥수룩한 머리에 땟국물이 질질 흐르지요. 한번은 집에 가는 시내버스 타려고 기다리는데 길 가던 할머니 한 분이 영수한테 만 원을 쥐어 주는 일도 있었다지 뭡니까. 영수와 함께 집에 가는 고속버스를 타게 된 중등부 2학년 여학생은, "영수야, 이번에 누나랑 버스 같이 타게 되었으니까 꼭 세수하고 가자. 남들이 보면 내가 니 친누나인지 알 거란 말이야. 꼭 씻어, 알았지?" 하고 말했답니다. 그렇다고 영수가 씻고 갔을까요? 물론 아니지요. 그 얼굴 그대로 함께 버스 타고 갔답니다.

영수는 텔레비전도 안 보고 그 나이 또래 아이들이 죽고 못 사는 손전화, 컴퓨터게임에는 전혀 관심이 없답니다. 대신 무슨 풀이 어디에 좋은지, 어떤 곤충은 어떻게 생활하는지, 자연에서 일어나는 일에 대해서는 똑소리 나게 잘 알지요. 영수가 도시로 나가지 않고 농촌에서 계속 살아간다면 누구보다도 부지런한 살림꾼이 될 수 있을 거란 생각이 드네요.

'거시기한 놈'의 게임병

여름, 그 무더웠던 여름이 갔네요. 사람 잡을 듯이 푹푹 찌는 더위도 흐르는 시간을 거스를 수는 없나 봅니다. 더위를 끝내는 비가 한바탕 시원하게 내리더니 언제 그랬냐는 듯이 아침저녁으로 제법 쌀쌀해졌습니다.

그 무더운 여름을 넘기고 아이들도 공동체로 돌아왔습니다. 모두 다 돌아온 것은 아니고 아이 세 명은 다른 길을 찾아 공동체를 떠나갔습니다. 한 아이는 여기에서 중등 과정을 마치고 새로운 길을 찾아보겠다고 해서 아쉬움이나 걱정이 덜 합니다만 다른 두 아이는 공동체 생활을 반년밖에 안 해 보고 뛰쳐나가서 많이 아쉽고 걱정이 됩니다. 공동체 생활을 통해서 많은 고민들을 하고, 자기에게 맞는 곳을 찾아서 떠났으니 그나마 다행이긴 합니다. 하지만 아직은 스스로 제 앞길을 헤쳐 나가기에는 많은 것이 부족한 나이인데 잘 이겨 나갈 수 있을지 걱정이 되네요.

공동체 생활 반년 만에 뛰쳐나간 두 아이는 본인들이 선택해서 공동체에 살았다기보다는 부모님들이 설득해서 여기에 살게 되었습니다.

그러다 보니 이 학교가 재미도 없고 가슴으로 받아들일 수 있는 것이 별로 없었나 봅니다. 입학 상담을 할 때마다 부모님들에게 늘, "아무리 부모님이 이 학교가 좋다고 해도 아이가 싫어하면 내보내는 수밖에 없다"고 말씀을 드리는데 앞으로는 학생을 받을 때 더 엄격한 심사를 해야 할 것 같습니다.

심사라는 게 별거 없지요. 보름 정도 힘들게 일해 보게 하고서 "앞으로 네가 공동체에서 살게 되면 이보다 힘든 일이 더 많은데 살 수 있겠냐, 없겠냐" 질문을 던져 보는 겁니다. 남겠다고 하면 합격이고, "못 살겠어요" 그러면 어쩔 수 없는 것이고.

여름방학 때 아이들은 대부분 집에서 편안하게 쉬다 왔는데 방학인데도 집에 가지 못하고 공동체에서 보낸 아이가 한 명 있습니다. 이름을 밝히기는 좀 그렇고 그냥 '거시기한 놈'이라고 부를게요. 거시기한 놈은 나이가 열다섯 살입니다. 열다섯 살이면 중학교 2학년인데 공동체학교에는 올해 신입생으로 들어왔습니다. 입학 상담은 지난해 여름에 했는데 공동체에 오기까지 꽤 오랜 시간이 걸렸지요.

거시기한 놈이 공동체에 오게 된 것은 컴퓨터게임 때문입니다. 이 아이가 그냥 게임 중독이라면 방이 부족해서라도 받지 않았을 텐데 살고 있는 사정이나 사연이 참 딱해서 그러면 한번 같이 살아 보자고 받아들였습니다.

엄마는 이 아이가 일곱 살 때 암으로 돌아가시고 아버지 혼자서 아이를 키웠는데, 이 아버지가 형제 없이 어렸을 때부터 혼자 살아온 몸인지라 아이를 따뜻하게 돌봐 줄 집안 친척이 한 명도 없는 형편이었지요. 그래도 아버지가 워낙에 성실하고, 어렸을 때 아주 어렵게 자라서 아이만큼은 소홀히 하지 않고 정성껏 키웠는데 이 거시기한 놈이 초등학교 6학년 때부터 컴퓨터게임에 빠져 학교를 빼먹기 시작했다네요. 그래도 초등학교는 담임 선생님이 여러모로 신경을 써 주어서 졸업은 했는데 중학교에 들어가고 나서는 사정이 완전히 달라졌답니다.

중학교는 초등학교와 달리 담임 선생님이 모든 수업을 하는 것이 아니라 과목마다 선생님이 다르고 또 교실도 수업에 따라 이리저리 옮겨 다니다 보니까 학교를 땡땡이치고 피시방에서 지내기 더없이 좋은 기회가 된 겁니다. 그래서 물 만난 제비마냥 학교 간다고 집을 나서서 일단 학교에는 가는데 열 시나 열한 시만 되면 학교를 빠져나와 피시방으로 가는 거지요. 그러고는 청소년들이 더 이상 게임을 못 하는 시간이 될 때까지 죽치고 앉아서 게임을 했다고 합니다. 요즘은 피시방에서 돈을 먼저 내지 않고 나중에 내도 되기 때문에 돈이 없는 아이들도 얼마든지 게임을 할 수 있다는군요. 어찌 보면 아이들을 게임에 더 빠지게 만드는 것은 돈 몇 푼 더 벌겠다는 어른들의 이런 욕심 때문이 아닌가 싶습니다.

그렇게 정신없이 게임을 하다가 나가야 할 시간이 되면 주머니에 돈한 푼 없으니까 피시방 주인이 아버지한테 전화하고, 그러면 아버지는 어쩔 수 없이 게임비 물어 주고서 아이를 집으로 데려오고. 거시기한 놈 아버지가 아들 놈 버릇 고치려고 야단도 쳐 보고 달래도 보고 별짓을 다해 봤지만 그때뿐이고 며칠 있으면 다시 피시방에 가서 하루 종일 게임만 하니 얼마나 답답하고 속상했겠습니까. 그러던 차에 아는 분이 변산공동체학교를 소개해 주어서 공동체에 들어오게 된 것이 거시기한 놈의 사연입니다.

그렇게 거시기한 놈이 공동체 생활을 시작하게 되었습니다. 1학기 때 몇 번 공동체를 탈출해서 피시방에 있다가 마음씨 좋은 사장님을 만나면 사장님이 직접 차로 데려다 주고, 아니면 제가 부안 읍내에 나가서 데려오기도 했지만 지금은 많이 좋아졌습니다. 거시기한 놈의 아버지도 그렇고 우리 식구들도 그렇고 많이 사람 됐다고 칭찬을 하곤 했으니까요. 게임을 좋아하는 아이들은 몸 움직이는 것을 대체로 싫어하는데 이 거시기한 놈은 농구 하자고 하면 농구도 곧잘 하고 친구들과 어울려 일요일이면 자전거 타고 놀러 다니는 것도 좋아하고 일을 시키면 빼지 않고 곧잘 했습니다. 게임에 빠져 살던 아이 맞나 싶을 정도로 생활을 잘했답니다.

방학이면 피시방으로 탈출

그런데 문제는 방학이지요. 방학을 하면 아이들은 모두들 집으로 돌아가고 공동체에 남아 있는 애들이 없습니다. 이 아이를 집으로 보내면 낮에는 함께 있을 사람이 없어서 분명 예전으로 되돌아갈 것이 뻔할 테고. 그렇다고 다른 애들은 다들 방학이라고 신나서 집에 가는데 이 아이만 못 가게 할 수는 없고. 해서 방학하자마자 며칠 집에 다녀오라고 보냈습니다. 혼자 보내면 안 되니까 제 아들 놈 나무를 꼬셔서 함께 보냈지요. 형이랑 함께 가서 며칠 놀다가 오라구요. 나무도 선뜻 그러겠다고 해서 둘이 거시기한 놈 집에서 함께 지내다가 왔습니다.

그러고는 다시 공동체로 돌아왔는데 아, 거시기한 놈이 며칠 있다가 또 부안으로 탈출했네요. 집에서 아버지한테 받아 온 용돈이 주머니에 있으니까 게임 유혹을 떨쳐 버리지 못한 겁니다. 안 되겠다 싶어 중학교 2학년이긴 하지만 초등학생 놀이터인 여름 계절학교에 집어넣었습니다. 그렇게 계절학교를 마친 뒤에는 바로 제주도로 보냈습니다. 중등부 남자애들 몇이서 제주도 친구네 집에 놀러 가는데 거기에 끼워서 함께 보낸 겁니다. 그리고 아이 아버지한테 애는 돈만 있으면 어떻게든 버스 타고 나가서 게임 하니까 돈을 주지 말라고 했고요.

그런데 이 거시기한 놈이 제주도에서 잘 놀고 와서는 며칠 있다가 다시 게임 하러 나가더니 이틀, 사흘을 지내고 오네요. 돈이 어디서 났냐고 물어보니, 제주도에 갔을 때 돈이 더 필요하다고 아버지한테 거짓말을 해서 돈을 마련했다고 합니다. 그 돈을 가지고 하루 종일 게임 하다가 잠은 시외버스터미널 이런 데서 자고, 다음 날 아침이면 다시 피시방에 가고, 그러다가 마지막 날 돈이 다 떨어지면 경찰차 타고 공동체로 돌아오고. 이렇게 몇 차례 되풀이하다가 여름방학이 끝났습니다.

이 녀석을 정신 차리게 한다고 여러 번 혼내 봤는데 그때뿐입니다. 다시는 안 그러겠다고, 한 번만 용서해 달라고 눈물을 뚝뚝 흘리고서는 며칠 있다가 주머니에 돈이 생기면 바로 탈출입니다. 심지어 돈이 없을 때는 다른 사람 돈을 훔쳐서 가기도 하고요. 더 큰 문제는 이 아이가 자기 행동에 아무런 죄의식을 못 느낀다는 겁니다. 그저 오로지 게임에만 정신이 팔려 있지 앞이고 뒤고 아무런 생각을 안 합니다. 이 게임병을 어떻게 고쳐야 할지 답을 쉽게 찾을 수는 없는데 한 가지 신기한 것은 아이들이 많이 있으면 그때는 그 병이 싹 낫는다는 사실입니다.

　방학이 끝나고 아이들이 모두 공동체로 돌아오니까 이 거시기한 놈의 얼굴이 다시 천진난만한 중학생이 되어 아이들과 신나게 놀고 있습니다. 게임병을 고치기 위해서 아이들 방학을 아예 없애 버려야 할지요. 더군다나 겨울방학은 석 달이나 되는데 그 긴 겨울방학을 어떻게 보내야 할지 벌써부터 걱정입니다. 2학기 때 이 거시기한 놈이 정신 바짝 차려서 게임에 대한 미련을 훌훌 털어 버리면 가장 좋으련만 아직은 그 길이 멀기만 하고. 혹시라도 아이들 게임병 고치는 좋은 방법을 알고 계시는 분 있으면 연락 주세요. 병만 고치면 몸에 좋은 공동체 농산물을 선물로 드릴게요.

기가 막힌 엇박자

해마다 날씨가 철을 알 수 없게 빠르게 변하고 있지만 올해는 그 정도가 훨씬 심합니다. 벌써 유월 중순인데도 여름이라는 느낌이 들지 않습니다. 한낮에는 조금 덥긴 하지만 아침저녁으로는 서늘해서 아직도 봄인가 그런 생각이 드네요.

날씨가 들쭉날쭉하니 농작물에도 여러 가지 영향이 있습니다. 감꽃이 한창 피어나야 할 때 느닷없이 찾아온 추위 때문에 감꽃이 제대로 피질 않아서 감 농사짓는 분들은 올해 농사 망쳤다며 큰 걱정을 하고 있습니다.

공동체도 보리, 밀 농사를 많이 짓는데 아직까지 여물지 않아서 거두어들이지 못하고 있습니다. 제때에 보리, 밀 거두어들이고 콩을 심어야 하는데 그러질 못하고 있으니 올해 농사가 어떻게 될지 걱정입니다. 농사라는 게 다른 일과는 다르게 제때에 씨 뿌리고, 김매고 거두어들이지 않으면 제대로 된 결실을 맺을 수 없는 것인데 하늘이 도와주지 않으니 어떻게 해 볼 도리가 없네요.

그나저나 1학기가 끝나기도 전에 아이들 다섯 명이 학교를 그만두었습니다. 올해는 학생들이 많기도 했지만, 중간에 그만두는 녀석들도 많네요. 한 아이는 올해 신입생으로 들어왔는데 몸이 안 좋아 집에 가서 치료하고 온다고 갔습니다. 그런데 아직까지 치료가 안 끝났는지 아무런 소식이 없네요. 아마도 예전에 함께 놀던 친구들과 다시 만나 어울리면서 공동체는 까맣게 잊어버렸나 봅니다. 두어 달 함께 생활하면서 보니 성격도 활달하고 괜찮았는데 참 안타까운 일이지요.

다른 두 아이는 공동체에서 이 년, 삼 년씩 지냈는데 올해 들어서는 공동체에서 보내는 하루하루가 영 재미가 없나 봅니다. 도대체 무언가 열심히 하려는 마음이 없고 그저 아무런 의욕도 없이 날마다 시간만 때우고 있으니 옆에서 지켜보는 제가 다 답답해지더군요. 그래서 두 녀석을 불러 이야기를 했지요.

"너희들 공동체에서 지내는 게 그렇게 재미가 없냐?"

"예, 재미없어요."

"그러면 공동체에서 나가고 싶냐?"

"예, 그러고 싶어요."

"공동체에서 나가면 어디로 갈래?"

"집에 가서 아르바이트하고 싶어요."

"그러면 집으로 가면 되지 왜 안 가냐?"

"부모님하고 올해까지는 공동체에서 지내기로 약속했어요."

"그럼 내가 부모님들한테 이야기해 줄 테니까 집에 가고 싶으면 가라. 처음에 너희들이 입학하려고 공동체를 찾아왔을 때 이야기하지 않았냐? 우리 학교는 아무리 부모님이 아이를 학교에 다니게 하고 싶어도 아이 스스로 공동체 안에서 함께 살기 싫다고 하면 같이 못

변산공동체학교 학생들 모습. 아이들의 자율성과 창의성을 살리는 교육은 어른들의 상상 그 너머를 생각하게 한다.

사는 곳이다. 의욕도 없이 하루하루 시간을 보내는 것만큼 불행한 일이 더 있겠냐. 여기에서 지내는 것보다 집에 있는 게 훨씬 낫다고 생각하면 걱정하지 말고 가거라."

그랬더니만 그다음 날 바로 짐을 싸서 가네요. 물론 집으로 갔다고 해서 공동체하고 인연이 아주 끊어진 것은 아닙니다. 지금도 모내기할 때나 아이들이 보고 싶으면 찾아오곤 하니까요. 이 아이들이 어디에 있든 든든하게 자기 뿌리를 내렸으면 하는 바람입니다.

초등학교를 마치고 일반 중학교에 다녀 보지 않은 채 공동체로 온 아이들은 중등 과정을 마칠 때쯤 되면 이런저런 고민들을 많이 합니다. 이제는 슬슬 공동체 안에서 지내는 게 지겹기도 하고 학교에서는 도시에 나가서 살 수 있는 공부는 하나도 가르쳐 주지 않으니까, '이 학교 졸업하면 내가 사회에 잘 적응할 수 있을까? 아무것도 배운 게 없는 것 같은데 잘 살 수 있을까?' 하는 두려운 마음도 생기지요. 그래서 학기 초만 되면 '검정고시를 봐야겠네, 고등학교는 공동체가 아닌 다른 학교를 다녀야지' 하고 마음을 먹곤 합니다. 몸은 공동체에 있는데 마음이 콩밭에 가 있으니 공동체에서 보내는 하루하루가 재미없을 수밖에요.

"너희들이 지금 배우고 익혀야 할 것은 머리만 쓰는 공부가 아니라 몸을 제대로 놀릴 줄 아는 공부다. 그리고 사람이 사람 구실 하면서 제대로 살려면 열심히 땀 흘리며 농사짓고 사는 삶밖에 없다."

아무리 아이들을 붙잡고 이야기를 해도 아직은 귀에 잘 들어오지 않나 봅니다.

이번에 학교를 그만둔 아이들뿐만 아니라 다른 아이들도 비슷한 생각을 많이 하고 있습니다. 농촌에서 농사지으며 사는 게 좋은 건 알겠지만 그러기에는 젊은 청춘이 너무 아깝다고 생각합니다. 도시에 나가

일은 재미없고 힘들다는 학생들에게 노동의 소중한 가치를 일깨워 줄 수 있는 길은 무엇일까?

서 돈을 벌거나 무슨 일이든 해야지만 젊음이 아깝지 않고 무언가 사람 구실 하면서 사는 것같이 느껴지나 봅니다.

거참, 기가 막힌 엇박자이지요. 학교에서는 아이들이 농촌에 뿌리를 내리고 살아야 우리 사회에 희망이 생기고, 사람답게 살 수 있다고 생각해서 아이들에게 몸 놀리는 공부를 시키고 있는데 정작 아이들은 모두들 농촌을 떠나 도시에서 자리 잡고 살 생각들을 하고 있으니 말입니다. 어떻게 해야 이 엇박자를 풀어낼 수 있을지 고민이 많습니다. 도시라는 커다란 유혹과 맞서서, 아이들이 자기 중심을 잡고 농촌을 지켜 내며 살아갈 힘을 기를 수 있는 길은 어디에 있는 것일까요?

내년부터는 철저하게 농사일을 중심으로 학교를 꾸려 가면 어떨까 생각해 봅니다. 사실 학교라는 것도 자연스럽게 생겨났다기보다는 억지로 만들어 낸 것이라 할 수 있습니다. 농촌공동체가 건강하게 자리매김하고 있을 때는 마을 자체가 살아 있는 교육 장소였습니다. 마을 어른들한테 제 앞가림하는 법, 이웃과 어울려 살면서 사람 노릇 하는 법을 자연스럽게 배우고 익히고 그랬으니까요. 농촌공동체가 무너지면서 아이들을 마을 안에서 키울 수 없게 되니까 학교라는 틀을 만들어 교육을 시키게 된 겁니다. 어떻게 보면 변산공동체학교도 도시의 생활리듬에 많이 맞춰져 있다는 생각이 들기도 합니다.

농촌에는 토요일, 일요일이 의미가 없습니다. 오늘 바쁜 일이 없으면 쉬는 날이고, 아무리 일요일이라 해도 일이 있으면 쉬는 날이 아니지요. 그런데 토요일, 일요일, 수업하는 시간, 일하는 시간 이렇게 나누다 보니 아이들이 일하자 그러면 기를 쓰고 싫어하게 됩니다. '왜 수업 시간인데 일을 하느냐? 토요일, 일요일인데 쉬지도 못하게 하고 일을 하느냐?' 하면서요. 고등부 3학년 아이들은 그나마 왜 그렇게 해야 되는지 이해를 하지만 아이들 대부분은 불만이 생기게 마련입니다.

'아이들이 일은 재미없는 것, 힘든 것이라는 생각보다는 일을 함으로써 내 생명을 지켜 내고, 사람을 살아 있게 만든다는 사실을 깨닫게 하는 가장 좋은 교육 방법은 무엇일까?'

여러 가지 생각들을 해 봅니다. 우선 내년부터는 농촌에서 살아갈 때 꼭 익혀야 하는 농사일 배우는 것을 가장 큰 중심으로 하고, 농사일이 없을 때는 자기가 더 배우고 싶은 것을 스스로 찾아서 공부하게끔 하면 어떨까 싶습니다. 공동체에 있으면서 농촌 살림살이가 어떻게 돌아가는지를 배우지 못한다면 그것도 큰 문제일 테니까요. 이런 생각을 아이들에게 이야기하면 몇이나 남아 있을지 모르겠지만 어쨌든 공동체에서 무기력하게 생활하는 것보다는 부지런히 몸 놀리는 것이 아이들한테도 좋지 않을까 싶습니다.

아예 방학을 없애 버려?

여름방학이 시작됐습니다. 아이들은 모두 집으로 돌아갔습니다. 아이들이 떠드는 소리로 늘 시끄럽고 북적대던 공동체도 당분간은 조용하고 평화롭습니다.

묘한 것은 아이들이 썰물처럼 빠져나가 버리면 공동체가 낯설고 썰렁하다는 겁니다. 밥 먹을 때가 되면 우르르 몰려와 시끄럽게 떠들어야 식당 분위기가 살아나는데 어른들만 조용하게 밥을 먹다 보면 살아 있다는 느낌이 안 들어요. 아이들이 있어야 웃을 일이 생긴다는 마을 어른들 말씀이 실감나는 게 바로 방학 때랍니다. '아예 방학을 없애 버려?' 핑계는 얼마든지 있습니다.

"농사짓고 사는데 방학이 어디 따로 있고 토요일, 일요일이 따로 있냐? 방학 때는 풀도 안 자라고 쉰다더냐? 비 오는 날이 쉬는 날이고 기나긴 겨울이 방학인 것이여!"

공동체 초기에 우리 식구들 가운데 주말에는 일하지 말고 도시 사람들처럼 쉬자고 주장했던 사람도 있었습니다. 윤구병 선생님이 대답하기를, "그래, 주말에 하느님이 풀도 안 자라게 해 주고 작물도 쉬게 해

마늘밭에서 수확을 하는 학생들. 변산공동체학교에서는 농사일이 수업보다 우선한다. 학생들도 일을 두려워하지 않고 무슨 일이든지 여럿이 몰려다니면서 금방 해치운다.

주면 우리도 놀자" 그러셨지요.

변산공동체학교는 대안학교지만 다른 곳과는 많이 다릅니다. 학생들이 있으니 학교 같기도 하고, 사는 거 보면 저게 무슨 학교야 의아스럽기도 하고, 공동체에 대해 아무것도 모르는 사람들이 보면 헷갈리기 마련이지요.

우리 학교는 온 마을이 교실입니다. 도자기 수업은 도자기실에서, 음악은 음악실에서, 검도는 강당에서, 철학, 역사, 국어는 아무 데서나 합니다. 추우면 기숙사 방에서, 따뜻하면 도서관이나 밖에서 수업을 합니다. 농사일은 수업보다 우선합니다. 과목마다 선생님이 있지만, 아이들은 공동체 식구들과 공동체를 찾아오는 손님들하고 어울려 지내면서 더 많은 것을 보고 배우지요. 수업도 해마다 달라요. 지난해에는 영어, 수학, 과학이 있었는데 올해는 없습니다. 아이들과 밴드를 하던 음악 선생님은 개인 사정으로 그만두게 됐고요. 무엇 하나 정리되어 있는 게 없습니다. 한마디로 막 나가는 학교라고나 할까요.

학부모들도 마찬가지랍니다. 일 년에 두어 번 학교에 찾아올까요? 아이만 덜렁 맡겨 놓고 신경을 안 씁니다. 우리는 오히려 그게 더 편합니다. 그런데 이 지역에서 농사짓는 학부모들은 틈만 나면 아이들을 불러냅니다. 오늘은 모심어야 하니까, 고추 심어야 하니까, 시금치 작업해야 하니까 아이들 몇 명만 보내 달라고 부탁을 하시죠. 너무 자주 불러내서 제발 애들 좀 그만 부려 먹으라고 말리기도 한답니다. 그래도 아이들은 누구네 집에 일하러 가자고 하면 좋다고 야단이네요. 아마 공동체에서 못 먹게 하는 온갖 불량 식품들이 나오는 게 틀림없습니다.

아이들은 일을 두려워하지 않습니다. 쇠꼴 베라 하면 모두 밥 먹기 전에 낫 들고 풀을 벱니다. 하루 종일 모내기를 할 때도 있습니다. 무슨 일이든지 우르르 몰려다니면서 즐겁게 일하고 뚝딱뚝딱 금방 해치우지요.

교육이란 게 뭘까요? 글쎄, 우리 식구들이 교육 전문가가 아니라서 무어라 쉽게 말하기 어렵습니다. 허나 한 가지 분명한 사실은 아이들은 공동체 안에서 조금씩 변해 가고, 성장하고, 행복한 삶을 살아가고 있다는 것입니다. 그저 우리는 아이들의 변화를 지켜보면서 '우리 학교가 뒤죽박죽이지만 잘못된 길을 걷고 있는 것은 아니구나' 하고 느낄 뿐입니다.

야들아, 미래는 걱정을 하덜 말어

길고 길었던 여름이 가고 가을이 왔네요. 올여름 같아서는 참말로 사람이고, 짐승이고, 작물이고 살기 힘들겠어요. 불볕더위가 칠월 내 내 계속되질 않나, 장마철 다 지나고 비가 날마다 내리질 않나, 태풍 두 개가 쉴 틈도 없이 밀어닥치질 않나. 앞으로는 이런 기후변화가 더 자주 생긴다는데 세상이 어떻게 되려고 이러는지 알 수가 없네요.

그래도 가을은 가을입니다. 아이들도 한 달이 채 되지 않는 여름방학을 마치고 모두들 공동체로 돌아왔습니다. 짧은 방학 동안 방구석에서 컴퓨터게임만 했는지 새까맣던 얼굴들이 희멀건해졌습니다.

방학이 끝나고 한 학기가 새로 시작되면 지난 학기보다 훨씬 의젓해진 아이도 있고, 늘 그대로인 아이도 있고, 여러 가지 새로운 고민을 안고 공동체로 돌아온 아이들도 있습니다. 1학기 때 어디로 튈지 몰라 사람들 마음을 졸이게 하던 아이들도 방학이 끝나자 행동이 많이 점잖아졌습니다. 얼마나 갈지는 몰라도 2학기 때는 전과 다른 모습을 보여 주지 않을까 은근히 기대를 해 봅니다.

다시 학생으로 들어온 아이도 있습니다. 올해가 학생으로는 마지막

해가 되는 녀석인데 1학기 때 서울에 가서 돈을 벌어 보겠다며 큰소리 뻥뻥 치더니 역시나 돈벌이가 만만치 않았는지 다시 학생으로 받아 달라고 통사정을 하더군요. 내 마음이야 그러고 싶지만 기숙사 방이 꽉 차서 받아 줄 수가 없다고 했더니, 강당에서 자도 된다고 애원을 하는 게 아니겠어요. 그래서 못 이기는 척하고 받아 주었습니다.

이 아이가 누구냐구요? 그전에 공동체 소식지 〈구름산 마을 이야기〉에 공동체 똥간 이야기를 쓰던 김기영이라는 여학생입니다. "도시에서 돈 번다고 나갈 때는 언제고 뭣하러 다시 학생으로 들어오려고 그러냐?" 하고 물어보니까, "히히, 그래도 졸업장은 받아야 될 것 같아서요" 하면서 천연덕스럽게 말하네요. 아니, 사회에서 인정도 해 주지 않는 변산공동체학교 졸업장 받아서 무엇에 써먹으려고 하는지 모르겠지만 어쨌든 졸업은 하겠다니 기특한 생각이지요.

그러고 보니 올해 고등 과정을 마치는 학생이 세 명이나 됩니다. 울산에서 온 성호, 부산에서 온 수연이, 아까 말씀드린 서울에서 온 기영이.

성호는 울산에서 인문계 고등학교를 한 달 정도 다녔을 겁니다. 그러다가 어느 날 공동체로 불쑥 찾아왔습니다. 자기 말로는 학교 생활이 너무 재미가 없어서 때려치우고 왔다는데 제가 보기에는 공부에 별 흥미가 없었던 게 아닐까 싶어요. 인문계 학교를 다니려면 해 뜨기 전에 일어나 밥 먹고, 학교에 가서 수업 듣고, 수업이 끝나고도 남아서 야간 자율학습에 보충학습도 하고, 그래도 부족하면 학원도 다니면서 열심히 공부를 해야 하는데 성호는 잠이 많아서 아마 힘들었을 거예요. 같이 방을 쓰는 아이들 말로는 큰형님 깨우기가 제일 힘들다고 하거든요. "성호 형, 일어나" 하면, "응, 알았어" 하고 대답은 참 잘한답니다. 대답은 잘하는데 몸은 여전히 누워 있지요. 그래서 그런가 아침모임 시간에 늦기도 많이 늦고, 늘 졸린 모습을 하고 있을 때가 많습니다.

그래도 씩씩한 우리 성호는 삼 년을 꿋꿋하게 버텨 냈습니다. 같은해에 변산공동체학교를 다녔던 친구들은 일 년, 이 년 다니다가 중간에 그만두고 나갔는데 성호는 끝까지 남아 졸업장 받을 날을 눈앞에두고 있으니 뚝심이 있는 친구지요. 올해는 공동체 큰형으로서 걷는여행, 계절학교처럼 큰일들을 맡아서 묵묵히 잘 해냈답니다.

수연이는 부산에서 고등학교 1학년 1학기를 마치고 공동체로 왔습니다. 멀쩡하게 학교 다니던 아이가 갑자기 변산공동체학교로 가겠다고 하니 어머니가 많이 놀라셨는데 한 달 동안 엄마를 들들 볶아서 여기로 오게 되었지요.

2학기 시작하고 이 아이들과 식당에 둘러앉아 막걸리를 한잔 했습니다. 막걸리 마시면서 졸업하면 어떻게 살 것인지 물어보았습니다. 성호는 군대 가기 전에 몽골에 가서 말도 타 보고 싶고, 내년에 계절학교 총책임자를 한 번 더 하고 싶고, 제주도 강정마을에서 만난 활동가들처럼 사회운동도 해 보고 싶다는데 아직까지 뭘 해야 할지 딱히 정한 것은 없답니다. 그래도 늘, "희정 언니, 나는 도시에서 오래 살고 싶지는 않아요. 도시에서 내가 해 보고 싶은 것 조금 하다가 언니처럼 농촌에서 농사지으며 살고 싶어요" 하는 말을 입에 달고 살았으니까 머지않아 함께 농사지으며 살 날이 오겠지요.

수연이는 해 보고 싶은 게 너무 많아서 고민이라네요. 공동체에 남

초등 담임을 맡았던 수연이(창문 아래 맨 왼쪽)가 아이들과 음악 수업을 하던 모습. 수연이는 공동체학교를 졸업한 뒤에 고향으로 돌아가 온라인 쇼핑몰을 운영하고 있다.

아서 농사일도 하고 싶고, 성호처럼 몽골이나 다른 나라에도 가 보고 싶고, 피아노도 배우고 싶고, 돈 벌어서 실컷 써 보고도 싶고, 이것저것 하고 싶은 일은 많은데 아직은 마음속에 정해진 것이 없다고 합니다. 수연이는 아이들을 좋아해서 초등 담임을 하고 있는데 내년에는 중등부 1, 2학년 담임을 해 보면 어떻겠냐고 하니까 그것도 재미있을 것 같다고 하네요. 어딜 가나 큰 소리로 웃으면서 인사 잘하고 붙임성도 좋아서 사랑받으며 살 아이인데 이왕이면 공동체에 남는 게 가장 좋겠지요.

기영이는 내년에 공동체에 남아 살아 보겠다고 하네요. 자기가 공동체에 처음 왔을 때 친구 같은 언니가 없어서 아쉬운 게 많았답니다. 그래서 학교 졸업하면 아이들 잘 챙겨 주는 스무 살 언니로 동생들한테 도움이 되었으면 좋겠다는군요. 그런 기영이가 기숙사 관리를 맡으면 참 잘할 거란 생각이 드네요. 동생들을 잘 챙기는 성격이고 정리 정돈도 잘하니까요.

아이들하고 두런두런 이야기를 하다 보면 이 아이들이 살아갈 삶이 어떤 모습일지 궁금하기도 하고, 걱정도 많이 됩니다. 그래도 한 가지 믿는 구석이 있다면, 이 아이들은 참 좋은 아이들이라는 겁니다. 그동안 공동체에서 부지런히 갈고 닦은 건강한 몸뚱이와 '혼자만 잘 살면 무슨 재민겨, 여럿이 함께 어울려 잘 살아야 한다'는 공동체 정신이 몸에 잔뜩 배어 있을 거라고 믿으니까요.

"야들아, 인자는 학생으로 지낼 날도 얼마 안 남았다. 마지막 학기인 만큼 후회하지 않도록 열심히 살자. 미래는 걱정을 하덜 말어. 모든 일이 술술 잘 풀릴 것 같은 기분 좋은 예감이 들은게. 알겄냐."

아무것도 하지 마세요

깊어 가는 가을과 함께 일 년에 딱 한 번 하는 변산공동체학교 가을 축제가 끝났습니다. 지난해에는 워낙 끼가 넘치는 아이들이 많아서 참 재미있었는데 올해는 그 아이들이 모두 졸업하고 학교에 없어서 작년 만큼 잘할 수 있을까 마음속으로 걱정을 많이 했습니다.

아이들은 추석이 지나자마자 축제 준비에 매달렸는데 축제가 열리는 날까지 외출 한번 안 하고 정말 열심히 했습니다. 연극, 밴드, 풍물, 택견, 영상, 기타 연주, 합창, 도자기, 짚풀공예, 미술 작품, 사진으로 보는 역사……. 공연할 것도 많고 전시할 것도 많아서 그런지 올해 축제 준비는 아이들에게 잔소리 한번 하지 않았는데도 정말 열심히들 하더 군요.

작년에는 늑장 부리다가 초대장을 늦게 보낸 나머지 축제가 끝난 뒤에야 받아서 오고 싶어도 오지 못했다는 항의 아닌 항의를 받기도 했습니다. 다행히 올해는 일찌감치 초대장을 보내서인지 학부모님들도 대부분 오셨습니다. 지역 주민들도 오셔서 아이들 공연과 막걸리에 취해 다들 즐겁고 신나는 하루를 보냈습니다. 흥겨운 하루를 보내게 해 준 아이들에게 그저 고마울 따름입니다.

'얘들아, 고생 많이 했다. 참 잘했어. 내년에는 올해보다 더 잘할 수 있겠지?'

학교 운영에 참여할 수 없는 학부모

변산공동체학교는 학부모 모임이 따로 없습니다. 그래서 모든 학부모가 한자리에 모이기가 참 힘든데 올해 축제에는 저 멀리 바다 건너 제주도에서부터 아이를 이 학교에 보낸 지 며칠 안 된 학부모까지 빠짐없이 오셨습니다. 점심 먹고 짧은 시간이지만 모두 모여서 서로 인사도 나누고 학교에 대한 이야기도 나누었습니다.

아이들을 공동체에 보낸 뒤에 얼굴도 자주 볼 수 없고, 학부모 모임도 따로 없으니까 부모님들은 아이들이 학교에서 어떻게 지내는지 또 학교는 어떻게 굴러가는지 많이들 궁금해하십니다. 그래서 나온 이야기가 '학부모 모임을 일 년에 몇 번 열면 어떻겠냐. 인터넷에 학부모 카페가 있는데 부모님들이 너무 이용을 하지 않는다. 앞으로는 학교에서 일어나는 다양한 이야기들을 학부모 카페에 올리고 자주 들락날락하면 좋겠다'는 것입니다.

오랜만에 만나면 반가운 마음에 앞으로는 자주 연락하자, 학교에 관심을 갖자, 이런 이야기들이 자연스럽게 나오지만 축제가 끝나고 모두들 바쁜 하루하루 생활로 돌아가면 언제 그랬냐는 듯이 금방 잊어버립니다. 어떻게 보면 책임감 없는 부모 같지만 달리 생각하면 학교를 믿고, 아이들을 믿고 그냥 내버려 두는 게 아이들을 더 단단하게 만들 수 있습니다.

부모님 가운데 한 분이 이런 말씀을 하시더군요. 공동체에서는 학부모가 학교 운영에 참여하는 것을 싫어하는 거 같다구요. 그렇습니다. 변산공동체학교는 학부모가 학교 운영에 참여할 수 없습니다. 학부모들마다 아이들 교육에 대해 생각하는 게 다 다른데 학교 운영에 학부모가 참여하다 보면 서로 다툼이 일어나기 쉽지요. 부모들 간에 생각 차이로 다툼이 일어나다 보면 결국엔 학교 꼴이 엉망이 되는 경우도 있습니다. 그러다 보면 결국 상처받는 것은 아이들이고요. 그래서 변산공동체학교는 처음부터 학부모들이 시간을 내서 일손을 도우러 오는 것은 두 손 들고 환영하지만 아이들 학비를 내거나 학교 운영에 참여하는 것은 못 하게 했습니다.

아이들이 공동체에서 지내는 게 즐겁고 재미있으면 나가라고 해도 안 나가고 잘 지내지만 재미없고 나하고 안 맞다 싶으면 아무리 붙잡고 이야기를 해도 결국은 학교를 떠나게 됩니다. 그렇게 스스로 생각하고 판단해서 학교를 떠난 아이들은 공동체 식구들이나 아이들과 맺은 관계가 크게 어긋나지 않습니다. 시간이 날 때마다 학교에 놀러도 오고 아이들과도 꾸준히 관계를 이어 갑니다. 그렇지 않고 부모의 판단으로 아이를 데리고 나간 경우에는 아이들과 공동체의 관계가 어긋나 버려서 놀러 오고 싶어도 오지 못하게 됩니다.

사십 명 가까운 아이들이 함께 일하고, 공부하고, 밥 먹으면서 날마다 얼굴을 맞대고 살다 보면 여러 가지 일들이 생깁니다. 아이들을 따돌리기도 하고, 돈이 없어지기도 하고, 워낙 특이한 성격으로 다른 친구들과 어울리지 못하고 혼자서 놀기도 하고, 다른 아이들과 시비가 붙어서 티격태격 싸우기도 하지요.

저도 처음에는 아이들 사이에 일어난 문제에 끼어들어 이러니저러니 잔소리를 해 가면서 풀어 보려고 했습니다. 그런데 지금은 저희들끼리 알아서 해결하라고 그냥 놔둡니다. 아이들 문제에 어른들이 끼어들어 하나하나 해결한다는 것도 아이들한테 좋은 일은 아니라는 생각이 들어서요. 무슨 문제만 생기면 쪼르르 달려와서 이야기를 해 대니 귀찮기도 하구요.

"희정 아저씨, 이번 일은 어떻게 해요?"

아이들이 찾아와서 물어보면,

"학생회장하고 의논을 해 봐라."

하면서 슬쩍 떠넘깁니다.

학생들은 아주 작은 일 하나도 꼭 모여서 회의를 한다. 자기들 안에서 일어난 문제는 어른 힘을 빌리기보다 학생들끼리 이야기를 하면서 스스로 답을 찾아 간다.

그러면 자기들끼리 알아서 서로 이야기하고 답을 찾습니다. 그래도 답을 찾지 못하면 저한테 다시 오는데 그때는 제 생각을 이야기해 줍니다. 아이들은 제 말처럼 할 때도 있고 어떤 때는 자기들 나름으로 판단해서 할 때도 있습니다.

그래서일까요. 우리 아이들은 참 회의가 많습니다. 아주 작은 일 하나도 꼭 모여서 회의를 합니다. 가끔, "너희들은 무슨 놈의 회의를 그렇게 많이 하나?"고 웃음 섞인 핀잔을 주기도 합니다. 윤구병 선생님 말씀으로는 어른들이 무책임하니까 아이들이 살아남으려고 발버둥치는 것이라고 하시네요.

축제가 끝나고 며칠 지나서 아이를 변산공동체학교에 보내고 싶다고 입학 상담하러 오신 분이 있었습니다. 나이가 꽤 있어 보이는데 아들이 아직 초등학교 4학년이라네요. 느지막이 귀하게 얻은 아들이랍니다. 그래서 이 어머님이 하나밖에 없는 아들 잘 키워 보고 싶어서 벌써부터 아들이 다닐 중학교를 여러 군데 알아보고 있더군요.

변산공동체학교 이야기도 듣고 해서 여기서는 무얼 가르치나 보려고 일부러 시간을 내서 찾아왔다는데 딱 보니 이 어머님이 참 문제가 많아요. 귀한 자식일수록 험하게 키워야 하는데 그러지 못하고 자식한테 있는 거 없는 거 다 해 주려고 합니다. 이 어머님 말로는 나중에 자식이 군대 가면 그 앞에 방 한 칸 얻어 놓고 지낼 생각까지 하고 있다 그럽니다.

하도 기가 막혀서 그랬습니다.

"어머님, 백년 만년 사실 건가요. 아니죠? 그러면 아이 혼자서도 잘 살 수 있도록 해 주세요. 만약에 우리 학교에 아이를 보낼 거면 보내

놓고 그다음부터는 아무것도 하지 마세요. 아이 스스로 생각하고 알아서 하도록 가만 놔두세요. 그게 귀한 자식 사랑하는 거예요."

이 어머님뿐만 아니라 이 세상 모든 부모들은 자식에 대한 사랑이 넘칠 것입니다. 그 사랑이 때로는 아이 발목을 잡을 수도 있고 아이에게 좋은 거름이 될 수도 있겠지요. 하루하루 커 가는 아이들 모습을 보면서 부모는 아이를 소 닭 보듯이 무심히 대하는 게 가장 좋지 않을까 하는 생각을 해 봅니다.

용기 있고 지혜로운 부모만이

2010년 여름, 공동체에 두 식구가 한꺼번에 들어왔습니다. 한 식구는 부산에서 왔는데 아이들이 세 명입니다. 다른 한 식구는 인천에서 왔고 아이는 한 명입니다. 아이들을 데리고 공동체에 식구로 들어오기는 쉽지 않습니다. 무엇 때문에 나이 사십 넘어서 농촌으로 내려오려고 하는지 물어보니 아이들 교육 때문이랍니다.

부산에서 온 은이네 식구는 부산에서 살 때도 큰애, 작은애를 학교에 보내지 않고 엄마가 집에서 데리고 있었답니다. 막내야 아직은 나이가 어리니 학교에 들어갈 때가 아니라서 그렇다 하더라도 큰애와 작은애는 왜 학교에 보내지 않았는지 궁금했습니다. 애들 아버지가 하는 말이 단체급식이 가장 큰 까닭이라고 합니다.

'허참, 별난 사람들이네. 학교에서 아이들에게 먹이는 급식이 좋지 않은 재료를 써서 아이들 건강을 해친다고 여러 번 문제가 되긴 했지만 그렇다고 학교에 안 보내다니.'

이유가 어디 급식뿐이겠습니까마는 어쨌든 지금 우리 나라 제도권 학교에서 이루어지고 있는 교육을 보면 아이들을 건강하게 길러 내지 못할 것이라는 마음이 훨씬 컸다고 합니다. 그래서 아버지는 먹고살아야 하니까 직장을 다니면서 돈을 벌고, 엄마가 집에서 아이들을 쭉 돌보았다고 하네요. 그런데 이제는 도시에서 도저히 아이들을 제대로 기를 수 없을 것 같아서 귀농학교 다니면서 농촌으로 내려올 생각을 하고 있었답니다. 그러다 변산공동체학교와 인연이 닿은 것인지 막무가내로 공동체에 들어오겠다고 찾아온 것입니다.

인천에서 온 영산이는 몸이 좀 불편합니다. 땀이 몸 밖으로 빠져나오지 않아 여름을 제일 싫어하고 추운 한겨울에는 오히려 봄가을 옷만 입고 다녀도 전혀 추위를 모릅니다. 이도 약해서 밥을 먹을 때 어떻게 하나 걱정을 했는데 이가 없으면 잇몸이라고 딱딱한 음식도 잘 먹네요.

영산이는 인천에서 학교 다닐 때 아이들한테 놀림을 많이 받기도 했답니다. 엄마가 생각하기에 아이를 이렇게 키워서는 안 되겠다 싶어서 영산이를 건강하게 키울 수 있는 곳을 찾다가 공동체에 오게 되었습니다.

처음 공동체에 손님으로 와서 3박 4일 머물다 돌아가는 날, 영산이 엄마가 공동체에 자기네 식구들이 머무를 방이 없으면 마당에 텐트라도 치고 살 테니까 꼭 식구로 받아 달라고 그러네요. 그때는 마침 공동체에 빈방이 없어서 은이네도 영산이네도 지금 당장은 식구로 받아들이기 힘들다고 했는데 마음이 절실하면 살길이 열린다고 했던가요. 운좋게도 공동체와 마을에 빈방들이 생겨서 식구로 같이 살 수 있게 되었습니다.

은이와 동생 겸이는 집에만 있어 봐서 그런지 처음 한두 달은 다른 아이들하고 쉽게 친해지지 못했습니다. 그나마 은이는 성격이 활달해서 조금 지나니까 남자아이들하고 공도 차고 잘 어울려서 노는데, 겸이는 조그마한 일에도 닭똥 같은 눈물을 뚝뚝 흘리고 여럿이 어울려 노는 것보다는 혼자서 조용히 지내는 것을 더 좋아합니다. 영산이는 말하는 거나 행동 하나하나가 뭐랄까 단순 명쾌하다고 해야 하나, 달리 말하면 조금 까칠하다고 해야 하나, 좌우지간 별납니다.

"영산아, 이것 좀 할래?"

"싫어."

"밥 먹었냐?"

"응."

더 이상 말이 없지요.

새로 온 이 아이들이 다른 친구들과 잘 어울려 지낼 수 있을까 걱정도 했습니다. 그런데 다행히 학생이 몇 명 안 되는 우리 초등부 아이들은 한꺼번에 친구 세 명이 생겨서 그런지 큰 문제없이 잘 지냈습니다. 언젠가 한번은 초등부 아이들 셋이서 다른 한 아이를 불러다 놓고 놀리기도 해서 어른들한테 혼이 나기는 했지만 아이들끼리 크게 싸우거나 같이 살 수 없을 정도로 문제가 될 만한 일은 없었습니다.

어느 날인가 영산이 엄마가 나무한테 물었습니다.

"나무야, 영산이 형은 너희랑 조금 다른데 그래도 영산이 형아랑 노는 거 괜찮아?"

그랬더니 나무가 말합니다.

"이모, 영산이 형은 아무렇지도 않아, 괜찮아."

도시 아이들은 학교에서 공부에 치이면서 받은 스트레스 때문인지 자기보다 약해 보이거나 조금 다른 듯한 아이가 있으면 그 친구를 괴롭히고 집단으로 따돌림을 시키기도 합니다. 그러니 예전에는 흔하지 않았던 왕따라는 것도 생기고, 오죽하면 친구들한테 집단 괴롭힘을 당해서 스스로 목숨을 끊는 불행한 일까지 생길까요.

하지만 우리 아이들은 형이고, 동생이고 모두들 잘 어울려서 놉니다. 형들이 동생들을 놀리거나 알게 모르게 못살게 구는 일도 있지만 떼 지어서 '저놈을 괴롭히자' 하는 일은 없습니다. 도시에서 학교를 다니다가 공동체에 들어온 아이들이 가끔 그런 흉내를 내긴 하지만 별 호응을 얻지 못하고요.

은이네, 영산이네 식구가 공동체에 살기 시작한 지 벌써 여러 해가 지났습니다. 처음 왔을 땐 초등학생이던 은이와 영산이는 벌써 고등학생이 됐고, 겸이는 중학생이 되었습니다. 은이는 여전히 남자아이들과 잘 어울려 놀고, 영산이도 다른 친구들과 짓궂은 장난을 많이 하지만 행복한 표정입니다. 겸이는 이제 웬만한 일에는 눈물을 보이지 않습니다. 끈기가 있어 남들이 하는 일도 뒤처지지 않고 잘합니다.

영산이는 작년 가을 축제 때 연극을 했습니다. 모두들 영산이에게 딱 맞는 배우 역할이 있다고 해서 도대체 무슨 역을 맡았는지 궁금했는데, 과연 영산이 아니면 맛을 살릴 수 없는 역할이었어요. 예쁜 여학생을 보고서 "죽이네~" 하고 말을 하는데 얼마나 능청스럽게 하는지 연극을 보는 모든 사람들이 웃음을 터트렸지 뭐예요.

아이들 마음이 어떤지 잘은 모르지만 도시에서 살 때보다 농촌에서 사는 게 훨씬 행복한 것 같다는 생각이 듭니다. 아이들 얼굴을 보면 금방 알 수 있거든요. 아이들이 웃음을 잃지 않고 건강하게 살아갈 수 있

도시에 대한 미련을 버리고 용기 있게 농촌을 선택한 부모가 있기에 아이들은 웃음을 잃지 않고 건강하게 살아가고 있다.

도록 만들어 준 것은 역시나 도시에 대한 미련을 남김없이 던져 버리고 농촌을 선택한 부모님들 덕입니다. 용기 있고 지혜로운 부모만이 아이들을 건강하게 키울 수 있습니다.

공동체가 아닌 다른 선택을 하는 아이들

가을이 끝나려는지 바람은 더욱 거세게 불고, 비도 자주 내리네요. 유난히 잦은 가을비 때문에 아직까지 마무리하지 못한 농사일이 남아 있습니다. 가을 농사가 마무리되어야 산에 가서 나무도 하고 겨울을 날 준비를 하는데 비가 잦으니, 이러다가 겨울날 채비도 제대로 못 하고 훌쩍 겨울로 넘어가 버리는 것은 아닐런지요. 올겨울엔 다른 어느 해보다 더욱 추울 거라는 뉴스를 들을 때마다 내년 농사는 또 어찌 지을지 걱정입니다.

해마다 이맘때면 어김없이 열리는 가을걷이 축제가 즐겁고 신나게 잘 진행되었습니다. 연극은 '죽은 시인의 사회'를 공연했습니다. 좋은 대학, 좋은 학과를 나와서 성공하길 바라는 부모와 학교. 자기만이 간직한 꿈을 꾸고, 스스로 하고 싶은 일을 하며 행복하게 살고 싶어 하는 아이들. 어찌 보면 우리 사회가 안고 있는 어두운 교육 현실을 그대로 보여 주는 연극인데, 아이들은 이 무거운 주제를 두고 진지하게 잘 이끌어 갔습니다.

처음 아이들이 분장을 하고 배우로 나왔을 때는 보통 때 보던 모습

가을걷이 축제 때 아이들이 공연한 '죽은 시인의 사회' 연극 가운데 한 장면.

하고 너무 달라서 웃는 사람들도 있었지만 시간이 지날수록 다들 연극에 빠져들어 조용해졌습니다. 연극이 끝나고 나서는 모두들 눈물이 나올 뻔했다고 칭찬을 해 주었습니다. 행복한 표정으로 손뼉도 쳐 주었지요.

도자기 반에서는 수업 시간에 빚은 작품들을 전시도 하고 판매도 했습니다. 주막도 열었는데 주모인 수연이보다 수연이 엄마, 아빠가 주막을 꿰차고 음식을 만들어서 많은 사람들 입을 즐겁게 해 주었습니다. 택견 시연과 겨루기에서는 채원이, 채우 형제가 결승전에서 맞붙었습니다. 채우가 엄청나게 무서운 발차기를 내질렀는데 힘이 좋은 형 채원이가 물리쳐서 우승자가 되었답니다.

밴드부는 공동체 잔디밭에서 공연을 했습니다. 음향이 좋지 않아 아쉬운 게 많았지만 웃통까지 벗으면서 연주와 노래를 해서 모두를 신나게 만들었지요. 그런데 말이죠. 앞으로 웃통을 벗을 거면 팬티는 보

"즐길 준비 됐습니까!" 축제 열기를 한층 뜨겁게 달군 밴드부 공연 모습.

이지 않게 신경을 썼으면 좋겠네요. 여자애들이야 오빠들 팬티를 보아서 좋을지 모르지만 왠지 덜떨어진 밴드라는 느낌이 들었다고나 할까요. 아무튼 그랬어요.

여러 번 잔소리를 해 가며 다그치기는 했지만, 올해 축제는 다들 열심히 준비하고 참여해서 보러 오신 모든 분들이 너무 즐거운 하루였다고 칭찬이 자자했답니다.

이렇게 축제가 끝나고 나니까 아이들 마음이 뒤숭숭한가 봅니다. 가만히 있어도, 아무 일이 없는데도 괜스레 눈물이 나온다면서 집에 가서 마음을 추스르고 오면 안 되겠냐는 여학생이 있었습니다. "그래, 그러면 집에 가서 푹 쉬다가 마음이 안정되면 다시 돌아오너라" 하고는 집으로 보냈는데, 며칠 있다가 남학생 하나가 가출을 했답니다. 집에

간 여학생과 사귀기 시작한 지 얼마 안 되는 친구인데, 여자 친구가 없으니까 자기도 마음이 울적해졌나 봅니다. 친구 따라 강남 간다는 말은 들어 봤는데, 여자 친구 따라 서울을 갔으니……. 기가 찰 노릇이지요. 부모님에게 전화를 드렸더니 그렇잖아도 아이와 통화를 했다고, 걱정을 끼쳐 죄송하다는 말씀을 하시네요. 사춘기에 샘솟는 불같은 사랑을 어찌 막을 수 있겠냐며 웃으면서 전화를 끊었습니다.

며칠 전에는 고등부, 중등부 남학생 둘이 또 가출을 했답니다. 아이들 사이에는 가출이 유행이 되었다는 우스갯소리가 나돌고 있습니다. 이번에 가출한 아이들은 요즘 《남쪽으로 튀어!》(오쿠다 히데오, 은행나무, 2006)라는 책을 읽고 여행을 떠났다는데 편지도 한 장 멋들어지게 써 놓고 갔더군요. 가출하기 전부터 이미 계획을 짜고 있었던지라 큰 걱정을 하지는 않았습니다. 그래도 며칠 뒤에 전화를 해서는 미리 이야기를 못 하고 나와서 미안하다고 하더군요. 미안할 것까지는 없고 이왕 여행을 떠났으니 실컷 돌아다니다 오라고 격려를 해 주었습니다.

식구들 사이에서는 이러다가 학교 규율이 엉망이 되겠다고 걱정을 하는 분들도 있지만 참 부러운 나이지요. 돈이 없어도 어디론가 훌쩍 떠나서 돌아다닐 수 있으니까요. 떠돌다가 이런 사람 저런 사람 만나다 보면 무언가 또 다른 깨달음을 얻을 수도 있지 않을까요? 점점 나이만 들어 가는 우리네 삶이 불쌍하지, 젊다는 건 참 좋고 부러운 일이네요.

올해가 지나면 중등 과정 삼 년을 마치고 공동체가 아닌 다른 선택을 하는 아이들이 세 명이나 있습니다. 이 아이들을 앉혀 놓고 내년에 어떻게 지낼 건지 이야기를 나누었습니다. 대학 가겠다는 목표를 세우고 시험공부를 하겠다는 친구도 있고, 다른 대안학교도 알아봤는데 변산공동체학교와 별로 다른 게 없어서 그냥 일 년 동안 집에서 쉬겠다는 친구도 있고, 아직까지 어떻게 할까 정하지 못하고 그냥 집에 있으면서 고민을 해 보겠다는 친구도 있습니다.

아이들 한 명 한 명이 공동체가 아닌 다른 선택을 할 때마다 아쉽고 서운한 마음이 많이 들고, 한편으로는 나 자신을 냉정하게 뒤돌아보게도 됩니다. 우리가 꿈꾸고 있는 세상을 아이들에게 잘 일러 주고 있나? 오랜 시간 공동체에 몸담고 살면서 무엇을 했는가?

'남에게 해 끼치지 않고 잘난 놈도, 못난 놈도 모두들 평화롭고 행복하게 살 수 있는 길은 오직 하나, 땅에 뿌리박고 농사지으며 사는 것이다. 건강한 몸으로 열심히 땀 흘려 일하고 나뿐만 아니라 모두가 잘 살 수 있는 그런 세상을 만들어 보자.'

공동체가 꿈꾸는 이런 세상 이야기가 아이들이나 학부모들한테는 아직까지도 딴 세상에서 들려오는 낯선 이야기로만 들리는가 봅니다.

아이들한테 이런 말을 해 주었습니다.

"얘들아! 꿈을 꾸면서 살아라. '의사가 되겠다, 공무원이 되겠다'처럼 직업을 찾는 거 말고, '앞으로 어떤 삶을 살 것인가? 의사가 된다면 어떤 의사가 될까? 그저 병원에 취직해서 돈만 버는 의사가 될 것인가, 돈은 못 벌어도 가난한 사람들 병을 고쳐 주는 좋은 의사가 될 것인가' 같은 꿈 말이야."

제 말을 아이들은 알아들었을까요?

'아, 정말 우리가 꿈꾸는 세상은 아직도 먼 곳에 있는가.'

바람이 쓸쓸하게 불어오는 가을이 되면, 정들었던 아이들이 하나둘 떠나가는 시간이 되면, 이런 마음이 절로 듭니다. 그렇지만 내년에도 아이들이 공동체에 들어와 또 새로운 생활을 시작하겠지요. 이제 약해진 마음은 버리고 내년에는 기필코 몇몇을 꼬드겨서 공동체에 남아 있게 만들어야겠어요.

"얘들아, 세상은 결코 만만하지 않아. 공동체에서 함께 아웅다웅하면서 살 때가 제일 좋다는 것을 너희들은 언젠가 꼭 느끼게 될 것이다. 아무튼 이왕 선택한 삶, 내 말 새겨듣고 죽기 아니면 살기로 부딪쳐 보길 바란다."

5장

백만장작의 꿈

공동체에서 함께 산다는 것은 많은 것을 포기하고 버리는 삶을 사는 것이 아닌가 싶습니다. 내가 잘난 것 내세우지 않고, 남의 단점을 부족하니까 함께 채워 나가야 할 것으로 보고, 내가 힘들면 남들은 더 힘드니까 내가 더 힘을 쓰고, 도저히 이해가 되지 않는 행동도 무슨 사정이 있을 테니 조금만 시간을 갖고 기다려 보자는 마음으로 살아가다 보면 어느 순간 마음의 벽은 허물어지지 않을까요.

모내기 왕초보들의 실력

"자아, 넘어간다. 아, 뭣들 하고 있냐? 얼른얼른 일어나."

"아이고, 죽겠다. 줄 좀 천천히 넘겨라."

이 소리는 전라북도 부안군 변산공동체학교 논에서, 손모를 심을 때 줄잡이와 모를 심는 일꾼들 사이에 벌어지는 실랑이입니다.

못줄잡이는 빨리빨리 심으라고 고래고래 소리를 지르고, 모를 심는 사람은 허리 한번 제대로 못 펴게 정신없이 넘어가는 못줄을 천천히 넘기라고 아우성이고.

일 년 농사 가운데 가장 중요하고, 재미있고, 힘든 일이 있다면 모내 기입니다. 변산공동체학교에서는 기계(이앙기)를 쓰지 않고, 손으로 모를 심고 있습니다.

농약 안 치고, 화학비료 안 주는 유기농법으로 벼농사를 지으려면 모를 적게 잡고 심어야 하고, 모 사이 간격도 넓어야 좋습니다. 그런데 이 기계라는 것은 내가 심고 싶은 대로 조절할 수가 없지요. 그저 기계 가 정해 준 틀대로만 심어야 하니까요. 그래서 생각해 낸 게 손으로 모를 심는 겁니다.

"얼른얼른 일어나!" "줄 좀 천천히 넘겨라!" 못줄잡이와 모심는 사람끼리 입씨름이 한창인 모내기 풍경. 거기에 풍물 소리까지 더해지면 한바탕 잔치라도 벌어진 듯 흥이 넘친다.

'손으로 심으면 간격도 내 마음대로, 모 개수도 내 마음대로 정해서 심을 수 있지 않을까?'

처음 몇 해 동안은 우리 식구들과 공동체에서 독립한 식구들만 모여서 손모를 냈습니다. 며칠씩 걸렸습니다. 그러다가 공동체에 일손 도우러 오는 이들이 생겼습니다. 보리출판사, 수유+너머, 문턱없는밥집을 비롯해 여러 곳에서 온 많은 사람이 모여서 모내기를 함께하게 됐습니다.

올해는 우리 중등부, 고등부 아이들까지 늘어나서 백 명이 넘는 사람들이 모내기를 했습니다. 이런 경우를 모보다 사람이 많다고 하지요. 그런데 중요한 것은 이 사람들의 모내기 실력입니다. 처음 모를 심는 사람들의 모내기 실력은? 자동차 운전으로 따지면 왕초보 운전입니다. 왕초보들은 특징이 있습니다.

첫째, 손을 부지런히 움직여야 빨리빨리 심는다고 아무리 소리쳐도 끝까지 천천히, 꽃밭에 꽃 심듯이 조심조심 심습니다.

둘째, 절대 깊이 심지 말고 땅에 살짝 붙여만 줘야 모가 뿌리 내리는 데 좋고, 잘 자란다고 강조해도 불안한 것인지 손힘이 센 것인지 꾹꾹 눌러서 깊이 심습니다.

셋째, 두세 개씩 적게 심어야 모가 건강하게 자라고, 새끼를 많이 쳐서 수확도 많이 난다고 잘 알려 줘도 소용이 없습니다. '많이 심으면 수확도 많이 나겠지' 혼자 착각하는 것인지 아니면 정신없이 넘어가는 못줄에 '언제 모 개수 세고 있느냐. 에라, 모르겠다! 손에 잡히는 대로 꽂고 보자'는 것인지. 열 개고 스무 개고 제 마음대로 심습니다.

넷째, 세모지거나 굽은 논은 줄만 잘 서면 일찍 끝나서 쉴 수도 있는데 왕초보들은 줄도 잘못 서서 끝까지 남아 제멋대로 심어 놓습니다.

기계의 힘을 빌리지 않고 온전히 사람들 힘으로 모내기를 하는 모습은 요즘 농촌 들녘에서 보기 힘든 진풍경이다.

그러고 나서 마치 자기가 모내기 다 한 것처럼 흐뭇하게 웃지요. 남 속 터지는 것도 모르고.

어쨌거나 저쨌거나 모를 잘 심든, 못 심든 이 왕초보들 덕분에 논 칠십 마지기(만사천 평)를 이틀 만에 다 심었습니다. 모를 심어 놓고 논을 바라보면, 내가 심은 모가 잘 자라서 가을에 거두어들일 수 있을까 걱정이 됩니다. 하지만 다행히도 모들은 건강하게 자라서 벼가 되고, 벼는 다시 낟알이 되어 공동체 창고를 가득가득 채워 주니 고마울 따름입니다.

왕초보들, 고생했어요. 내년에는 더 잘 심을 수 있겠지요.

변산공동체학교 농사 원칙

윤구병 선생님이 변산공동체학교를 만들면서 세운 농사 원칙이 몇 가지 있습니다.

하나, 농약과 화학비료를 쓰지 않는다.

둘, 항생제나 성장호르몬이 들어간 사료를 먹인 축사에서 나온 퇴비를 쓰지 않는다.

셋, 비닐을 쓰지 않는다.

넷, 고추, 양파, 배추처럼 돈이 되는 작물보다는 사람이 살아남기 위해서 없어서는 안 될 쌀, 보리, 밀, 콩 같은 식량작물 중심으로 농사를 짓는다.

모내기도 끝났고, 보리와 밀도 식구들이 낫으로 베어서 요즘은 보기 힘든 옛날 탈곡기로 탈곡까지 마쳤습니다.

이제 밭매기를 할 때입니다. 풀밭이 아닌 땅에 씨를 뿌리고 자랐으면 소먹이도 되고, 나름 아름다운 풍경을 뽐내며 사랑받았을 텐데 밭으로 들어온 순간 눈엣가시요, 있어서는 안 될 미운털이 잔뜩 박힌 잡초가 되고 맙니다. 마을 어른들은 풀을 징그럽다고 하고 원수 보듯이 하지요. 눈에 띄는 대로 바로 뽑아내거나 농약을 쳐서 풀이 얼씬도 못하게 만듭니다.

공동체는 어떨까요? 어떤 이는 《잡초는 없다》(윤구병, 보리, 1998)라는 책을 내서 쏠쏠하게 재미를 봤지만 잡초가 없긴 왜 없나요? 밭 여기저기에 널린 게 온통 잡초인데.

공동체 초기에는 밭농사가 잡초농사나 다름없었습니다. 밭은 넓고 농사일은 처음이라 풀을 잡는 법을 몰랐거든요. 게다가 공동체 농사 원칙에 따라 농약과 비닐까지 쓰지 않으니 풀이 정말 기세 좋게 올라왔지요. 작물과 풀이 함께 자랐고, 콩이나 고추보다 풀이 더 커 버려서 콩밭인지 풀밭인지 헷갈릴 정도였습니다. 공동체에 일손 도우러 온 손님한테 점심 때 먹을 고추를 따 오라고 했는데, 고추밭을 찾지 못하고 빈손으로 돌아온 경우도 있었지요.

밭매기는 웬만한 인내심이 아니면 견디기 힘든 일입니다. 특히 골반이 발달하지 않아서 쪼그려 앉기에 젬병인 남자에게는 더욱 그렇습니다. 공동체 젊은 총각들, 처음에는 '이까짓 거 뭐' 하며 달라붙어 열심히 맵니다. 시간이 지날수록 자리에서 일어나는 횟수가 늘어나고 먼 산을 바라보며 한숨을 자주 쉽니다. 담배 피우는 모습도 자주 보이고요. 두어 시간 지나면 무릎과 허리는 점점 더 아파 오지, 한여름 땅에서 올라오는 열기는 숨 막히게 만들지, 땀은 뚝뚝 떨어지지 그야말로 죽을 맛입니다.

이때부터는 머릿속이 복잡해집니다. '서서 매는 편한 방법은 없을

까? 다른 할 일 없나?' 밭에서 도망가고 싶은 마음뿐입니다. 불행하게
도 그런 일은 생기지 않습니다. 유럽에서 들어온, '딸깍이' '풀밀어'라
고 서서 풀을 매는 농기구가 있는데 딸깍이는 풀이 커 버리면 별 쓸모
가 없습니다. 풀밀어는 큰 풀도 맬 수 있지만 이 또한 힘들기는 마찬가
지고요. 역시나 우리 조상의 지혜가 듬뿍 담긴 호미가 최고랍니다.

콩밭은 넓기도 합니다. 땀을 뻘뻘 흘려 가며 죽어라고 매는 것 같은
데 끝이 보이려면 아직 멀었습니다. 대충 하다가 공동체에서 밭 잘 매
고 엄하기로 소문난 우리 마누라한테 걸리면 욕을 바가지로 먹습니다.
이제 아예 땅바닥에 주저앉아 밭을 맵니다. 어떤 남자 손님은 얼마나
힘들었는지 드러누워 일하다가 혼나기도 했지요.

몸이 점점 힘들 때쯤 되면 제가 한마디 합니다.

"열심히 해 봐, 나처럼 십 년 넘게 밭매다 보면 여자처럼 골반이 발
달해서 별로 힘들지 않아. 글구 말이여, 도 닦는다 생각하고 집중
해서 밭을 매 봐. 정신 수양에도 참 좋은 일인게."

올여름은 작년보다 덥다는데 공동체 젊은 총각들 밭매다가 도망가
지나 않을는지 모르겠네요. 그렇지만 분명한 것은 있습니다.

"한여름 콩밭 안 매 본 사람하고는 농사에 대해서 말을 하지 말어."

지들이 농민들 마음을 알아?

비가 내립니다. 장마가 시작됐습니다. 작업일지를 들춰 보니 거의 한 달 만이네요.

'이런 젠장, 우리는 지난 한 달 동안 마음 편하게 쉬는 날 없이 일만 했단 말인가?'

안 그래도 오월, 유월은 정신없이 바쁜데 올해는 초여름 가뭄이 길어져서 더 정신이 없었습니다. 생강, 참깨(참깨는 심었는데, 가뭄에 싹이 트지 않아 다시 심고 열심히 물을 줘서 겨우 싹을 틔웠지요), 고추, 콩, 땅콩, 토마토, 옥수수, 고구마……. 심을 것은 다 심고, 감자 북주고(감자도 비가 안 오니 농사가 형편없습니다), 마늘과 양파 거두어들이고, 보리와 밀은 베어서 탈곡하고, 이런저런 자질구레한 일들까지 장마 전에 마무리지어야 할 게 많습니다.

마을 분들도 바쁘기는 마찬가지입니다. 얼맹이(어레미) 구멍처럼 물이 쑥쑥 잘 빠지는 마을 안 다랑논들 물 대느라 개울에서, 지하수 관정에서 주황색 호스를 길게 늘여 놓고 밤 열두 시든, 한 시든 밤잠을 설쳐 가며 논에 나옵니다. 담배밭, 양파밭에도 날마다 물 주느라 경운기

돌아가는 소리가 그치지 않습니다. 그나마 느긋하게 일을 하는 사람들은 보리농사, 밀농사 많이 짓는 공동체 식구들과 양파농사 짓는 분들입니다.

해마다 보리, 밀 거두어들일 때는 뒤쫓아 오는 장마 때문에 늘 마음을 졸이면서 바쁘게 일했는데, 올해는 비 소식이 없으니 서두를 일이 없습니다. 보리 베는 것도 쉬엄쉬엄, 탈곡하는 것도 쉬엄쉬엄, 탈곡해서 도로에 말리고 거두어들이는 것도 쉬엄쉬엄.

양파농사 짓는 분들도 느긋하기는 마찬가지입니다. 손이 안 보이게 양파 뽑고 자르고 담고 하던 손들이 느릿느릿하네요. 조금 힘들면 모여 앉아 술 한잔씩 마시며 이런저런 이야기도 나누고요. 다들 일은 느긋하게 하지만 그분들 속마음이야 어찌 느긋하기만 할까요?

올 양파농사는 흉년입니다. 지난가을 양파 모를 심을 때 워낙 가물고 바람이 많이 불어 몸살을 많이 앓았고, 겨울에는 추운 날씨와 눈 때문에 고생했고, 양파가 굵어져야 할 오월엔 비가 오지 않아 알이 차다 말았거든요. 농사가 이러니 농민들 마음이 편할 리는 없습니다.

양파는 대부분 농협과 계약재배를 합니다. 양파 수확을 하면 20킬로그램 망에 담아서 트럭에 싣고 농협으로 갑니다. 농협 수매장에서는 차가 들어올 때마다 트럭에 실려 있는 양파망 중에 하나를 내려 검사를 합니다. 크기가 작은 양파가 섞여 있으면 수확량에서 얼마씩 감량을 한다고 직원이 으름장을 놓지요. 밭에 돌아와서 밭 주인 할매에게 그 이야기를 하면 주인 할매는 화가 나서 온갖 욕을 다 해 댑니다.

"이런 빌어먹을 놈들(이것은 점잖은 말이고 실은 온갖 욕설이 다 나옵니다), 지들이 농민들 마음을 알아? 담다 보면 작은 것도 한두 개 들어

갈 수 있는 것이지, 그걸 가지고 뭣이 어찌고 어쩌. 감량을 해? 지들이 농민들 고생하는 거 알기나 하는 것이여 뭣이여. 양파농사 이까짓 것이 뭐 남는 것이 있다고. 거름값, 비니루값, 농약값, 종자값 지허면(제하면) 남는 것 하나 없는디, 뭐 감량을 해? 가만 있어, 이다음 내려갈 때 나랑 같이 가. 가서 따져야 쓰것구만."

같이 일하는 할매들도 한몫 거듭니다.

"그려, 주인이 내려가서 야무지게 말을 혀."

이번에는 밭 주인 할매랑 같이 차를 타고 농협 수매장으로 갑니다. 할매는 차에서 내리자마자,

"이보시오, 이 양파가 뭣이 작다고 감량을 한다고 그려?"

기세 좋게 따지지만 농협 직원은 선별기에 양파를 넣으면서 무심하게 대답합니다.

"보세요, 이렇게 작은 양파가 많이 나오면 저희들도 어쩔 수가 없어요. 담는 분들한테 신경 써서 담으라고 하세요."

농민들은 양파 값이 폭락해 원가에도 미치지 못하지만 울며 겨자 먹기 식으로 팔 수밖에 없다.

그래도 할머니는 농협 직원과 몇 번 실랑이를 하다가 그 직원이 내미는 캔 커피 하나 받아 들고 다시 차에 오릅니다. 할매들이 담다 보니까 눈이 어두워서 작은 것도 들어갈 수 있으니 잘 부탁한다는 말을 남기고.

"아, 그 썩을 놈이 꼭 독사새끼마냥 생겼는디, 영판 싸납당게. 작년에는 얼굴이 순한 사람이 있었는디, 올해는 어째서 그런 놈을 세워 놨는가 몰라. 그라고 그 염병헐 놈이 해필이면 작은 양파가 많이 들어 있는 망을 골라서 내리드랑게."

밭으로 돌아온 할매는 다른 할매들과 어울려 한바탕 농협 직원 욕을 합니다. 그러다 다시 일은 시작되고 지는 해와 함께 양파 일도 끝이 납니다.

옆에서 그 모습을 지켜보면 우습기도 하고, 답답하기도 합니다. 작은 거, 큰 거 가리지 않고 농민들이 애써 지은 농사인데 제값 주고 다 가져가면 얼마나 좋겠는가 말입니다. 아무리 작은 양파라도 도시에 나가면 비싼 양파로 둔갑하더만요. 어째서 농민들만 크기가 조금 작다고 반값으로 팔아 치워야 하는지. 그래도 할매들은 한 푼이라도 더 벌려고 내년에도 양파를 심을 것이고, 농협 직원과 실랑이를 할 것이고, 한숨도 쉴 것입니다.

새벽 세 시, 네 시면 일어나 밥하고, 빨래하고, 청소하다가 날이 밝기도 전에 밭으로 나오시는 칠순 가까운 이 할매들은 언제쯤 활짝 웃으며, "인자는 농사짓고 살 만혀" 할 수 있을까요.

김장하고 메주 만들고
일 년 농사 끝

눈이 내리네요. 산에도, 밭에도, 논에도, 저수지 물 위에도 눈이 내리고 있습니다. 눈이 펑펑 내려 온 세상이 하얗습니다. 올겨울은 지난해보다 훨씬 춥다고 하더니만 겨울도 일찍 찾아왔네요. 초등부 아이들은 눈이 녹을까 조바심이 났는지 잽싸게 조그마한 눈사람도 만들고 눈싸움하느라 신이 났습니다.

올해는 배추, 무 값이 비싸서 김장을 아예 안 하는 집들이 많다던데, 그래도 일 년 내내 우리네 밥상에 오를 김치는 넉넉하게 마련해야겠지요. 공동체는 김장을 일찌감치 했습니다. 된장, 간장 맛있게 만들 메주도 만들었습니다. 김장하고 메주 만드는 일이 끝나면 일 년 농사는 끝이지요.

아이들도 긴 겨울방학에 들어갔습니다. 겨울방학이 두 달이 넘으니 아이들은 마냥 신이 났습니다. 아이들은 신나지만 부모님들은 아이들과 함께 지내야 할 겨울방학이 걱정이랍니다. 다들 그런 것은 아니지만 아이들은 공동체 있다가 집에만 가면 생활이 엉망이 되나 봅니다. 학교에 있는 동안 이별을 해야 했던 컴퓨터 앞에 밤새도록 앉아서 게임을 하다가 아침에 늦게 일어나니 부모님들은 속이 터지겠지요.

그래도 고등부 학생들 가운데에는 겨울방학 동안 제주도에 내려가 감귤 농장에서 일을 하겠다는 아이들도 있고, 부모님 하시는 일을 도우며 아르바이트하겠다는 아이도 있습니다. 방학이 끝나면 다들 살이 통통하게 올라서 돌아오던데 내년에는 어떤 얼굴을 하고 공동체로 돌아올지 기대가 되네요.

올 한 해를 뒤돌아보면 젊은 식구들이 참 많이 늘었구나, 올해처럼 날씨가 궂으면 앞으로 농사짓고 사는 것도 만만치 않겠구나 하는 생각이 듭니다. 공동체는 식구가 참 많습니다. 어른들만 스무 명이 넘고, 학생들도 서른 명이 넘어서 날마다 밥 먹는 식구만 해도 오십 명이 넘습니다. 그나마 지금은 학생들이 방학을 해서 집으로 돌아가니 식당 안이 텅 비어 보이는데, 평소에는 밥 먹는 시간이면 아이들이 왁자지껄 떠드는 소리로 전쟁을 치르는 것 같습니다.

지금도 학생들 입학 상담은 계속 들어오지만 이제는 머무를 방이 없어 더 받을 수 없답니다. 어른들도 처녀, 총각처럼 혼자 사는 사람은 한두 명 받을 수 있지만 한 식구가 공동체로 들어오겠다고 하면 다음에 방이 생길 때 연락드리겠다고 거절을 한답니다. 해마다 집을 짓고 있지만 짓는 족족 사람이 들어차니 이러다가는 정말 동네 형님 말처럼 아예 아파트를 한 채 지어서 사람을 맞이해야 할까 봅니다.

들어오는 사람이 있으면 나가는 사람도 있습니다. 올해도 공동체를 떠나 다른 곳으로 옮겨 간 분들이 있는데 그나마 도시로 돌아가지 않고 농사지으며 살고 있으니 다행이지요.

공동체에서 살 때는 늘 사람들과 부대끼고, 하고 싶은 것이 있어도

공동체 식구들이 어른, 아이 할 것 없이 모두 모여 일 년 내내 먹을 김장을 담그고 있다. 식구들이 많다 보니 천 포기 넘게 김장을 할 때도 있다.

마음대로 하지 못하니까 답답하게 느끼는데 막상 독립을 해서 살아 보면 그래도 공동체에서 살 때가 가장 마음 편하고 즐거웠다는 이야 기들을 합니다. 사람이란 참 묘하지요. 같이 있을 때는 잘 모르다가 꼭 다른 세상을 경험해 봐야 아, 그래도 그때가 참 좋은 시절이었다는 것 을 깨닫게 되니 말이지요.

우리 사회도 마찬가지라고 생각합니다. 도시에서 사는 사람들이야 돈만 있으면 먹을 것, 입을 것, 잠자리 걱정할 일이 하나도 없지요. 그 러니 농촌이 살아나야 우리 사회에 희망이 생긴다고 아무리 말해 봐 야 그 절실함을 잘 모릅니다. 그러나 이런 사회는 결코 오래가지 못한 다는 것을 농촌에서 살고 있는 사람들은 잘 알고 있습니다. 당장에 농 사짓는 본인들이 이제는 기력이 달려서 일이 버겁고 자식새끼들한테 이것저것 가꾸어서 보내 줄 수 있는 처지가 못 되니까요. 내 자식도 먹여 살리지 못하는데 다른 사람 돌볼 생각은 차마 못 하겠지요.

우리 모두의 반성이 없이는, 삶에 대한 생각이 바뀌지 않고 이대로 흘러가다가는, 우리 사회는 머지않아 우리 땅에서 기른 농산물은 찾아보기 힘들고 몽땅 배 타고 비행기 타고 건너온 외국 농산물이 가득한 세상이 될 것입니다. 그러다가 외국에서 건너오는 농산물이 끊어지면 모두들 굶고 살아야 할지도 모르지요.

우리 사는 세상이 이토록 비참하게 변해 가는데도 사람들은 어찌 아무런 걱정도 하지 않고 대책도 세우지 않는 것일까요? 아무리 많은 돈을 줘도 먹을 식량을 구하지 못할 때, 도시에 괴물처럼 서 있는 빌딩에 전기가 끊기고 나서야, 우리가 이제까지 살아온 삶이 모두 허깨비였다는 것을 깨닫게 될까요? 그러나 그때는 이미 더 이상 돌이킬 수 없다

가마솥에 콩 삶고 돌절구에 삶은 콩 찧고. 변산공동체학교는 옛 방식 그대로 메주를 만든다.

는 사실을 사람들은 모르는 것 같아 답답합니다.

올해는 배추, 무, 고추, 마늘, 양파 같은 농산물 값이 지난해에 견주어 턱없이 올랐습니다. 농사지을 사람이 많이 없어서 양이 줄어든 것과 때를 맞추기 힘든 날씨 탓이 큽니다. 그런데 문제는 이런 농촌 현실이 앞으로 더는 나아지지 않고 갈수록 나빠질 거라는 사실이지요. 내년에는 농사짓는 사람이 더 많이 줄어들 테고 날씨 변화는 더 심해질 테니까요.

자연은 우리에게 끊임없이 우리 자신을 돌아보라고 채찍질합니다.

'지금처럼 자연을 파괴하면서, 몸뚱아리 안 움직이고 편안하게 살면서 죽음을 맞이할래? 아니면 몸은 힘들더라도 열심히 땀 흘리며 자연과 더불어 살아남을 길을 택할래?'

더 늦기 전에 우리 아이들의 미래를 위해서라도 도시를 버리고 농촌으로 내려와 땅에 뿌리를 내리고 사는 사람들이 많아졌으면 좋겠습니다. 농촌에 사는 할매, 할배 들은 절대로 불로장생하지 않습니다.

부모님께 효도하며 사는 길

오월이네요. 산, 들, 바다 자연은 푸르른 생명의 힘으로 가득합니다. 햇살은 따뜻하고 바람은 살랑살랑 불어오니 가방 하나 둘러메고 어디론가 정처 없이 떠돌아다니기 딱 좋은 때입니다. 농촌 사람들이야 농사일이 바빠지는 시절이라 정신이 없습니다만.

공동체 앞산에 화려하게 피었던 꽃잎들도 바람에 날려 하나둘 떨어지고 연둣빛이던 잎사귀들은 진한 초록빛으로 바뀌고 있습니다.

자연이 변하는 것만큼이나 농부들 손놀림도 바삐 움직이고 있습니다. 겨우내 텅 비어 있던 밭에 고추며 감자며 생강, 당근, 오이, 옥수수, 가지 들처럼 우리 밥상을 행복하게 해 줄 생명이 들어서고 있습니다. 추운 겨울을 이겨 낸 보리와 밀은 이삭을 패고 알갱이를 튼실하게 맺기 위해 애쓰고 있고요. 마늘, 양파도 씨알이 점점 굵어지고 있습니다. 논에는 모판을 내는 농부들 모습이 보이고, 여기저기에서 경운기나 트랙터 소리가 들려오고, 오손도손 모여 앉아 새참을 먹는 할매들 모습도 정겹습니다. 이제 오월이 다 가면 할매들은 아픈 허리를 부여잡고 하루 종일 밭에서 살겠지요.

아침 풍경도 많이 달라졌습니다. 새벽 세 시면 일어난다는 농촌 할매들은 동이 트기도 전에 산에 올라 고사리를 뜯습니다. 우리 식구들도 농사일이 없으면 산에 나물을 뜯으러 가는데 나지막하고 마을에서 가까운 곳은 할매들한테 양보하고 더 깊고 높은 산으로 올라가 고사리, 취, 두릅, 더덕을 해 옵니다. 고사리, 취는 끓는 물에 데쳐서 햇볕에 말려 갈무리해 두었다가 채소가 나지 않는 겨울에 나물 반찬으로 먹고 두릅은 술안주로, 더덕은 술 담그는 데 씁니다.

아이들도 고사리를 꺾어 오라고 산에 보냅니다. 고사리가 너무 커서 나물로 먹을 수 없게 된 것을 가져오기도 하지만 둘씩, 셋씩 짝지어 산을 돌아다니다 보면 몸도 마음도 상쾌해지지 않을까 싶습니다. 아이들은 고사리보다 산속에 숨어 있는 더덕을 찾아내서 캐는 게 훨씬 신나는 일인가 봅니다. 오늘은 누가 더 큰 더덕을 캤느니, 내가 캔 더덕은 몇 년 된 더덕이니 하면서 서로 자랑하느라 바쁘지요. 이처럼 산살림은 어른들한테도, 아이들한테도 모두들 신나는 일입니다. 밭에서 일할 때는 쪼그리고 앉아서 오도 가도 못하는데 산살림이야 이리저리 돌아다니며 찾는 재미가 있고 시간도 훨씬 여유롭게 쓸 수 있으니까요.

올해는 공동체 식구들이 많이 늘었습니다. 아이들도 지난해보다 몇 명 더 늘었고 어른들도 마찬가지입니다. 식구가 늘어나니 농사일도 한결 여유롭고 편해졌습니다. 무슨 일이든 우르르 몰려들어 뚝딱 해치우니 일도 빨라지고 식구들도 여유가 많이 생겼지요. 더군다나 새로 들어온 식구들이 모두들 몸을 아끼지 않고 열심히 하는 사람들이라 참 좋습니다.

요즘 공동체 식구들에게 가장 큰 이야깃거리는 노총각 장가 보내기입니다. 도시에 사는 아가씨와 연애 중인 노총각이 있는데 공동체에 들어와서 같이 사느냐, 마느냐 줄다리기가 한창입니다. 노총각 마음 같아서야 애인이 도시 생활을 얼른 때려치우고 공동체로 내려와 신방 차리고 살고 싶은 마음이 굴뚝같지만, 이 아가씨 아직도 머뭇머뭇하면서 어지간히 노총각 애간장을 태우고 있습니다. 내려오기만 하면 함께 살 '우리 집'도 마련되어 있고 모든 게 갖추어져 있는데, 올해가 가기 전에 노총각 신세를 면할 수 있을지 걱정입니다. 변산은 여자 기운이 센 곳이라니까 줄다리기 끝에 내려오게 되면 서방님 확 휘어잡고 잘 살겠지요.

며칠 전에 작업회의 끝나고 이 노총각하고 막걸리 한잔하면서 이야기를 나누는데 결혼을 하더라도 걱정이 많다고 합니다. 무슨 걱정인고 하니, 바로 부모님을 모시는 문제입니다. 늙고 병드신 부모님을 모시고 사는 건 자식으로서 당연한 도리지요. 그런데 문제는 부모님이 도시에서 살고 싶어 한다는 것입니다. 자식은 도시에서 살아가는 게 너무 힘들고 아무런 희망도 찾을 수 없어서 농촌공동체를 찾아와 살기 시작한 지 삼 년이 넘었습니다. 다시 도시로 돌아가서 산다고 하면 마땅히 할 일도 없고 하루하루가 불행해질 터인데, 그렇다고 부모님을 모른 체하며 살아간다는 것도 평생 지울 수 없는 불효를 하게 되는 것이고 해서 이러지도 저러지도 못하는 상황이지요.

이 친구뿐만 아니라 공동체에서 식구로 사는 어른들은 모두들 부모님, 형제들에게 마음의 빚을 지고 살아가고 있습니다. 남들처럼 내 농사를 지으면 부모님 모시고 살지는 못할지언정 농사지은 거 이것저것 챙겨 드리고, 작지만 용돈도 드리고 할 텐데 공동체 안에서야 그러지

김희정 교장은 변산공동체에 초기부터 들어와 살면서 같은 공동체 식구인 선희 씨와 1997년에 결혼했다. 옆에 있는 아들 나무는 어느새 커서 이제는 중학생이 되었다.

못하거든요. 우리 식구들보다 더 어려운 사람들 챙기는 게 우선이니까요.

기껏해야 내 식구들 챙기는 게 일 년에 두어 번 보리쌀, 햅쌀 조금씩 보내 드리는 것으로 만족할 수밖에 없답니다. 그래서 우리 식구들은 공동체 삶이 행복하고 즐겁긴 하지만 부모님, 형제들에겐 늘 마음 한 구석에 미안한 마음을 가지고 살아가고 있답니다.

공동체 식구들이 자식 된 도리를 다하면서 부모님께 효도하며 사는 길은 어디에 있을까요? 제 생각에는 도시에 살고 계시는 부모님께서 농촌으로 내려와 함께 농사지으며 사는 게 가장 좋을 것 같습니다. 농촌에서는 몸이 아파 누워 계신 어른들도 자식들이 농사일하면서 정성껏 돌보며 살 수 있으니까요.

우리 마을 풍천할매는 작년에 중풍으로 쓰러져 한쪽이 마비되는 바람에 요양원에서 몇 달 사셨습니다. 그러다 요양원에서 계속 살다가는 답답해 죽을 것 같다고 하면서 자식들을 협박해서 다시 집으로 돌아오셨어요. 예전만큼은 아니더라도 요양원에 계실 때보다 훨씬 나아지셔서 마을을 돌아다니며 건강하게 살고 계십니다.

"아이고 그 염병할 놈의 병원, 거기 사람 잡는 데여. 죽어도 집에서
죽어야지 다시는 안 가."

풍천할매 말씀입니다.

어머님, 아버님, 늘 건강하시고 혹시라도 마음이 내키실 땐 주저하지 말고 농촌으로 오십시오. 도시보다 훨씬 행복하고 건강하게 살 수 있답니다. 우리 식구들이 비록 물질로 많은 것을 해 드리지는 못하지만, 마음만큼은 어느 자식 못지않다는 걸 생각해 주시고 모두들 건강히 지내십시오. 오월은 가정의 달이라 이런 마음 전합니다.

농사만이 살길입니다

올여름에는 비 때문에 고생한 사람들이 많았습니다. 그런데 여름이 끝나고 갑자기 찾아온 더위 때문인지 이번 가을에는 전기가 끊기면서 (2011년 9·15 정전사태) 곳곳에서 큰 혼란이 일어났습니다. 하루 동안 몇 시간 전기 공급이 안 되면서 마치 큰 난리를 만난 듯 사람들은 불안에 떨었습니다. 갑자기 멈춰 선 엘리베이터 안에 갇혀서 공포에 떤 사람, 신호등이 꺼지면서 우왕좌왕하는 자동차들, 산소 공급이 되지 않아 떼죽음을 당한 양식장 물고기와 수족관 물고기 등 피해가 곳곳에서 일어났지요.

이번 정전사태가 갑자기 일어난 일이라 모두들 어리둥절하고 놀랐는데, 대통령도 예외는 아니었나 봅니다. 정전사태를 제대로 관리하지 못한 한국전력공사를 방문해서 굉장히 화가 난 얼굴로 사람들을 야단치는 모습이 텔레비전 뉴스를 통해서 보이기도 했으니까요.

신문이나 텔레비전에서는 이번 사태가 전력 관리를 제대로 하지 못한 한국전력공사와 지식경제부의 책임이 크다는 이야기만 되풀이할 뿐입니다. 이번 정전사태를 겪으면서 우리가 배워야 할 것은 무엇인지, 몇 시간 정전으로 이렇게 큰 혼란에 빠지는데 만약에 더 긴 시간 전기가 공급이 안 된다면 과연 우리들은 어떻게 살아야 할지 진지한 고민이 없어 안타깝습니다.

너무나 뻔한 이야기지만 지금 우리 사회는 석유와 전기 없이는 하루도 살 수가 없는 구조입니다. 더군다나 모든 것이 자동화되어 있는 건물일수록 더욱 그러하지요. 하늘을 찌를 듯이 높이 서 있는 고층 빌딩들, 전기가 하루만 끊긴다면 어떻게 될까요? 상상만 해도 아찔하지요. 석유가 없다면 또 어떻게 될까요? 모든 사람들이 어려움에 빠지겠지만 농민들 피해 또한 어마어마하겠지요.

지금은 농촌도 석유 없이는 살 수 없는 세상이 되었습니다. 논과 밭을 갈고 써레질하는 경운기나 트랙터, 나락이나 보리를 거두어들이는 콤바인, 곡물을 말리는 건조기, 집집마다 방을 덥히는 기름보일러처럼 생활에 필요한 대부분의 기계와 자재들이 석유로 만들어지고, 석유로 움직이고 있습니다. 이처럼 모든 것이 석유에 의존하고 있는 상황인데도 석유를 대신할 다른 에너지를 찾아내지 못하고 있습니다.

예전 우리 선조들처럼 우물물을 길어다가 밥을 짓거나 빨래를 하고, 구들을 통해 방을 덥히고, 건강한 마을 청년들이 울력을 해서 농사를 짓는다면 그깟 석유가 없어도 별 걱정을 하지 않겠지요. 그러나 우리네 농촌 현실은 그러하질 못합니다.

얼마 전에 나온 〈농민신문〉 기사(2011년 9월 2일 자)를 잠깐 볼까요?

농가 인구 300만 명이 이르면 올해 붕괴될 것으로 보인다. 통계청이 8월 30일 내놓은 '2010년 농림어업 총조사 최종 집계 결과'에 따

공동체 식구들이 낫으로 보리를 베고 있다. 변산공동체학교는 석유와 기계에 조금이라도 덜 의존하는 농사를 짓고자 애쓰고 있다.

르면 지난해 말 기준 국내 농가 인구는 306만 3,000명으로 전회 조사인 2005년의 343만 4,000명에 견줘 37만 1,000명(10.8퍼센트) 줄었다. 연평균 7만 4,200명씩 줄어든 것을 감안하면, 400만 명이 붕괴된 2001년 이후 10년 만인 올해쯤 300만 명 선마저 무너질 것으로 예상된다.

전체 인구 대비 농가 인구 비중은 2005년 7.3퍼센트에서 2010년에는 6.4퍼센트로 떨어졌다. 이는 농촌의 출산율이 급격히 줄어든 데다 자녀 교육과 생계 문제 등으로 젊은 층이 대거 농촌을 떠났기 때문으로 풀이된다. 실제 연령대별 감소율을 보면 20대와 10세 미만이 가장 컸고 70세 이상은 오히려 늘었다. 이에 따라 농촌 고령화도 심각하게 진행되고 있다. 지난해 농가 인구 고령화율(65세 이상 인구 비율)은

31.8퍼센트로 2005년에 비해 2.7퍼센트 포인트 상승했다. 우리 나라 전체 인구의 고령화율 11.3퍼센트와 비교하면 농촌 고령화가 세 배가량 진전된 셈이다.

농사를 짓는 젊은 사람들은 더 이상 늘어나지 않고 노인들만 많아진다는 이야기지요. 사정이 이러하니 농민들은 점점 기계와 농약, 화학비료, 비닐에 의존할 수밖에 없습니다.

공동체는 유기농업을 하고 있지만, 우리 나라 유기농업도 머지않아 큰 위기를 맞을 수밖에 없다는 생각이 듭니다. 아시다시피 유기농업은 사람 손이 많이 가는 농법입니다. 제초제를 쓰지 않으니 풀을 잡으려면 공동체 식구들처럼 호미로 직접 매거나, 일손이 부족한 사람들은 비닐을 써야 합니다. 그런데 마을 농민들이 나이가 들면서 밭에 나가

공동체 식구들과 학생들이 호미로 밭을 매고 있다. 제초제와 비닐을 쓰지 않기 때문에 풀 매는 일이 밭농사에서 가장 큰 비중을 차지한다.

농사일을 할 수 있는 사람들은 계속 줄어들고 있습니다.

제 생각으로는 우리 사회가 농촌과 농사에 대한 깊은 고민 없이 이 상태로 계속 간다면 아마도 십 년이 채 못 되어서 농촌은 물론이요, 이제 막 꽃피우기 시작한 유기농업도 함께 무너지지 않을까 싶습니다.

이제는 우리 모두가 진지한 고민이 필요한 시대입니다. 우리 선조들은 전기와 석유 없이 생명을 이어 갈 수 있는 훌륭한 교육을 시켰지만, 과학기술이 최첨단을 달리는 이 시대에 오히려 우리들은 전기와 석유 없이는 하루도 살 수 없는 나약한 생명체로 아이들을 기르고 있습니다. 모든 사람들이 자기 먹을 것은 스스로 농사지어서 먹고, 자연과 이웃과 더불어 살 수 있도록 이끄는 교육이 아니라면 아무리 좋은 인문학을 배우고, 영어 공부를 잘한다고 해도 또다시 닥쳐올 제2, 제3의 정전사태 앞에 우리네 삶은 더욱 불안해지지 않을까요?

귀농하십시오. 농사만이 살길입니다.

자연이 준 선물 '바람'과 '햇빛' 에너지

공동체에는 햇빛발전기가 있습니다. 햇빛발전기가 뭐냐구요? 말 그대로입니다. 날마다 하늘에는 해가 떠오릅니다. 해에서는 빛이 나오지요. 그 햇빛을 우리가 쓰는 전기로 바꾸어 주는 발전기입니다. 핵발전소에서 우라늄으로 전기를 만들어 내는 것과 마찬가지로 자연에 있는 햇빛을 써서 전기를 만드는 것입니다.

핵발전소는 아주 위험한 발전소입니다. 한번 사고가 났다 하면 그 누구도 통제를 할 수 없습니다. 사람뿐만 아니라 생태계 전체가 엄청난 피해를 입게 됩니다. 멀리는 옛 소련의 체르노빌 핵발전소 폭발사고부터 가깝게는 일본의 후쿠시마 핵발전소 사고를 통해 핵발전소가 얼마나 위험한지 잘 알 수 있었습니다.

핵발전소는 전기를 만들어 내는 데 아주 편리하긴 하지만 너무나 위험합니다. 그렇기 때문에 독일, 벨기에 같은 유럽의 여러 나라들은 탈핵을 선언하고 원자력발전을 멈추거나 핵발전소를 더는 짓지 않고 있습니다. 그 대신 햇빛이나 바람을 써서 에너지를 만드는 데 온 힘을 기울이고 있습니다. 우리 나라와는 반대지요.

우리 나라는 오히려 핵발전소를 더 짓느라 바쁩니다. 나라 안에 짓는 것도 성이 안 차는지 다른 나라에 핵발전소를 수출까지 하면서 원자력 강국이니 어쩌니 하는 정신없는 소리를 해 대고 있으니 참 한심한 노릇입니다. 우리 나라처럼 좁은 땅덩어리에서는 핵발전소 사고가 났다 하면 나라 전체가 큰 피해를 입게 됩니다. 보이지도 잡히지도 않는 방사능이 바람을 타고 바닷물을 타고 나라 전체에 퍼질 테니까요. 정부에서는 우리 나라가 원자력 기술이 뛰어나서 절대 안전하다고 하지만 그 말을 믿을 사람이 몇 명이나 될까요? 이제는 우리도 핵발전소에서 벗어나 보다 깨끗하고 안전한 전기를 만들어 내는 세상에서 살 때가 되었습니다.

공동체를 찾아온 손님들이 햇빛발전기를 보고는, "공동체는 전기도 자급하나 봐요" 하고 물어봅니다. 그럴 때마다 대답하기가 참 궁색한데요. 공동체 식구들이 쓰는 전기를 몽땅 자급하기에는 턱없이 부족할 뿐만 아니라 앞으로도 전기를 자급할 수 있는 길을 찾기는 쉽지 않을 것 같거든요.

대안에너지, 어렵고도 먼 길

공동체에는 햇빛발전기와 함께 지금은 고장이 나서 쓰고 있지 않지만 바람을 이용한 풍력발전도 있고, 자전거를 열심히 돌려서 전기를 만들어 내는 자전거 발전기도 있었습니다. 풍력발전기는 산청에 있는 민들레 공동체의 대안기술센터 분들과 함께 만들었습니다. 대관령이나 제주도에 있는 것처럼 아주 큰 것은 아니고 가정집 앞에 둘 수 있는 정도의 크기로 만들었습니다. 풍력발전기를 만들고 처음 몇 달은 잘 돌아갔습니다. 전기 생산량이 그렇게 많지는 않아도 공동체에 풍력발전기가 떡하니 서 있으니까 보기에도 좋고 그럴싸했지요.

변산은 똥바람이 부는 곳으로 이름난 곳입니다. 바람이 없는 날은 참 평화로운 곳이지만 바람이 세게 부는 날은 정신이 하나도 없습니다. 그러니 바람이 센 날은 풍력발전기 돌아가는 소리가 시끄럽기 짝이 없습니다. 바람 소리에, 풍력발전기가 돌아가며 내는 윙윙 소리에 밤잠을 자기가 힘들었지요.

바람도 한 방향에서 불어오는 게 아니라 여기저기서 종잡을 수 없이 불어 대니 풍력발전기도 정신이 없나 봅니다. 어떤 날은 바람이 세게 부는데도 날개가 돌아가지 않고, 제대로 바람을 맞은 날은 정신없이 돌아가고. 그러니 전기가 만들어졌다 안 만들어졌다 그랬지요. 그러다가 태풍이 세게 불던 어느 날, 그만 날개가 날아가 버려서 지금은 아예 고장 난 상태로 기둥만 덩그러니 서 있습니다.

자전거 발전기는 사람이 자전거 페달만 열심히 밟아 주면 전기를 만들어 낼 수 있습니다. 그런데 이게 말처럼 쉽지 않더라구요. 중등부 남자애들 기숙사에 자전거 발전기를 만들어 놓고, 너희들 전기 쓰고 싶으면 운동 삼아 열심히 자전거 페달을 돌리라고 했지요. 처음에는 아이들도 신기한지 재미 삼아 하더니만 얼마 안 지나 전기 안 써도 된다면서 아예 촛불을 켜고 살더라구요. 전깃불 밝히려고 날마다 자전거 페달 한 시간 넘게 밟는 것도 귀찮고 전깃불이 꺼지면 또 나가서 자전거를 돌려야 하니까 에라 모르겠다, 그냥 촛불 쓰고 말자 그랬던 거지요. 자전거 발전기도 그렇고 풍력발전기를 만드는 데 들어간 돈이 적

공동체에는 태양온수기를 설치한 건물도 있다. 에너지 자급을 위한 노력은 어렵지만 꾸준히 계속해야 하는 일이다.

지 않은데 안타까운 노릇입니다.

그나마 햇빛발전기는 풍력발전기와 자전거 발전기에 견주면 나은 편입니다. 지붕에 설치만 해 놓으면 일 년 내내 전기를 만들어 낼 수 있거든요. 비가 오거나 눈이 오는 날은 전기 만들어지는 양이 적기는 하지만 그래도 사람 손 안 들이고 전기를 만들어 낼 수 있다는 게 얼마나 좋습니까. 공동체에 있는 햇빛발전기는 3킬로와트(kw)짜리입니다. 가정집에서 쓰는 전기가 보통 3킬로와트에서 5킬로와트 사이입니다. 고장 안 나고 잘 돌아가면 한 집안에서 쓸 수 있는 전기는 만들어 낼 수 있다는 이야기지요.

그런데 문제는 돈입니다. 공동체에 햇빛발전기를 만드는 데 들어간 돈이 이천사백만 원입니다. 공동체는 정부 지원 안 받고 우리 돈으로 발전기를 세웠기 때문에 만들어 낸 전기를 한국전력공사에 비싼 값으로 팝니다. 그렇게 열심히 팔아도 십 년은 팔아야 겨우 투자비를 건질수 있습니다. 한국전력공사에서 십오 년 동안 사 주기로 계약이 되어있으니 오 년은 수익을 올릴 수 있는데 그것도 고장이 안 났을 때 이야기고요. 고장 나거나 소모품 갈고 나면 원금이나 찾을 수 있을지 모르겠습니다. 요즘은 햇빛발전기를 설치하는 사람들이 많아져서 가격이많이 싸졌다고는 하지만 일반 가정집에서 내는 전기세를 따져 보면여전히 턱없이 비쌉니다. 정부가 지원을 해 주지 않으면 가난한 사람들은 설치할 생각을 못 하게 마련입니다.

'변산공동체 햇빛발전소'가 생기기까지

공동체는 어째서 이렇게 많은 돈을 들여서 햇빛발전기를 만들었을까요? 이야기를 하자면 참 깁니다.

2003년에 부안에서 아주 큰 싸움이 있었습니다. 핵발전소에서 나오는 온갖 쓰레기들을 저장하는 핵쓰레기장을 부안군에 만들겠다고 군수가 신청을 했습니다. 부안군의회에서 반대를 했는데 군수가 자기 마음대로 신청을 해 버린 겁니다. 정부에서는 국민들 눈을 속이기 위해서 그러는지 아니면 참말로 안전하다고 믿고 있는 건지 그럴듯한 말로 '방사성 폐기물 처리장'이라지만 한마디로 핵발전소에서 나오는 온갖 쓰레기들을 모아서 저장하는 핵쓰레기장이지요.

방사능이란 게 일 년이나 이 년 지나면 저절로 없어지는 것도 아니고 어떤 것은 수천 년, 수만 년 지나야 없어집니다. 그러니 핵폐기장이 있는 곳에 사는 사람들은 두고두고 방사능에 오염될 위험을 안고 살게 됩니다. 우리 나라뿐만 아니라 핵발전소가 있는 나라에서는 핵폐기장 만들 장소를 고를 때 지역 주민의 의견은 물론이요, 이 땅이 핵폐기장을 만들어도 안전에 아무런 문제가 없는지 아주 철저하게 조사를 해서 결정합니다. 그리고 아직까지 장소를 정하지 못하고 있는 나라들도 많고요. 그만큼 위험한 시설이라는 말입니다. 그런데 주민들의 삶이 달린 문제를 군수가 혼자서 결정하고 신청을 해 버렸으니 군민들이 난리가 났을 수밖에 없지요.

유월, 칠월 그 뜨거운 여름날 농사일 내팽개치고 군청 앞으로 몰려가 시위를 했습니다. 밤이면 밤마다 부안 읍내에서 촛불을 밝히고 핵폐기장 유치 철회를 외치며 집회를 했지요. 그러면서 원자력발전에 대한 공부를 참 많이 했습니다. 원자력발전을 반대하는 분들을 강사로 모셔 이야기를 듣고, 크고 작은 핵발전소 사고에 대한 공부도 했지요. 저뿐만 아니라 군민들은 차츰 눈을 뜨기 시작했습니다. 우리가 여태껏 편리하게 써 온 전기가 얼마나 위험한 곳에서 만들어지고 있는지를.

군민들의 싸움은 갈수록 치열해졌습니다. 정부에서는 국책 사업이라는 이름으로 밀어붙이려 하고 주민들은 죽어도 안 된다며 먹고사는 것을 포기하고 말 그대로 목숨 걸고 싸웠지요. 싸우다가 잡혀가거나 벌금을 내고 하면서 흔히 말하는 전과자가 된 사람이 이백 명 넘게 나왔고 다쳐서 병원에 실려 간 사람도 숱하게 많았답니다. 학생들은 학교를 가지 않았습니다. 엄마, 아빠가 밤낮으로 싸우고 있는데 학교 갈 마음이 날 리가 없지요. 부안 군민 전체가 똘똘 뭉쳐서 죽기 살기로 싸운 덕분에 정부는 유치 신청 일 년 만에 없던 일로 한다고 발표를 했습니다.

싸움이 끝나고 문규현 신부님, 김인경 교무님, 그리고 핵폐기장 반대 싸움에 함께했던 분들이 모여서 이야기를 나누었습니다. 이제는 우리 힘으로 원자력을 대신할 수 있는 에너지를 만들어 보자고 했지요. 자연이 주는 힘을 쓰되 자연에도, 사람에게도 해롭지 않은 에너지 말이죠. 군민 전체가 참여하면 좋겠지만 우선 할 수 있는 사람들부터 시작해 보자고 해서 천주교 부안성당, 원불교 부안교당, 생명평화 마중물 사무실, 그리고 변산공동체학교에 햇빛발전소를 만들기로 뜻을 모았습니다.

공동체는 2006년 1월 3일, '변산공동체 햇빛발전소'란 이름으로 전기를 만들어 내기 시작했습니다. 햇빛발전기뿐만 아니라 앞서 말씀드린 풍력발전기와 자전거 발전기도 설치해 깨끗하고 안전한 전기를 만들어 내려고 애썼습니다. 그러나 한편으로 우리는 과연 스스로 에너지를 자급할 수 있을지 의문이 들었습니다. 그게 정말 가능할까요? 제 생각은 아직은 어렵다는 것입니다.

햇빛발전기나 풍력발전기, 자전거 발전기가 자연과 사람을 해치지 않고 전기를 만들어 낼 수 있다는 점에서 새로운 에너지 운동은 될 수 있을 겁니다. 그렇지만 인류 전체가 쓸 수 있을 만큼의 에너지를 만들기에는 턱없이 부족하다는 게 제 생각입니다. 그렇다고 핵발전소에 기대어 산다는 것은 더더욱 아니지요.

이제 우리는 어디로 가야 할까요. 공동체에는 우물도 있고 수도도 있습니다. 우물물은 두레박으로 퍼 올려야 하는 번거로움이 있지요.

변산공동체학교는 2006년부터 햇빛발전기를 만들어 전기를 생산하고 있다. 남는 전기는 한국전력공사에 팔고 있지만 비싼 초기 설치 비용을 회수하기에는 턱없이 부족하다.

수도는 꼭지만 돌리면 물이 콸콸 쏟아져 나옵니다. 우물은 자연이 주는 선물이고 수도는 문명이 준 혜택입니다. 자연이 주는 선물에는 해로운 게 없지만 문명이 주는 혜택에는 반드시 대가가 따릅니다. 선택은 우리 몫이지요. 불편하더라도 자연이 주는 선물을 고맙게 받아들이고 살 것이냐, 문명이 주는 혜택을 편리하게 누리다가 제 발등을 찍을 것이냐. 공동체 식구들은 자연이 주는 선물을 겸손하게 받아들이면서 만족하는 삶이 되었으면 하는 게 제 바람입니다. 희망은 거기에 있으니까요.

공동체에서 함께 산다는 것

이번 겨울에 공동체 식구들이 진주를 다녀왔습니다. 진주성도 둘러 보고 진주냉면과 비빔밥도 먹고 '큰들'이라는 공동체에서 하룻밤 잠도 잤습니다.

큰들은 이십 년이 넘은 공연패인데, 우리처럼 공동체를 꾸려 가고 있습니다. 재작년 태국에 갔을 때 큰들 대표님을 알게 되어서 지난해 에는 큰들에서 변산공동체학교를 방문했고 이번에는 우리 식구들이 큰들 공동체를 찾아갔습니다. 대한민국에서는 흔하지 않은 공동체끼 리 만나는 것이라 전혀 낯설지 않고 마치 오래전부터 알고 지내던 식 구들같이 따뜻하고 포근함을 느낍니다.

큰들은 우리보다 역사가 오래되었고 식구들도 서른 명이 넘는데, 십 년 넘게 살고 있는 식구들도 반 정도 되어서 한편으로는 부러웠습니 다. 그토록 오랫동안 공동체를 꾸려 올 수 있는 힘이 무엇인지 궁금한 것도 많았습니다.

우리 식구들이 도착해서 차에서 내리는 순간 큰들 식구들이 모두 마 당에 나와 흥겨운 환영 공연을 해 주었습니다. 우리는 공동체에 손님 이 오면 왔나 보다 하고, '옷 갈아입으세요, 일하러 가셔야지요' 하면

예술 공동체 '큰들'과 생태 공동체 '변산공동체학교'가 만났다. 삼십 년 역사를 자랑하는 큰들 공동체는 식구들이 서른 명이 넘는데, 그 가운데 십 년 이상 살고 있는 사람들이 반 정도 된다.

서 무뚝뚝하기가 이루 말할 수 없는데 우리 분위기하고는 조금 다르지요?

환영 공연을 마친 뒤에 식구들끼리 서로 인사도 나누고, 공동체에 대해 소개도 하고, 서로 궁금한 것 물어보기도 하다가 저녁을 먹었습니다. 닭 서른두 마리를 잡아서 백숙을 했는데 우리 식구들이 워낙에 많이 먹는다는 이야기를 들었는지 밥도 푸짐하게 해 주었네요. 배부르게 아주 잘 먹었습니다. 저녁 먹고 나서는 큰들 식구들과 우리 식구들이 번갈아 가며 노래도 부르고, 춤도 추고, 이야기하느라 새벽녘에야 다들 잠자리에 들었답니다. 우리 아이들은 오랜만에 텔레비전을 실컷 보느라 마냥 신이 났구요.

큰들 대표님과 식구들하고 이야기를 하면서, 오랫동안 사람들이 떠나지 않고 살아갈 수 있는 힘이 무엇이냐고 물어보았습니다. 식구들이 서로 보듬어 안아 주고, 함께 즐기며 놀 수 있는 다양한 문화를 만들어 즐겁게 생활할 수 있는 분위기를 만드는 데 많은 노력을 기울인다고 합니다. 공연패들은 사무실에서 일하는 분들에게 늘 고마운 마음으로 공연을 하고, 사무실에서 일하는 분들은 공연패가 돌아오면 편안하게 쉴 수 있도록 잠자리부터 하나하나 세심하게 신경을 쓰고. 이렇게 서로서로 아끼고 돌보는 문화가 참 잘되어 있다는 생각을 했습니다.

공동체를 꾸려 가면서 가장 힘들고 어려운 게 무엇이냐는 질문을 가끔 받는데, 식구들마다 처한 사정에 따라 다 다르겠지요. 농사일이 힘겨운 사람도 있을 테고, 편리한 것이라곤 찾아볼 수 없는 공동체 환경이 맘에 들지 않는 사람도 있을 테고, 개인 소유가 허용되지 않는 공동체 살림이 힘겨울 수도 있고, 천방지축 어디로 튈지 모르는 망아지 같은 아이들하고 관계가 힘들 수도 있고……. 여러 가지가 있겠지만 그래도 가장 힘이 드는 건 사람과 사람이 만나 맺는 관계에서 오는 어려움이지 않을까 싶습니다.

전혀 다른 삶을 살아온 개성 강한 사람들이 한솥밥을 먹으며 잠자는 시간 빼고는 날마다 얼굴을 맞대고 살아야 하니 조그마한 갈등도 마음에 상처로 남기 쉽습니다. 서로 불만이 있더라도 툭 터놓고 이야기하기도 조심스럽고, 그렇게 시간을 보내다 보면 어느 순간 스스로 마음이 풀리기도 하고, 어떤 때는 아예 마음의 문을 닫고 외면을 해 버리기도 하고. 참 어려운 문제지요.

어린 아이들은 치고받고 싸우다가도 시간이 좀 지나면 다 잊어버리고 언제 싸웠냐는 듯이 웃고 떠들고 하지만 어른들은 그러지 못합니다. 싸움이 갈등을 없앤다기보다는 오히려 관계를 더 나쁘게 만들어 버리는 경우가 많지요. 그래서 서로가 더욱 조심스럽게 대하게 되고, 속마음을 쉬 내보이지 않게 됩니다. 어찌 보면 한솥밥을 먹으면서 살림을 같이 꾸려 나가는 식구로 살고 있지만 마음까지 함께 열어 놓고 지낼 수 있는 식구가 되려면 오랜 시간이 걸릴 듯합니다. 많은 것을 함께 겪어야 하고 마음공부도 필요하겠지요.

옛말에 여자가 시집을 가면 귀머거리 삼 년, 눈 뜬 장님 삼 년, 벙어리 삼 년을 보내야 한다는 말이 있습니다. 시집살이의 힘겨움을 말하는 것 같지만 한편으로는 서로 다른 환경에서 살아온 사람들이 마음을 맞추고 한 식구로 살려면 그만큼 오랜 시간이 걸린다는 이야기 같기도 합니다. 어떤 때는 보고도 못 본 척, 듣고도 못 들은 척, 하고 싶은 말이 있어도 한번 참고 다시 생각해 보라는 그런 뜻이 담겨 있지 않을까 싶습니다.

오늘 아이들하고 천자문 공부를 하는데 "남의 단점을 함부로 말하

마지막 잎새마저 떨구려는 겨울나무의 지혜. 공동체에 함께 살면서 서로 마음을 여는 식구가 되기까지는 오랜 시간이 필요하다.

지 말고, 자기 장점은 믿을 게 못 되니 자랑하지 말아라" 하는 구절이 있었습니다.

공동체에서 함께 산다는 것은 많은 것을 포기하고 버리는 삶을 사는 것이 아닌가 싶습니다. 내가 잘난 것 내세우지 않고, 남의 단점을 부족하니까 함께 채워 나가야 할 것으로 보고, 내가 힘들면 남들은 더 힘드니까 내가 더 힘을 쓰고, 도저히 이해가 되지 않는 행동도 무슨 사정이 있을 테니 조금만 시간을 갖고 기다려 보자는 마음으로 살아가다 보면 어느 순간 마음의 벽은 허물어지지 않을까요.

공동체에 살려고 찾아오는 모든 분들은 참 소중한 사람들입니다. 누구보다도 마음이 여리고 세상을 사랑하는 사람들이지요. 우리 식구들 모두 건강하고, 우리 아이들도 전보다 훨씬 성숙하고 밝은 모습으로 앞날을 열어 나갔으면 합니다.

백만장작의 꿈

올겨울은 참 이상하네요. 작년 여름에 엄청나게 더워서 눈도 많이 오고 무지무지 추울 것이라고 생각했는데 어찌 된 일인지 별로 춥지가 않습니다. 뉴스를 들으면 경기도, 강원도는 영하 십 도를 왔다 갔다 하면서 꽁꽁 얼어붙었다는데 변산면은 남쪽이라 그런지 며칠 잠깐 추웠다가 금세 따뜻해집니다.

변산면은 예부터 비는 적게 오고 눈은 많이 오는 고장이라 했는데 올겨울엔 그 흔한 눈마저도 내리지 않습니다. 이번 겨울에도 눈이 오면 동무들과 형들과 신나게 눈썰매를 타면서 놀아야겠다고 계획을 세웠던 나무 녀석은 눈이 안 오니 방 안에서 뒹굴뒹굴하면서 심심하다고 투덜거립니다.

바다 건너 미국은 눈폭풍이 몰아쳐서 여기저기서 난리가 난 모양인데 우리는 겨울을 잃어버리고 있으니 세상이 어찌 되려고 이러는지 걱정이 됩니다. 겨울에는 눈도 많이 오고 추워야 땅도 충분히 소독이 되어서 한 해 농사가 병충해 없이 잘된다는데 날씨가 이리 따뜻하니 올해 농사를 잘 지을 수 있을지 모르겠네요. 지금부터라도 눈이 펑펑 내렸으면 하는 바람입니다.

그나저나 모두들 겨울을 어떻게 보내고 계시는지요. 도시에서 사는 분들이야 봄, 여름, 가을, 겨울이 따로 없이 늘 바쁘시겠지요. 공동체는 겨울만 되면 늘 그렇듯이 한가하고 조용합니다. 모처럼 만에 긴 휴식에 들어간다고나 할까요. 와자지껄 떠들어 대던 아이들도 모두들 집으로 돌아갔고 어른들도 특별한 일이 없으면 방 안에서 푹 쉬느라 문밖에 잘 나오지 않습니다.

공동체 학생으로 있는 삼 년 동안에 처음으로 공동체에서 겨울을 나고 있는 민하는 할 일이 없으니 심심하다고 그러네요. 심심하면 책도 좀 보고 그래라 했더니만 책 읽는 것도 하루 이틀이지 아무것도 하지 않고 하루 종일 책만 보고 있으면 눈알이 빠지려고 그런다네요. 노는 것도 지겹고 힘들다는 게 이런 경우를 두고 하는 말이 아닐까 싶네요.

공동체에서 겨울을 나는 법

공동체 식구들한테 겨울에 가장 큰 일은 산에 가서 나무하는 것입니다. 나무를 해 오는 방법도 사람마다 다 다릅니다.

나무 엄마는 차 운전을 못하니까 멀리는 못 나가고 집 근처 가까운 산에 바퀴 하나 달린 수레를 끌고 갑니다. 칡넝쿨과 톱, 낫을 챙겨 가서는 잔가지를 칡넝쿨로 묶어서 집까지 끌고 옵니다. 추운 날은 집에서 쉬다가 날이 풀리면 운동 삼아 산에 가지요. 어떤 날은 두 번도 가고 또 어떤 날은 세 번도 가고 그럽니다. 그렇게 틈틈이 해 온 나무가 꽤 있어서 우리 집은 그동안 모아 놓은 장작을 때지 않고도 겨울을 나

쓰러진 나무 나르고, 톱질도 하면서 겨울나기 준비에 한창인 학생들.

고 있습니다.

올해부터 학생이라는 꼬리표를 떼고 식구로 살게 된 민하도 자기 방에 땔 나무를 하느라 틈만 나면 산에 갑니다. 아직은 나뭇단 묶는 솜씨가 서툴러 나무 엄마가 묶어 놓은 나뭇단에 미치지는 못하지만 게으름 피우지 않고 꾸준히 산에 다니고 있습니다. 요즘 보기 드문 스무 살 처녀 나무꾼인 셈이지요. 날마다 산에 다니느라 다리통 굵어진다고 걱정이던데 따뜻한 방에서 자려면 어쩔 수 없는 노릇이죠. 분명 어딘가에 다리 굵은 아가씨를 좋아하는 총각도 있을 겁니다.

이렇게 나무 엄마와 민하처럼 잔가지를 주로 하는 사람들이 있는가 하면 잔가지는 쳐다보지도 않고 오로지 통나무만 찾아다니는 젊은 친구들도 있습니다. 이 친구들은 트럭과 엔진톱을 쓰지 않고 지게와 톱으로만 나무를 합니다. 석유에 의존하지 않고 나무를 하겠다는 기특한 생각이지요. 트럭과 엔진톱을 써서 나무하는 사람에 견주면 해 오는 양이 턱없이 적지만 산에 올라가서 적당한 굵기의 통나무를 골라서 지게에 짊어지고 내려오는 모습이 참 아름답습니다. 그렇게 가져온 나무를 톱으로 정성껏 잘라서 차곡차곡 쌓아 놓으면 예쁜 장작더미가 되지요.

지난해에는 트럭 운전을 못해서 나무를 하고 싶어도 마음대로 할 수 없어 한이 된 식구가 있습니다. 다행히 올해는 한 지붕 아래 같이 살게 된 사람이 트럭 운전을 할 수 있어서 신이 났습니다. 지난해에 이루지 못한 '백만장작의 꿈'을 올해는 기필코 이루고 말겠다는 각오로 틈만 나면 트럭 끌고 나가서 통나무를 실어 오네요. 그렇게 해서 집 둘레를 장작으로 둘러 보겠다는 야심찬 계획을 세우고 있는데 머지않아 그 꿈이 이루어지지 않을까 싶습니다. 어떤 사람들은 곳간에 쌓여 있는 나락 가마니만 쳐다봐도 배가 부르다던데 이 친구는 집에 쌓여 있는 장작만 쳐다봐도 저절로 방이 따뜻해지지 않을까요?

다들 이렇게 나무와 씨름하면서 겨울을 나고 있는데 나무 걱정 없이 마음 편안하게 겨울을 나고 있는 식구들도 있습니다. 작년에는 젊은 식구 가운데 한 명이 불을 때지 않고 겨울을 났는데 올해는 다른 한 친구가 아예 불을 땔 수 없는 집을 한 채 새로 지었습니다. 세 사람이 들어가 누우면 딱 알맞은 아주 작은 오두막이지요. 여기저기 버려진 스티로폼과 나무 조각, 유리 들을 모아서 며칠 만에 뚝딱뚝딱 지은 집입니다. 집 짓는 데 돈과 시간이 너무 많이 들어간다면서, 불을 때지 않고도 살 수 있는 방법과 큰돈 들이지 않고 집을 지을 수 있는 길이 무엇일까 고민하더니만 정말로 돈 한 푼 안 들이고 여기저기서 주워 모

김희정 교장 집에 쌓여 있는 장작더미. 틈틈이 마련해 온 이 나무들 덕에 김 교장은 공동체 안에서 '백만장작'으로 통한다.

은 잡동사니로 집을 지었습니다. 아무렇게나 지은 초라한 집 같지만 그래도 자그마한 방 안에 들어가 앉아 있으면 제법 따뜻합니다. 여기 저기 유리창을 달아 햇볕도 잘 들고요. 바람이 세게 부는 날이 아니면 그렇게 춥지 않다면서 아직까지는 겨울을 잘 나고 있습니다. 집들이도 했는데 집 짓는 데 들어간 돈보다 음식 장만하는 데 들어간 돈이 더 많았답니다.

언젠가 우리가 사는 이 세상에 큰 재앙이 몰려와서 집도 절도 없이 살아야 하는 시대가 된다면, 이 친구들처럼 조그마한 오두막에서 추위를 견디며 살아가는 지혜를 얻어야 할지도 모릅니다. 우리도 그때를 대비해 미리부터 준비를 해야 하지 않을까요?

세 총각들의 실험 정신

　이번 겨울은 정말이지 나무가 참 흔합니다. 작년 여름 사나운 태풍이 두 번이나 연달아서 다녀가는 바람에 아름드리 소나무들이 뿌리째 뽑혀 이 산, 저 산 여기저기에 수도 없이 넘어져 있습니다. 어떤 나무는 뿌리째 뽑히지는 않았는데 가운데가 똑 부러져 태풍의 힘이 얼마나 무서웠는지 다시 한 번 느낄 수가 있었습니다. 우리야 땔나무 걱정하지 않아서 좋긴 하지만 수십 년 넘게 자라면서 산을 지켜 주었던 나무들이 한꺼번에 모두 쓰러져 버렸으니 올여름 장마 때 비가 많이 오면 산사태가 일어나지는 않을지 걱정도 되네요.

　우리 식구들이 나무하는 풍경은 참 재미있습니다. 먼저 세 명이 엔진톱으로 쓰러진 나무를 나르기 좋게 자릅니다. 그러면 다른 식구들이 여자, 남자 가리지 않고 잘라 놓은 나무를 지게에 져서 트럭이 있는 곳까지 나릅니다. 산 밑자락에 있는 나무들은 공동체에서 독립한 식구들이 벌써 몇 차씩 해 가서 산중턱에 있는 나무들이 우리 식구들 몫이지요. 혼자 나무를 해야 하는 사람들은 산중턱 나무는 엄두가 나지 않겠지만 우리 식구들이야 열 명 넘게 떼 지어 다니니까 아무리 높은 곳이라도 일도 아닙니다. 그렇게 잘라서 져 나르고, 경사가 급한 곳은 산

위에서 나무토막을 굴리고 해서 어떤 날은 하루에 트럭 여섯 차, 사람이 적은 날은 하루에 네 차 정도 나무를 하지요.

이렇게 산에서 가져온 나무는 메주 쑤고 조청 만들고 막걸리 만들 때 씁니다. 또 식구 전체 살림에 필요한 나무는 따로 쌓아 놓고 각자 살고 있는 집으로 트럭 한 대씩 돌아가면서 배달을 합니다. 도끼질을 못하는 여인네들 집의 나무는 힘센 젊은 총각들이 날 좋을 때 도끼 들고 가서 나무를 패고 장작더미도 쌓아 주지요. 음, 이 풍경은 전통 사극에 나오는 마님과 돌쇠의 모습이라고나 할까요. 전에 제가 우스갯소리로 결혼을 안 한 여자 분들한테 다른 때는 말고 겨울에만 나무하는 머슴을 한 명씩 데리고 살라고 그랬는데 겨울이 되면 우리 총각들은 꼼짝없이 여인들의 성실한 머슴이 되곤 하네요. 그렇게 올겨울엔 집집마다 나무가 잔뜩 쌓여 있어서 바라보기만 해도 따뜻합니다. 재미있는 것은 나무는 실컷 해 놓고도 불을 안 때고 겨울을 나고 있는 총각들이 있다는 겁니다. 처음에는 원영이란 총각이 불을 안 때고 살더니만 그새 이게 전염이 됐는지 옆집에 사는 총각들도 불을 안 때네요.

"그러다가 냉병 걸리면 어떡할라고 그러냐."

"괜찮아요, 지낼 만해요."

아무리 말을 해도 여전히 냉방에서 살고 있습니다. 불을 때지 않으니까 잘 안 씻고 빨래도 잘 안 하지요. 일할 때 신는 양말, 잠잘 때 신는 양말 따로따로 쓰면 굳이 씻지 않아도 냄새가 안 난다면서 말이죠. 불도 안 땔 거면서 나무는 뭐하러 산더미처럼 해 놓았냐고 물어보면 그냥 운동 삼아서 그랬다나, 어쨌다나. 좌우지간 우리 총각들은 실험 정신도 강하지만 참 착하기도 합니다.

공동체에서는 땔감용 나무를 사지 않는다. 태풍으로 쓰러진 나무들과 죽은 나무들을 가져다 땔나무로 쓰면 식구들이 겨울을 나기에 충분하다.

세 남자와 아기 바구니

지난해에 우리 공동체학교 초등부에 입학하려고 서울에서 하준이, 하정이네 식구가 아랫마을에 이사를 왔습니다. 두 녀석이 일 년 동안 신나게 학교를 다녔는데 어머니가 몸이 많이 아파서 어쩔 수 없이 다시 서울로 가게 되었습니다. 하정이는 올해 중학생이 되니까 중등부 기숙사로 들어와 생활하면 돼서 아무런 문제가 없는데, 하준이는 아직 초등학교 4학년인지라 서울로 돌아갈 수밖에 없지요.

하준이는 공동체 생활이 너무 재미있어서 서울에서 학교 다니기 싫다고 엄마한테 이야기를 했나 봅니다. 엄마는 몸이 편치 않아서 하준이를 시골에서 돌볼 수도 없고, 하준이는 서울에서 사는 건 싫다고 하니 이래저래 고민을 했다지요. 그러다가 하준이 엄마가 다른 학부모한테 변산에서 누가 하준이를 데리고 있겠다고 하면 계속 변산공동체학교에 보내고 싶다고 이야기를 했는데 그 말이 저한테까지 들렸어요. 사정이 참 딱하게 되었지요. 서울로 올라가 봐야 하준이를 돌볼 사람이 마땅치 않고, 아버지가 계시지만 엄마 병간호 때문에 하준이를 돌볼 시간이 잘 안 나고. 그렇다고 가정이 있는 집에서 초등학교 4학년 남자아이를 맡아서 같이 살겠다고 마음먹기는 쉽지 않고요.

공동체 식구가 다 모인 자리에서 하준이네 사정을 이야기하고 혹시 식구들 가운데 하준이 데리고 살 사람 없냐고 물어보았습니다. 그랬더니 우리 총각들이 함께 지내보겠다고 선뜻 나서지 않겠어요. 총각 셋이 함께 방을 쓰는데 이제 초등학생 아들이 한 명 더 생겼으니 '세 남자와 아기 바구니'란 영화 같은 현실이 올해 벌어지게 생겼습니다.

뜬금없는 이야기 같지만 이렇게 여럿이 모여 살면 혼자서는 할 수 없는 일들을 손쉽게 해낼 수 있습니다. 여러 사람이 더불어 산다는 것은 어찌 보면 혼자서는 부족한 힘을 여럿이 함께 모아 모두가 행복해질 수 있는 힘으로 만드는 것이겠지요. 우리가 사는 이 사회도 모두가 함께 힘을 모아 고통받고 상처받는 사람들이 없는 세상, 죽음이 아니라 생명을 노래하는 평화로운 세상이 되었으면 합니다.

철이 든다는 것

농촌에 살고 있는 청년들의 이야기

질문 하나, 농촌에 사는 청년들에게 농사란 무엇이라고 생각하는지 물어봤습니다.

자급하는 것이다. 평생 할 일이다. 함께 일하는 기쁨이다. 공무원 시험 준비만큼이나 노력과 시간이 필요한 어려운 일이다. 오전만 일하고 살 수 있는 일이다.

질문 둘, 그렇다면 이 청년들이 농촌에서 사는 데 겪는 어려움은 무엇일까요?

결혼을 해야 하고, 농사를 지어야 하고, 풀을 잘 깎아야 지역 주민이 되는 것인가? 농촌에 뿌리내리긴 어렵고, 뿌리내리지 않으면 아무것도 할 수 없고, 내가 하고 싶은 것을 하면 마을에서 외톨이가 되고, 외톨이가 안 되려면 하기 싫은 일을 해야만 하는 어려움이 있다. 농촌에서 뿌리내리고 살기보다는 한번 살아 보는 실험을 하고 싶다. 꼭 성공보다는 실패를 할 기회를 갖고 싶다. 그러나 평생을 실험만 하면서 살 수는 없다. 먼저 경험을 쌓은 뒤에 농촌에 뿌리내리며 살고 싶다. 그전에 이러저러한 실험과 여러 가지 새로운 일들도 해 보고 싶다. 얼마나 오래 사느냐보다는 농촌에서 사는 동안 재미있고 의미 있게 살고 싶다. 어른들은 '삼 년을 일해 봐야지, 십 년은 한 우물 파야지' 하는데 나는 재미가 없으면 한 달도 버티기 힘들다.

질문 셋. 농촌에 뿌리내린 선배 세대와의 관계를 이 청년들은 어떻게 생각할까요?

도시든 농촌이든 어른들에게 맞는 사회다. 청년들에게 농촌으로 오라고 할 때는 우리 청년들이 농촌에서 잘 살 수 있도록 여러 가지 길을 열어 주어야 한다. 마을에서 평범하게 살고 싶은 나에겐 모든 말과 행동에 의미와 목적을 요구하는 어른들이 너무 힘들다. 농촌에는 청년들이 없다. 그래서 외롭고, 서로 마음을 나누고 이야기를 나눌 수 있는 청년 모임이 있었으면 좋겠다.

질문 넷. 이러한 청년들의 이야기를 듣고 어른들은 어떻게 생각할까요?

이십 대는 아직 어리니까 교육이 필요하다. 그리고 삼십 대부터는 농촌에서 살 수 있는 훈련이 필요하다. 요즘 청년들은 너무 자기만 안다. 농촌에서 살아가려면 농촌 문화에 자연스럽게 스며들어야 하는데 젊은 친구들이 농촌에 내려오면 농촌 사회에 어울리려 하기보다는 자기들끼리만 따로 논다. 그러다 보니 마을 어른들한테 인정을 받지 못하고 스스로 외톨이가 되어 버린다.

첫 번째 질문에서 세 번째 질문까지 나온 이야기는, 서울에 있는 삼선 장학재단에서 농촌에 살고 있는 이삼십 대 청년 열여섯 명과 나눈 이야기를 정리한 것입니다. 제가 직접 들은 내용이 아니라서 그 청년

바쁜 농사철에는 여럿이 힘을 모아야 먹고 살아갈 수 있다. 변산공동체학교는 농약을 치지 않고 벼 농사를 짓기 때문에 피사리만 해도 여러 사람 손이 필요하다.

들 이야기를 더 자세하게 말씀드리지 못한 아쉬움이 있지만 요즘 젊은이들이 농촌에 살면서 무슨 생각을 하는지는 조금이나마 알 수 있지 않을까 합니다.

　네 번째 질문에 나오는 이야기는, 그 청년들과 같은 지역에서 함께 일하며 사는 어른들이 이 청년들이 살아가는 모습을 보면서 느끼는 생각들입니다. 대부분 젊은 친구들을 걱정하는 이야기들이 많이 나왔습니다. 한마디로 농촌에서 살기 힘들겠다고 말하는 분도 있습니다. 자기 스스로의 만족만을 생각하지 그 이상은 생각하지 못한다는 안타까움을 말하는 분도 있습니다. 그래도 농촌에서 살려고 하는 젊은 친구들이 몇 명 안 되는 요즘 시대에, 도시보다는 농촌에서 뿌리내리려고 하는 이 젊은이들에게 여러 가지 도움을 주고 싶은 마음은 모두 한결같았습니다.

스스로 살아가는 힘을 길러야

우리 공동체에도 이삼십 대 젊은 친구들이 여러 명 함께 살고 있습니다. 또 공동체학교 졸업생들 가운데 이제 막 서른 나이에 접어든 친구들도 있고, 아직은 이십 대 팔팔한 청춘들도 있습니다. 그런데 이 친구들 살아가는 모습을 살펴보면 도시든 농촌이든 큰 차이는 없습니다. 삶에 대한 억척스러움보다는 자유롭게 살고 싶어 하고, 자기만족에 대한 욕구가 훨씬 강하지요. 자기 삶에 대한 고민은 참 많이 하는데 공동체(사회)에 대한 고민은 부족합니다. '힘들게 일할 필요가 있느냐? 내가 재밌고 즐거워야 하고 먹고살기만 하면 된다'는 것이 요즘 청년 세대들의 공통된 생각이 아닐까 싶습니다.

청년들이 이런 생각들을 자연스럽게 하게 된 까닭은 무엇일까요? 이 세대들은 가난을 경험해 보지 않았기 때문이 아닐까요? 무엇이든지 크게 부족한 게 없이 자란 세대, 부모가 가난을 물려주기 싫어서 원하는 것은 빚을 내서라도 밀어주었던 세대, 이렇게 자라 온 세대에게 삶에 대한 억척스러움을, 공동체에 대한 고민을 기대하기는 힘들겠지요.

힘들고 어려운 삶을 살아온 사람들은 삶 속에서 이런저런 생각들을 하게 되고, 세상을 보다 깊고 폭넓게 바라보는 힘을 기르게 됩니다. 그러나 어렸을 때부터 그다지 힘든 일을 겪어 보지 못하고 살아온 사람들은 삶에 대한 억척스러움이 별로 없습니다. 다시 말씀드리면 철이 안 든다는 말이지요. 철이 들면 나뿐만 아니라 자연과의 관계, 다른 사람과의 관계를 깊이 들여다보고 살아가기 마련인데 철이 안 드니 오로지 세상 모든 중심이 자기 자신이 되어 버리는 겁니다. 참 안타까운 일입니다.

이 젊은 친구들이 철이 들려면 어떻게 해야 할까요? 스스로 살아갈 수 있는 힘을 기르는 것입니다.

농사짓는 사람은 제때에 씨 뿌리고, 김매 주고, 거두어들이지 않으면 먹고 살 수가 없습니다. 그리고 아무리 일손이 빠른 사람이라 할지라도 농촌에서 혼자만 잘났다고 설쳐 대서는 살아갈 수가 없습니다. 강아지 손이라도 빌려야 하는 바쁜 농사철에는 여럿이 힘을 모아야 먹고 살 수 있습니다. 이 평범한 사실을 깨칠 수 있도록 해야겠지요. 이렇게 스스로 농촌에서 먹고 사는 문제를 해결하다 보면 자연스럽게 나 아닌 다른 사람의 소중함을 깨닫게 되고 이 세상에서 나는 어떻게

학생들이 낟알을 햇볕에 말리고 있다. 어릴 때부터 어른을 도와 농사일을 하면서 자란 아이들은 스스로 제 앞가림하는 힘을 기르고, 더불어 살아가는 마음도 자연스럽게 지니게 된다.

살아야 하는지도 알게 되지 않을까요?

제 짧은 경험으로 보자면 이제는 혼자서도 스스로 앞가림할 수 있겠구나 하는 자신감을 가지게 되는 데 대략 십 년 남짓 걸리더군요. 저야 둔한 사람이라 그런 거고 저보다 훨씬 부지런한 사람들은 적어도 삼 년에서 오 년 정도 걸리지 않을까 싶네요. 어렸을 때부터 농촌에서 어른들 일손 도우며 자란 아이들은 두말할 것도 없이 자연스럽게 스스로 제 앞가림하는 힘을 기르고, 더불어 살아가는 마음을 가지게 됩니다만 도시에서 늘 받기만 하고 살아온 사람들은 더 오랜 시간이 걸리겠지요. 우리 아이들이 철이 든 건강한 청년으로 자라게 하려면 어떻게 해야 할지, 앞으로 더 많은 고민이 필요할 것 같습니다.

걱정 마시라, 우리는 충분히 행복하니까

몇 년 전까지만 해도 처가에 가면 장인어른이 나무 엄마를 불러다 놓고 말씀하셨습니다.

"죽어라고 일해도 니 앞으로 재산 하나 안 생기는 공동체에서 얼른 나와라. 지금이야 젊으니까 여러 사람이 어울려 사는 게 재미있고 좋겠지만 나이 들면 어떻게 할래. 자기 재산이 있어야 늙어서 고생 안 하고 편안하게 산다. 김 서방은 택시 운전이라도 하고, 니는 학원 강사라도 해서 돈을 모아라. 그리고 나무도 제법 영리하게 생겼는데 학교에 보내서 공부를 시켜야지 어째서 학교를 안 보내느냐?"

공동체에 대해서 아무리 설명을 해도, 나무는 학교에 안 보내는 게 아니라 공동체에 있는 학교에 잘 다니고 있다고 해도 아무런 소용이 없습니다. 이제는 장인어른이 무슨 말씀을 하시면 그저 '예, 예' 대답만 하고 조용히 앉아서 술만 마시다 옵니다.

이처럼 나이 드신 분들에게 공동체는 낯선 곳입니다. 사이비 종교 집단이 아닌지 의심하는 분도 있을 정도입니다. 그분들 눈에 앞길이 구만리 같은 젊은 사람들이 농촌에서 힘들게 농사짓는 모습이 안쓰럽고 한심하기도 할 것입니다.

공동체가 처음 이곳에 터를 잡았을 때 마을 어른들 사이에 떠돈 이야기들이 그랬습니다. 가장 황당하고 재미있는 이야기는 "전교조를 믿는 종교 집단"이라는 것입니다. 엥? 전교조가 종교 단체였나? 다른 한 가지는 "공동체에 들어가려면 윤구병한테 가입비를 몇백만 원씩 내야 한다야"였습니다. 이처럼 공동체는 우리 사회에서 아직은 낯설고, 신기하고, 확인되지 않은 온갖 소문들을 만들어 내는 대상이어서 변산면 사람들한테 좋은 안줏거리가 되었습니다. 딱히 할 말이 없을 때 공동체 이야기가 나오면 너도나도 한마디씩 거들어서 우리도 알지 못하는 이야기가 끝도 없이 만들어졌지요.

공동체는 말 그대로 같이 일하고, 같이 밥 먹고, 재산을 네 것 내 것 나누지 않고 모두가 공유하는, 한 식구처럼 사는 곳입니다. 그래도 남

벚꽃이 한창인 사월, 학생들과 여행 중에 찍은 사진. 아이들도, 어른들도 경쟁에 치이지 않고 서로 도우면서 살아가는 지금이 가장 행복하다.

자, 여자 잠은 따로 자고 결혼하면 내 남자, 내 여자는 있습니다. 딱히 믿는 종교나 이념이 없고 여럿이 함께 어울려 농사짓고 사는 게 즐겁고 행복한 사람들이 모여 지내는 곳, 밖에서 보면 개인 생활도 없고, 개인 재산도 없이 일만 하는데 어찌 행복할까 싶지만 공동체 식구들은 충분히 즐겁고 행복합니다.

도시에서 사는 사람들은 몸은 편할지 모르지만, 하루하루를 치열한 경쟁 속에서 살아야 하기 때문에 마음이 편한 사람이 드물지요. 그렇지만 공동체에서는 경쟁이 없습니다. 그저 하루 열심히 몸 놀려서 일하면 마음 편하게 밥을 먹을 수 있고, 여러 사람과 즐겁게 술 마시며 이야기를 나눌 수 있습니다. 풍족하지는 않아도 우리 식구들이 먹고살 만큼 양식과 생활비는 생깁니다.

특히 아이들에게 공동체는 천국입니다. 시험도 없고, 하기 싫은 공부는 안 해도 되니까요. 하루 종일 뛰어놀 수도 있고 곁에는 늘 보살펴 주는 형들과 삼촌, 이모 들이 있고요. 그래서일까요? 우리 아이들 얼굴은 참 밝습니다. 늘 조잘조잘 잘 떠듭니다. 어른들도 아이들의 미래를 걱정하지 않습니다. 저 아이들이 얼른 자라서 공동체 일꾼으로 함께 농사짓고 살았으면 하는 마음입니다.

사람들은 살아가는 모습이 다 다릅니다. 우리 식구들이 남들에게는 유별난 사람들처럼 보이지만, 우리는 그저 지금처럼 사는 것이 행복한 보통 사람들일 뿐입니다.

6장

스무 살, 변산공동체학교

변산공동체학교가 아이들을 가르치기 시작한 지 이십 년 가까이 되었습니다. 처음에 다섯 명이었던 학생도 지금은 서른 명이 넘습니다. 이제는 학교 살림살이도 자립을 이루어야 하고 마찬가지로 선생님들도 졸업생들이 맡아서 끌고 나가야 할 때가 됐습니다. 쉬운 길은 아니지만 꼭 이루어질 것이라 생각합니다. 아이들에게 돈 한 푼 받지 않고 학교를 운영하는 일이 불가능하지 않았던 것처럼 말이죠.

무상교육이 가능합니다

1998년, 변산공동체학교에서 학생들을 처음 받기 시작한 해입니다. 이때 우리 학교가 꼭 지켜 나가야 할 몇 가지 원칙을 만들었습니다.

하나, 변산공동체학교의 교육은 아이들이 스스로 제 앞가림할 힘을 기르고 자연과 이웃과 더불어 살아가는 사람이 되게 하는 것이다.
둘, 아이들에게 학비를 안 받는다.
셋, 대학에 들어가기 위해 머리만 키우는 지식 교육을 하지 않는다.
넷, 오전에는 수업을 하고 오후에는 몸을 놀려 일을 한다.
다섯, 아이들을 가르치는 선생님은 교사자격증이 없어도 된다.

이렇게 다섯 가지 원칙을 세우고 학교 문을 열었는데 많은 분들이 궁금해하는 게 있습니다. 다른 원칙들이야 다 이해하더라도 아이들에게 학비를 안 받고도 학교를 계속 운영할 수 있느냐는 것입니다. 학생들이 몇 명 되지 않아 큰돈이 들어가지 않는다면 그럴 수 있다지만 서른 명이 넘는 아이들이 공동체에서 함께 먹고 자고 하는데 그게 가능하냐는 의문이지요. 가능하니까 여태껏 아이들한테 돈을 한 푼도 받지 않고 학교 문을 열고 있겠지요?

학생들한테 학비를 받지 않는 까닭이 몇 가지 있습니다.

가장 먼저는, 아이를 우리 학교에 꼭 보내고 싶은데 돈이 없어서 보내지 못하는 일은 없어야 합니다. 변산공동체학교가 아이들을 가르치기 시작했을 때 주로 변산면에서 농사짓는 분들의 자녀들이 다녔습니다. 농촌 살림이 도시에서 사는 분들보다 나은 게 하나도 없지요. 더군다나 남들 다 하는 관행 농업을 마다하고, 농약 안 치고 화학비료 안 주는 유기농업을 고집하는 분들이라 살림살이는 다른 분들보다 훨씬 어려웠습니다. 어렵게 살림살이를 꾸려 가는 분들에게 아이들 학비로 몇십만 원씩 내놓으라고 할 수는 없는 노릇이었지요.

그리고 도시에서 일반 학교에 적응하지 못하고 우리 학교로 오게 된 아이들도 있습니다. 이 아이들의 부모님을 만나서 이야기를 나눠 보면 우리 학교에 찾아오기 전에 여기저기 다른 대안학교를 알아보았다고 합니다. 그런데 학비가 만만치 않아 넉넉하지 못한 집안 형편으로는 아이를 보낼 수 없었다고 하네요. 다행히 변산공동체학교는 학비도 없고 입학 조건도 아이가 지내고 싶다고 하면 받아 준다고 하니, 이보다 더 좋은 학교는 없다고 생각하셨답니다. 공동체 식구들이 조금 더 고생하고 힘들더라도 아이들한테는 교육을 받을 동등한 기회를 주어야 합니다. 가난한 아이도, 형편이 넉넉한 아이도 똑같이 질 좋은 교육을 받아야 할 권리가 있으니까요.

또 하나 중요한 까닭은 우리 스스로 자립을 하지 못하고 학부모한테 돈을 받아 학교를 운영할 때 생기는 여러 가지 갈등에 대한 걱정이었습니다. 우리 나라에는 백여 개가 넘는 대안학교가 곳곳에 있다고 들었습니다. 제가 그 많은 대안학교의 속사정을 다 알지는 못하지만 많은 학교들이 학부모와 갈등을 겪고 있다고 합니다.

변산공동체학교 초기에도 도시에서 살다가 아이를 우리 학교에 보내려고 아랫마을에 집을 지어 이사를 온 분이 있었습니다. 이분은 다른 부모들보다 살림살이가 훨씬 넉넉했습니다. 아이를 도시에서 키우는 것보다 농촌에서 자유롭게 키우겠다고 내려오신 분인데도 우리 학교가 아이들한테 지식 교육을 전혀 시키지 않는다고 불만이 많았습니다. 그래서 공동체 식구들과 갈등이 생겼지요. 그렇지만 우리 학교에서는 아이들에게 학비를 받지 않고 학부모가 학교 운영에 참여할 수 없었기 때문에 불만이 있어도 학교를 바꿀 수는 없었습니다. 결국은 아이를 다른 학교에 보내는 것으로 인연이 끊어졌습니다.

학비는 한 푼도 받지 않습니다

다른 대안학교에서는 학부모와 학교 선생님들 간에 갈등으로 초기에 세운 교육철학이 후퇴한 일도 있다고 들었습니다. 대안학교를 세운 이는 아이들을 대학입시라는 지옥에서 벗어나 자유롭고 창의롭게 살게 하고자 학교를 만들었겠지요. 그러나 모든 학부모들이 설립자 뜻에 같이하는 것은 아닐 겁니다. 어떤 부모는 내 자식이 자유롭게 공부하면서 대학에도 갔으면 하는 바람을 가진 이도 있을 테고요. 그러다 보면 학부모와 선생님 사이에 자연스레 갈등이 생기기 마련이죠. 이런 생각을 가진 학부모들이 한 명, 두 명 늘어나다 보면 학교를 처음 만들었을 때 가졌던 교육철학은 서서히 무너지게 됩니다. 학부모한테 돈을 받아 학교를 운영해야 하는 처지에서는 부모들 요구를 무조건 모르쇠 할 수만은 없으니까요.

그리고 또 한 가지, 아주 안 좋은 경우인데 제가 어느 대안학교 선생 님한테 직접 들은 이야기입니다. 부모들이 한 달에 수십만 원씩 학교 에 돈을 내고 있다는 것을 아이들도 알고 있다는 것이죠. 그래서인지 아이들이 선생님들을 너무 쉽게 대한다고 합니다. '우리 엄마, 아빠가 낸 돈으로 이 학교가 운영되고 있는데 왜 우리한테 이것밖에 안 해 주 느냐, 더 잘해 줘야 할 것 아니냐' 이러면서요. 안타까운 일이지만 스 스로 자립을 하지 못하고 남의 돈에 기댈 수밖에 없을 때는 이런 일이 생기게 마련입니다. 그래서 변산공동체학교는 아예 처음부터 아이를 우리 학교에 보내려고 찾아오는 학부모들한테 이런 생각을 꼭 말해 줍니다.

"아이들 학비는 한 푼도 받지 않습니다. 그러니 학부모님들도 아이 들 대학 보낼 욕심내지 마세요. 학교 운영에도 이래라 저래라 간섭 할 생각 마시고요."

그래도 아이를 꼭 보내고 싶으면 보내라고 그럽니다. 집안 살림이 넉넉하지 않은 분들은 학비 걱정이 없으니 참 좋아합니다. 도시에서 웬만큼 먹고살 만한 분들도 학교에서 한 푼도 받지 않는다니 미안해 하기는 하지만 학교 운영에 참여하지 못한다고 불만을 갖지는 않습니 다.

"서른 명이 넘는 아이들이 공동체에서 먹고 자고 하면 돈이 많이 들 텐데 그 교육비는 어떻게 마련한대요? 식구들이 너무 고생하는 것 아닌가요?"

이렇게 물어보는 분들도 많습니다. 어디로 튈지 모르는 청개구리 같은 아이들하고 같이 사는 게 쉽지 않은 일이라 식구들이 고생하는 것은 맞습니다. 그런데 아이들 교육비는 별로 안 들어갑니다.

변산공동체학교 초기에는 모든 수업을 공동체 식구들이 맡아서 했습니다. 그래서 교사 월급은 따로 필요 없었죠. 아이들 기숙사도 구들방이라 겨울에 방 따뜻하게 한다고 기름을 때지 않으니 기숙사 운영비도 없습니다. 아이들도 어른들과 함께 농사를 지으면서 밥값은 스스로 충분히 합니다.

지금은 그때와 조금 달라져서 돈 들어가는 곳이 생겼습니다. 돈이 가장 많이 들어가는 수업이 도자기반입니다. 가마 짓는 일이며, 그릇 빚는 수업은 공동체 식구들이 할 수 없으니 공동체 밖에서 선생님을 모셔다 수업을 하고 있습니다. 이 선생님들은 우리 식구들처럼 농사

공동체 강당 입구에 자리 잡고 있는 도자기 굽는 가마.

짓고 사는 분들이 아니라서 먹고살려면 수업료를 받아야 합니다. 이분들이 다른 데서는 한 시간 수업에 오만 원 넘게 받는데 변산공동체학교는 형편이 어려우니까 그보다 적게 받으면서 아이들을 가르치고 있습니다.

공동체 식구로 살게 된 졸업생 민하는 삼 년 동안 꾸준하게 도자기 수업을 받았다. 일이 년 뒤에는 직접 도자기 수업을 맡을 수 있을 것으로 기대되는 예비 선생님이다.

앞으로는 도자기반도 공동체에 기대지 않고 스스로 살림을 꾸려 나갈 수 있는 길을 찾아야 합니다. 다행히 삼 년간 꾸준히 도자기 수업을 받은 졸업생이 있는데 이 친구가 올해부터 공동체 식구로 살게 되었습니다. 지금 당장 아이들을 가르칠 수는 없지만 앞으로 일이 년만 더 배우면 이 친구가 아이들 수업을 맡아서 할 수 있을 것 같습니다. 게다가 아이들이 빚은 그릇도 조금씩 팔기 시작했으니 잘하면 삼 년 안에 독립을 할 수 있으리라 생각합니다.

도자기 수업뿐만 아니라 공동체 식구가 아니면서 아이들 수업을 맡아서 하는 선생님들이 더 있습니다. 그 가운데 수업료를 받지 않는 분도 있고, 공동체에 왔다 갔다 하는 차비 정도 받는 분도 있습니다. 이래저래 공동체학교를 운영하는 데 들어가는 돈이 일 년에 천오백만 원가량입니다.

그나저나 아이들 수업에 들어가는 돈이 그리 많지는 않더라도 공동체 살림의 밑바탕이 된 논과 밭은 어떻게 마련하고 아이들이 쓰는 기숙사, 도자기실, 목공실, 도서관 같은 건물은 무슨 돈으로 지었을까요? 공동체 식구들이 좋은 일, 착한 일 하니까 하늘에서 돈이 뚝 떨어진 것은 아닐 테고 말이죠. 공동체에서 일 년 동안 먹고 쓰는 데 들어가는 돈은 식구들과 아이들이 열심히 농사지어서 마련할 수 있습니다. 그러나 땅이나 건물 같은 기본 살림살이를 갖추는 데 들어가는 큰돈을 농사지어서 장만하기는 쉽지 않습니다.

공동체 초기에 논, 밭을 사거나 학교에 필요한 건물을 짓는 데 드는 돈은 보리출판사의 도움을 받았습니다. 보리출판사는 우리 아이들을 건강하게 키우는 좋은 책을 만드는 회사로 잘 알려져 있습니다. 아이들에게 좋은 책을 만드는 것뿐만 아니라 우리 사회를 건강하게 만드는 데도 앞장서고 있습니다.

여느 회사들은 이익이 생기면 사장이 전부 가져갑니다. 그러나 보리출판사는 회사의 대표가 이익을 챙기는 것이 아니라 이익금의 일부를 변산공동체학교처럼 여러 사람이 고루고루 잘 살 수 있는 길을 찾고자 하는 곳에 나누어 쓰고 있습니다. 보리출판사에서 제법 잘 팔리는 몇몇 책의 수익을 변산공동체학교에서 나누어 쓸 수 있도록 만들어 놓았고, 그렇게 모인 돈으로 공동체에 필요한 땅도 사고 건물도 짓고 아이들 교육비로도 쓰고 있습니다.

그런데 요즘 출판사들이 굉장히 어려운 때입니다. 동네 서점들이 문을 닫게 되니까 보리출판사처럼 책을 직접 읽어 보고 사야 하는 출판사들의 형편이 어려워졌지요. 그러다 보니 공동체 몫으로 할당된 책의 수익도 자연스럽게 줄어들게 되었습니다.

이제는 학교 운영도 공동체 스스로 자립할 수 있는 길을 찾아야 할 때가 되었습니다. 아이들이 농사를 지어서 학교 운영비를 마련할 수 있는 길은 없을까 고민하던 중에 우리 학교를 졸업한 휀이가 식구로 들어오게 되었습니다. 휀이는 군대 제대하고 부모님 밑에서 농사를 짓고 있었는데 이야기를 나누고 고민을 같이 나눌 또래가 둘레에 없어 많이 힘들어했습니다. 그러면 집에서 지내지 말고 공동체에 와서 아이들 담임도 하고 농사도 지으며 사는 게 좋지 않겠냐고 권해서 같이 살게 되었습니다.

휀이만 식구로 들어온 게 아니라 휀이 아버님이 농사짓고 있던 논 열다섯 마지기도 함께 딸려 왔습니다. "기왕에 휀이가 식구로 들어오

처음에 다섯 명이던 학생이 이제는 서른 명이 넘는다. 점점 늘어나는 학생들에게 무상교육을 계속하려면 여러 사람들의 마음과 지혜를 모아야 한다.

게 되었으니 이참에 아이들이 직접 농사를 지어서 학교 살림에 보탤 수 있게 형님이 짓던 논을 조금 떼어 주세요" 했더니 흔쾌히 그러마 하셨습니다. 마을에서도 어르신 한 분이 아이들 농사지으라고 밭을 내주셨습니다.

이렇게 해서 올해부터는 아이들이 직접 짓는 논과 밭이 생겼습니다. 아이들 스스로 농사를 짓고 거기에서 거두어들인 농산물로 두부, 김장 김치, 콩나물, 장아찌 같은 여러 가지 가공식품을 만들어 판매할 생각입니다. 당장은 힘들어도 차츰차츰 보리출판사에 기대지 않고도 아이들의 힘으로 학교 운영비를 마련할 수 있을 것 같습니다. 그리고 졸업한 아이들이 공동체를 떠나지 않고 식구로 함께 살면서 그동안 배우고 익힌 재주를 후배들에게 가르쳐 준다면 학교 운영도 이전보다 훨씬 안정이 되겠지요.

변산공동체학교가 아이들을 가르치기 시작한 지 이십 년 가까이 되었습니다. 그동안 우리 학교는 여러 가지 변화를 겪어 왔습니다. 처음에 다섯 명이었던 학생도 지금은 서른 명이 넘습니다. 아이들 수업도 다양해졌습니다. 이제는 학교 살림살이도 자립을 이루어야 하고 마찬가지로 선생님들도 졸업생들이 맡아서 끌고 나가야 할 때가 됐습니다. 쉬운 길은 아니지만 꼭 이루어질 것이라 생각합니다. 아이들에게 돈한 푼 받지 않고 학교를 운영하는 일이 불가능하지 않았던 것처럼 말이죠.

마을 사람 모두가 좋은 선생님

변산공동체학교에서 아이들을 가르치고 있는 선생님들은 대부분 공동체 식구들입니다. 공동체에서 농사짓고 살면 참 좋겠다고 왔다가 얼떨결에 아이들 수업을 맡게 된 사람들이지요. 그러니 선생님들은 국가에서 인정해 주는 교사자격증을 따로 가지고 있지 않습니다. 선생님이라고 해서 특별한 대우를 해 주는 것도 아니고요. 오히려 농사일 하랴 아이들 수업하랴 몸만 고달픈 셈이지요. 많은 대안학교들이 아이들 수업만 맡아서 하는 선생님들이 계시지만 변산공동체학교에는 그런 선생님들이 거의 없습니다. 자기 일이 있는 분들이 따로 시간 내서 아이들 수업을 하는 경우가 많답니다.

공동체학교 초기에는 우왕좌왕했습니다. 그럴 수밖에 없는 게 학교 문을 열었을 때 식구들은 준비가 하나도 되어 있지 않았습니다.

변산면에서 농사짓고 살고 있는 형님들이, "윤구병은 '실험 학교 이야기'에 나온 학교를 얼른 만들어라. 농사는 우리가 지어서 먹여 살려 주마. 공동체 식구들은 우리 자식들 제대로 된 교육이나 시켜라" 하면서 농민운동가 출신들답게 시위 아닌 시위를 했습니다. 그분들은 아이들을 바보로 만들고 싶지 않은 열망이 너무나 강했습니다.

그렇지만 학교라는 게 어디 그렇게 쉽게 만들어지는 것인가요? 아이들이 모여서 공부할 교실도 있어야 하고, 아이들에게 지식 교육이든 몸을 쓰는 교육이든 수업을 맡아야 할 선생님도 있어야 하고, 학교 운영에 필요한 여러 가지 여건이 갖추어져야 가능하지요. 그런데 역시나 공동체는, 정확히 말하면 윤구병 선생님은 일만 저지르면 나머지는 저절로 해결된다는 이상한 신념이 강해서, "그래, 학교 문을 열자" 하고는 덜컥 그 요구를 받아들이고 말았습니다. 학교 문을 열겠다고 선언을 했으니 아니나 다를까 기다렸다는 듯이 아이들을 보내는데 식구들로서는 참 난감한 일이었지요.

중학교 1학년 아이들 대여섯 명 모아 놓고, 아이들 교육이라면 한 번도 해 본 일이 없는 초짜들이 도대체 어떻게 수업을 하느냐 말이죠. 윤구병 선생님이야 대학에서 학생들을 가르쳐 본 경험이 있어서 조금 낫다고 하지만 농사지으러 왔다가 졸지에 선생님 감투를 뒤집어쓴 식구들은 이보다 더 황당한 일이 없었어요. 참고로 저는 그 흔하디흔한 아이들 과외 한번 못 해 본 사람입니다.

그래도 어쩌겠습니까. 아이들은 학교랍시고 찾아왔는데 수업을 하기는 해야지요. 급한 대로 식구들이 수업을 맡기로 했습니다. 식구들 모아 놓고, "공동체 오기 전에 대학 다니면서 무슨 공부를 했느냐? 대학을 다니지 않았으면 무엇을 제일 잘할 수 있느냐?" 하고 물었습니다. 선생이 되는 판단 기준은 오로지 이것이었습니다. 수학과를 나온 사람은 수학을 가르치고, 역사과를 나온 사람은 역사를, 목공에 조금이라도 재능이 있으면 목공을, 농사일을 남들보다 눈곱만큼만 더 알면 농사를 가르치는 선생님이 되었지요.

공동체 식구들뿐만 아니라 공동체에서 독립한 식구, 변산면 토박이, 학부모, 부안 읍내에 살고 있는 많은 어른들이 학생들 수업을 맡고 있다.

　얼떨결에 수업을 맡기는 했지만 다들 고민이 많았습니다. 일반 학교처럼 아이들을 교실에 모아 놓고 무조건 달달달 외우게 할 수는 없으니까요. 대안학교라는 이름에 걸맞게 살아 있는 지식을 전달하는 창의로운 교육이 이루어져야 하는데 아무런 준비가 되어 있지 않으니 그저 우왕좌왕했지요.

　식구들의 이런 속사정은 모르고 아이들은 그저 신이 났습니다. 우선 변산공동체학교는 시험이 없으니 얼마나 마음이 편합니까. 수업 시간에 공부를 안 하고 딴짓을 해도 매를 맞거나 벌 서는 일도 없고 말이죠. 그리고 선생님들이 그리 무섭지 않은 분들이라 이모, 삼촌, 이웃집 아저씨처럼 편하게 대할 수 있으니 얼마나 좋아요.

교사자격증은 필요 없어요

한번은 대학을 갓 졸업하고 공동체 식구로 함께 살게 된 젊은 총각이 수업을 맡은 적이 있었습니다. 그런데 아이들한테 아주 만만하게 보였나 봐요. 고등학생들하고 나이 차이도 몇 살 나지 않으니까 학생들이 '다운이 형' '다운이 오빠' 그렇게 불렀거든요. 그러면서 수업을 하기 싫으면 자기들끼리 짜고서 수업을 빼먹곤 했습니다. 선생님한테는 아무 말 안 하고 자기들끼리 작당을 해서 수업 장소를 바꾸어 버린 거지요. 그래 놓고서는, "너희들, 어째서 수업 안 들어왔느냐"고 하면 "무슨 소리냐? 우리는 다른 곳에서 수업을 한다고 해서 거기서 기다리고 있었다" 이렇게 오리발을 내밀었어요. 아이들은 일반 학교에서는 꿈도 꾸지 못했던 일을 저지르는 재미들이 쏠쏠했지요.

그리고 수업 시간에 아이들하고 선생님하고 티격태격 싸우기도 했습니다. 왜 숙제도 안 해 오고 수업 시간에 딴짓만 하느냐고 야단을 치면 찍소리 못하고 잘못한 척이라도 해야 하는데, 방귀 뀐 놈이 성낸다고 오히려 애들이 더 당당합니다.

'숙제 안 해 올 수도 있지, 뭐. 그런 걸 가지고 그러냐. 그리고 수업이 재미없으면 딴짓할 수도 있는 것 아니냐.'

아이들의 당당함에 그저 기가 막힐 뿐입니다.

그래도 말이죠, 이 아이들은 농촌에 살아서 그런지 일은 기가 막히게 잘했습니다. 뭐든지 먹을 거 하나만 사 준다고 하면 순식간에 해치웠으니까요. 사실 아무런 준비가 되어 있지 않은 선생님들을 만나 아이들이 고생 많이 했지요.

"이크, 에크!" 정식 수업이 된 택견은 아이들의 몸과 마음을 단련시키는 몫을 톡톡히 하고 있다.

이렇게 초기에는 식구들이 아무런 준비 없이 아이들을 맡게 되어서 제대로 된 수업이 몇 과목 안 되었습니다. 수업을 맡고 있던 식구가 갑자기 공동체를 나가게 되어 그 수업이 없어져 버리는 일도 자주 있었고요. 농사일이 바쁘면 일 핑계로 아이들도 수업보다는 밭으로, 논으로 일하러 나가는 날들도 많았지요.

그나마 지금은 아이들 수업에 나름 체계가 잡혀 있습니다. 아이들이 선택해서 배울 수 있는 과목도 많아졌고요. 택견, 역사, 수학, 과학, 미술, 도자기, 산처럼 물처럼, 글쓰기, 연극, 세계사, 풍물 들처럼 정식 수업이 된 과목도 있고 다담(차를 마시면서 아이들과 함께 차에 대해 공부하는 모임), 국선도, 영어, 노래 부르기, 기타 배우기처럼 동아리 방식으로 이루어지는 수업도 있습니다.

"덩 덩 쿵덕쿵. 깽매 깽매 쿵덕 쿵덕~" 학생들에게 있어 풍물은, 수업을 넘어 늘 가까이하는 놀이이자 삶이다.

아이들 수업을 맡은 선생님들도 공동체 식구들뿐만 아니라 공동체에서 독립한 식구, 변산면 토박이, 학부모, 부안 읍내에 살고 있는 분들처럼 많은 사람들이 참여하고 있습니다. 학생들이 서른 명 넘게 되고 학교도 차츰 자리를 잡으면서, 아이들과 함께 수업을 하는 선생님들도 여러 공간에 계신 분들이 참여할 수 있도록 학교 문을 넓혔습니다. 모두들 국가에서 인정하는 교사자격증은 없지만 아이들한테는 더없이 좋은 선생님들이지요.

아이들은 꼭 수업을 통해서만 살아가는 법을 배우지는 않습니다. 공동체 식구들과 어울려 살면서, 함께 일하면서 삶의 지혜를 배우게 됩니다. 마을 안에서 함께 살아가는 모든 사람들이 아이들에게는 큰 선생님이랍니다.

공동체를 만들면서 꿈꾸었던 학교 모습은 마을 어른 모두가 아이들에게 좋은 스승이 되고 아이들은 자기가 배우고 싶은 과목의 선생님을 찾아가 전문 지식을 익히는 것이었습니다. 온전히 그렇게 되기까지는 앞으로 좀 더 시간이 필요하겠지만 이루어질 수 없는 꿈은 아니라고 생각합니다.

우리 농촌에는 아직까지 잘 알려지지 않은 숨은 재주꾼들이 많습니다. 산살림, 갯살림, 들살림뿐만 아니라 농촌 살림살이에 필요한 다른 여러 가지 재능을 가진 분들도 있습니다. 이분들을 찾아내어 선생님으로 모시고, 아이들이 그분들한테 하나하나 배우고 익혀서 농촌 일꾼으로 자리매김한다면 그리 머지않은 시간에 그 꿈이 현실로 이루어지지 않을까요.

졸업생을 위한 기초살림대학

　1998년부터 2014년까지, 변산공동체학교에서 중등부나 고등부를 삼 년씩 다니고 성인이 된 졸업생을 헤아려 보니 모두 스무 명입니다. 오롯하게 삼 년을 다 마치지는 못했어도 일 년, 이 년 다니다 그만둔 아이들까지 더하면 이보다 훨씬 더 많을 겁니다. 하지만 공동체에서 주는 빛나는 졸업장을 받은 아이들은 그리 많지 않습니다. 십칠 년이라는 시간 동안 졸업생이 스무 명에 그친다는 것은 그만큼 우리 학교가 작은 학교라는 말이겠지요. 또 하나, 우리 학교에서 삼 년을 버텨내기가 쉽지 않다는 뜻이기도 하고요.

　변산공동체학교 1회 졸업생들 나이가 벌써 서른두 살입니다. 중학교 1학년 학생들이 어느새 그 나이가 되었다니 믿기지 않지만 흐르는 세월은 이렇게 우리 아이들을 금방 늙게 만들어 버리는군요. 제 눈에는 아직도 철부지 아이들 같은데 말이죠.

　졸업한 아이들은 대부분 도시에 나가 살고 있습니다. 2014년에 졸업과 동시에 공동체 식구로 남은 삼총사 '한을, 지우, 민하'와 지난해 식구로 들어와 고등부 담임을 맡고 있는 훤이를 빼고 말이죠. 참 농촌총각하고 결혼해서 아이를 낳아 아줌마가 된 친구도 한 명 있네요.

스무 명 가운데 농촌에 남은 아이들이 다섯 명이니 반타작도 못한 셈이네요. 어째 초라한 성적표죠. 그렇지만 최근 이삼 년 사이에 졸업한 아이들 가운데는 군대에 가 있는 녀석들도 있고, 군대 제대하면 꼭 공동체가 아니더라도 농촌에서 농사지으며 살겠다고 하는 아이들이 몇 명 더 있으니 앞으로는 농촌에 뿌리내리고 살 졸업생들이 조금은 늘어나겠지요?

많은 이들이 농촌에서 제대로 된 지식 교육을 받지 않고 대학도 졸업하지 않은 아이들이 도시에서 잘 살아가느냐고 물어봅니다. 아이들은 다들 잘 살고 있습니다. 잘 산다는 것이 돈을 많이 번다는 이야기는 아니고요, 나름 하고 싶은 일들을 하며 즐겁게 살고 있다는 말입니다. 오히려 우리 아이들은 일반 학교에 다닌 아이들보다 생활력이 훨씬 강합니다. 스무 살이 넘어서 부모한테 손 벌리는 아이들은 거의 없습니다. 변산공동체학교에서 스스로 제 앞가림할 힘을 기르는 공부를 여러 해에 걸쳐 했기 때문이지요.

아이들이 학교를 마치고 도시로 떠나갈 때는 마음이 착잡합니다. 우리 학교 교육 목표가 아이들이 도시로 나가지 않고 농촌을 지키면서 마을 공동체를 되살려 내는 것인데, 우리 졸업생들마저 이렇게 도시로 훌쩍 떠나 버리니 어찌 보면 공동체 교육의 참담한 실패라고도 할 수 있습니다. 다른 한편으로는 아직까지 농촌은 젊은이들이 희망을 가지고 살 만한 곳이 못 된다는 우리 사회의 어두운 현실을 보여 주기도 합니다.

도시에서 우리 학교를 찾아온 아이들이야 삶의 터전이 도시이니 졸업을 하면 자연스레 부모가 살고 있는 곳으로 돌아가기 쉽습니다. 그런데 농촌이 삶의 터전인 아이들마저 쉽사리 도시로 떠나 버리는 이 기막힌 현실을 어떻게 설명해야 할지는 저도 잘 모르겠습니다.

변산공동체학교에 다니는 아이들에게 삼 년 내내 이야기를 합니다. 우리가 왜 공동체를 만들었는지, 그리고 농사짓고 사는 사람이 정직하고 참되게 살 수 있다고 말이죠. 아이들도 이 학교에 다니는 동안 참으로 즐겁고 행복한 시간이었다고 말을 합니다. 그런데도 왜 졸업을 하면 공동체에 남아서 함께 농사지으려 하지 않고 도시로 나가 버리는 것일까요? 답답할 때가 많습니다.

아이들이 도시로 나가는 이유

어째서 그렇게 기를 쓰고 도시로 나가려고 할까? 곰곰이 생각해 보면 여러 가지 까닭이 있습니다.

공동체 초기에는 아이들에게 공동체에 남아서 농사지으며 함께 살자고 말할 수 있는 처지가 못 되었습니다. 공동체 살림도 빠듯하고 같이 졸업을 하는 친구들이 기껏해야 한두 명이니 아이들도 공동체에서 식구로 살겠다는 마음을 먹지 못했지요. 아무리 공동체 식구들이 좋다고 하지만 같은 또래가 있어야 마음 편하게 이야기도 나누고 살아가는 재미가 있을 테니까요. 그러니 아이들도 공동체에 남아야겠다고 마음먹기보다는 젊은 사람들이 많은 도시로 가서 살아야겠다는 생각을 먼저 하게 된 겁니다. 그래서 졸업을 하면 자연스럽게 도시로 나가 살 길을 찾게 되었고요.

도시로 간 아이들은 대학에 들어간 아이도 있고, 스스로 하고 싶은 일을 찾기도 하면서 저마다 삶을 꾸려 가고 있습니다. 이렇게 도시로 나간 아이들 가운데 도시 생활이 지겨우면 공동체로 다시 돌아와 농사지으며 살겠다고 하는 아이들도 있는데 여태껏 돌아오지 않는 것을 보면 아직까지는 그럭저럭 버틸 만한가 봅니다.

　아이들이 도시로 나가는 이유 가운데 또 하나는 부모님이나 둘레 어른들이 도시에서도 한번 살아 보라고 부추긴다는 것입니다. "나중에 농촌에서 살더라도 한번쯤은 도시 생활을 경험해 보아야 낫지 않겠느냐"고 이야기를 합니다. 이십 대에 보다 큰 도시로 나가 이것저것 경험을 해 보아야 세상을 폭넓게 볼 수 있다고 하면서요. 도시 생활을 한번도 해 보지 않고 농촌에서 농사만 짓고 살다 보면 세상을 보는 눈이나 인간관계가 너무 좁아진다는 말씀이지요.

　아이들도 어른들 생각과 비슷합니다. '이십 대 젊은 청춘을 농촌에서 보내기에는 너무 아깝지 않은가? 큰물에서 한번 놀아 보아야 세상살이에 대해 알 것이 아닌가?' 하고 말이죠. 참 그럴듯한 말이지요. 저도 처음에는 그렇게 생각했습니다.

　'그래, 아이들이 도시 생활도 해 보고 세상의 쓴맛, 단맛도 보아야 훨씬 어른스러워지지. 공동체에서만 살다 보면 세상이 얼마나 험악한 곳인지 잘 모를 수도 있어. 한번쯤은 도시로 나가서 살아 볼 필요도 있겠다. 도시 생활을 충분히 해 보고 나서 다시 농촌으로 내려오면 단단한 일꾼이 되겠구나.'

　그런데 안타깝게도 저와 어른들의 이런 바람은 그냥 바람으로 끝나고 말았습니다. 도시 생활에 익숙해진 아이들은 농촌으로 다시 내려오려고 하지 않습니다. 도시가 주는 온갖 편리함과 화려함, 그리고 이제야 자리를 잡기 시작한 일에 대한 미련을 버리기가 쉽지 않거든요. 졸업한 아이들하고 만나서 이야기를 해 보면 아이들도 도시에서 하루하루 살아가는 것이 힘들다고 합니다. 그렇지만 선뜻 모든 것을 버리고 다시 농촌으로 내려올 용기는 나지 않는다고 하네요. 마치 우리 어른들이 아무 걱정 없이 농촌에서 농사지으며 살면 참 행복하겠다고 늘 말은 하지만 정작 몸은 도시를 벗어나지 못하는 것처럼 말입니다. 가슴 아픈 일이지요.

이렇게 도시로 떠난 아이들이 되돌아오지 않는 것을 보면서 생각을 바꾸었습니다.

'고등 과정 마쳤다고 이제는 공동체를 떠나라고 할 것이 아니라 공동체에서 이 년, 삼 년 더 살면서 앞으로 어떻게 살 것인지 결정할 수 있게 하자. 학생으로 있을 때는 제대로 익히지 못했던 농사일도 차근차근 배우고 도자기며, 목공처럼 자기가 더 배우고 싶은 것도 충분히 배울 수 있는 환경을 만들어 주자.'

아직 정식으로 이름을 붙이기는 뭐하지만 말하자면 공동체 안에 조그마한 대학을 만들어 아이들이 더 깊이 있는 공부를 하도록 해 보자는 겁니다. 이렇게 이 년, 삼 년 차분하게 배우다 보면 아이들 스스로 도시보다는 농촌에서 사는 삶을 더 좋아하게 되지 않을까요?

이번에 졸업을 하게 된 아이들에게 지난 삼 년 동안 입이 닳도록, "너희들은 도시로 나가는 것보다는 농촌에서 살아야 한다. 너희들이 공동체에 남겠다고 하면 얼마든지 공부할 수 있는 길을 열어 주겠다"는 말을 했습니다. 다행히 우리 삼총사 '한을, 지우, 민하'가 공동체에서 살아 보겠다고 나섰습니다. 드디어 졸업생이 식구로 남게 된 새로운 시대가 열렸습니다.

공동체에 남기로 결정한 졸업생 삼총사

그런데 이 졸업생들과 함께 살다 보니 앞으로 더 많은 아이들이 함께 살아가려면 풀어야 할 숙제들도 많이 보입니다.

가장 먼저는 아이들이 살면서 쓰게 되는 돈을 어떻게 마련하느냐입니다. 이제 갓 스무 살이 되었는지라 돈 쓸 일이 많겠지요. 당장 지난해까지만 해도 학생이라 손전화를 쓸 수 없었는데 이제는 당당히 성인이 된 몸이라 손전화도 쓸 수 있습니다. 삼 년간 손전화 없이 살았던 민하도 도자기 수업하려면 선생님하고 연락도 주고받아야 하고, 바깥세상에 있는 사람들하고 소통하기 위해 필요할 것 같다면서 덜컥 손전화를 마련했습니다.

공동체에서는 한 달에 오만 원 넘게 나오는 손전화 요금을 식구들한테 지급하지 않습니다. 공동체 사정이 이러니 이 아이들한테만 특별히 요금을 내줄 수는 없지요. 손전화 요금뿐만 아니라 집에 왔다 갔다 할 때 드는 교통비, 자기들끼리 어울려 놀 때 쓸 수 있는 돈, 데이트할 때 들어가는 돈, 이래저래 쓸 돈이 필요할 겁니다. 공동체 살림이 넉넉하면 용돈도 주고 할 텐데 살림이 워낙에 빠듯해서 그럴 여유가 없습니다. 이 친구들도 다 컸다고 부모님한테 용돈 타서 쓰기는 미안하다고 하니 무슨 수를 내기는 해야겠습니다.

졸업생 학부모님들 중심으로 장학회를 만들어서 아이들에게 장학금을 줄 생각으로 뜻을 모으고 있는데 큰돈은 아닐지라도 아이들이 공동체에서 살아가면서 들어가는 돈은 조금씩 나누어 쓸 수 있을 것도 같습니다.

또 다른 걱정은 앞으로 공동체에 남겠다고 하는 학생들이 점점 늘어나고 배우고자 하는 것도 더 다양해지면 누가 이 아이들을 깊이 있게 가르쳐 줄 것이냐입니다. 고등부까지야 기초를 배우는 것이라 식구들 힘만으로도 가능했습니다. 그러나 더 깊이 있는 공부를 가르치려면 식구들보다 더 많은 것을 알고 있는 분들을 선생님으로 모셔야 합니다. 그런 분들을 선생님으로 모시고 학교를 운영하기에는 아직까지는 공동체 힘이 모자랍니다.

몇 해 전부터 윤구병 선생님께서 우리 졸업생들뿐만 아니라 농촌에서 살고자 하는 젊은이들에게 산살림, 들살림, 갯살림을 보다 깊이 있게 가르치는 '기초살림대학'을 만들려고 계획을 세우고 있습니다. 그런데 대학을 만드는 데 들어가는 돈이며 학교를 세울 땅, 학생들이 실습할 논과 밭을 마련하는 게 결코 쉬운 일이 아니어서 여태껏 만들지 못하고 있습니다. 기초살림대학이 만들어지면 우리 졸업생뿐만 아니라 농촌에서 살고자 하는 다른 젊은 친구들도 잘 배우고 익혀서 든든한 농촌 일꾼으로 살아가는 길을 찾을 수 있을 텐데요.

마지막으로는 젊은 친구들이 농촌에서 뿌리내리고 살 때 필요한 농사지을 땅과 집을 장만하는 일입니다. 도시에 살고 있는 분들이 선뜻 농촌으로 내려오지 못하는 이유 가운데 하나가 땅과 집을 마련하지 못해서입니다. 더군다나 요즘은 전국에 있는 농촌을 돈 많은 도시 사

2014년 졸업생 여섯 명 가운데 한을, 지우, 민하 삼총사가 공동체에 남아 함께 살기로 결정하면서 새로운 활기를 불어넣고 있다. 왼쪽 위에서 첫 번째가 한을이, 두 번째가 지우, 여섯 번째가 민하다.

람들이 부동산 투기장으로 만들어 버려서 농촌 땅값도 어마어마하게 올랐습니다. 가진 것 없는 사람들이 자기 땅을 마련해서 농사짓고 살기가 그만큼 어려워졌지요.

　다행히 이곳 변산면은 유기농업을 오랫동안 실천해 오고 있는 분들이 많이 계십니다. 제가 이분들을 처음 만났을 때는 다들 삼십 대, 사십 대 젊은 일꾼들이었습니다. 이십 년이 흐른 지금 이 형님들도 나이가 들어 이제 환갑을 눈앞에 두고 있습니다. 이 형님들의 자식들이 부모 땅을 물려받아 농사짓지 않는다면 스무 해 넘게 정성을 들여 가꾸어 온 땅이 그냥 묵혀지거나 다른 사람 손으로 넘어가고 말겠지요. 이분들과 함께 의논해서 우리 졸업생들이 땅을 물려받을 길도 있을 것 같은데 쉽게 풀릴지 걱정입니다.

갓 스무 살에 접어든 젊은 친구들이 농사지으며 살겠다고 마음먹기는 참 힘듭니다. 그리고 이 친구들이 농촌에 뿌리를 잘 내릴 수 있도록 환경을 만드는 것도 만만치 않고요. 그렇지만 결코 포기할 수 없는 꿈입니다. 젊은이가 사라진 농촌은 아무런 희망이 없으니까요. 우리 아이들이 듬직한 농촌 일꾼으로 자리 잡을 수 있도록 많은 분들의 지혜와 힘을 모아야겠습니다.

온이, 수민이, 민하, 지우, 채원이, 한을이

2014년 2월, 변산공동체학교 고등부를 마치고 스무 살 청년이 된 친구들이 여섯 명이나 됩니다. 보통 한 해에 두 명, 세 명이 졸업을 하긴 했지만 이번처럼 여섯 명이 한꺼번에 졸업을 한 것은 올해가 처음입니다.

삼 년 동안 한솥밥 먹고 여러 가지 일들을 함께 겪으면서 정이 듬뿍 들어서일까요? 졸업식을 하는 동안 이 아이들은 하염없이 눈물을 흘리더군요. 졸업 인사를 하려고 마이크를 잡는 순간 공동체에서 지낸 지난 시간이 떠올라 자기들도 모르게 눈물이 나왔다고 하네요. 다시 돌아오지 못할 시간들이라 아쉬움과 서운함이 컸겠지요. 이 아이들이 처음 공동체학교에 왔을 때 모습이 지금도 눈에 선합니다.

온이는 변산면에서 나고 자란 아이라 기저귀 차고 다닐 때부터 알고 지냈습니다. 공동체에서 해마다 여는 여름 계절학교를 한 번도 빠지지 않고 꼬박꼬박 참여해서 누구보다도 공동체를 잘 알고 있는 아이이기도 하지요. 일반 초등학교를 마치고 변산공동체학교 중등부에 입학했을 때도 전혀 낯설어하지 않고 마치 공동체가 자기 집이라도 된 듯이 여기저기 헤집고 다녔답니다. 키는 자그마하고 눈망울은 똘망똘망한

호기심 많은 아이가 육 년이란 시간 동안 중등부, 고등부 과정을 모두 마치고 의젓한 청년이 되어서 군대에 가게 될 줄은 생각도 못 했습니다.

유기농으로 농사짓는 부지런한 부모 밑에서 자란 아이인지라 농사일도 아주 야무지게 잘하고 기타 연주, 풍물, 연극처럼 두루두루 잘하는 것도 많아서 축제 때마다 사람들한테 사랑을 듬뿍 받는 재주꾼이기도 합니다. 한 가지 흠이 있다면 무슨 일을 시키면, "걱정 마, 내가 다 할게" 큰소리를 쳐 놓고는 이리저리 뺀질대는 것. 그래서 사람들 미움을 받기도 했지만 그 정도는 귀엽게 봐 줄 수 있습니다. 같이 입학했던 아이들은 일 년만 다니다 그만두기도 하고 중등 과정을 마치고 다른 길을 선택하기도 하는데 온이는 오로지 변산공동체학교만 육 년을 다녔으니 그 뚝심은 굳이 말하지 않아도 되겠지요. 군대에 가서도 생활을 잘하다가 제대하면 농촌에서 농사지으며 살지 않을까 싶습니다.

여섯 명이 한꺼번에 졸업을 하다니

수민이는 대전에서 왔습니다. 중학교까지는 별다른 문제없이 학교에 잘 다니던 모범생이었습니다. 문제는 엄마 생각이 갑자기 바뀐 겁니다.

'우리 아이들을 지금처럼 아무 생각 없이 제도권 학교에 계속 보냈다가는 아이들을 바보로 만들고 말겠구나. 다른 것은 필요 없고 수민이가 자기 앞가림할 수 있는 힘을 가진 사람이 되었으면 좋겠다.'

이런 마음으로 공동체로 찾아오게 된 것이죠. 도시에서 엄마, 아빠의 사랑을 듬뿍 받으며 곱게만 자란 여학생이 변산 산골짜기 험한 곳에 내던져졌으니 얼마나 당황스러웠을까요. 엄마 말을 거스를 수는 없고 이 촌구석에서 어떻게 살아야 하나 막막했겠지요. 엄마는 집으로 가 버렸고, 서럽고 두려운 마음에 아무 말도 못하고 신발장 앞에 서서 눈물만 뚝뚝 흘리던 연약한 소녀였는데……. 이미 엎질러진 물, 어떡하겠어요? 마음 다잡고 살아야지.

처음 해 보는 농사일이 힘들다며 징징 짜면서도 잘 버텨 냈습니다. 밭에 일하러 나가자 그러면 햇빛에 타면 안 된다면서 자외선 막는 마스크를 꼬박꼬박 챙겨 나오고 날씨가 더운 날에도 잠바를 꼭 입고 나오기도 했지요. 지금은 여학생들 대부분이 수민이 옷차림을 따라 하고 있으니 여학생들의 고운 피부에 대한 열망은 어찌할 수 없나 봅니다.

수민이는 공동체에서 일 년을 보내고 나서 못다 이룬 음악에 대한 꿈을 이뤄 보겠다고 공동체를 나갔는데, 음악 공부는 하러 가지도 못하고 빵집에서 아르바이트를 했습니다. 태어나서 처음으로 사람들에게 욕도 들어 봤다는데 빵집에서 일하면서 얻은 마음고생이 얼마나 컸는지 그때 모은 돈을 아직까지도 쓰지 못하고 있다네요.

그렇게 일 년을 밖에서 보내다 다시 공동체로 돌아와 고등 과정을 마치게 되었는데 쉬운 결정은 아닐 겁니다. 아이들이 한번 공동체에서 나가면 놀러는 자주 와도 학생으로 다시 오려고 하지는 않습니다. 아마 쑥스럽기도 하고 자유롭게 놀 수 있는 기회를 놓치기 싫은 것도 있겠지요. 수민이는 지금도 몸 쓰는 것을 어려워하고, 무엇을 해야 할지 길을 정하지 못하고 있지만 나이 어린 동생들 이야기 잘 들어 주고 따뜻하게 챙겨 주는 좋은 언니입니다. 그런 언니가 학교를 떠나게 되어 아이들도 많이 서운해하고요.

민하는 입학하기 전 겨울에 부모님이랑 공동체에 놀러 왔다가 제 꾐에 빠져 학생이 되었답니다. 서울에서 학교를 다녔는데도 제가, "그러지 말고 우리 학교 다니는 게 어떠냐"고 이야기를 했어요. 부모님도, "그래 민하야, 도시에서 사는 것보다는 공동체에서 농사일 배우면서 공부를 하는 것도 좋겠다"는 말씀을 하셨고요. 민하는 고민에 빠졌습니다. 그냥 아무 생각 없이 엄마, 아빠 따라서 공동체에 놀러 왔는데 난데없이 학교에 다니라니……. 생각해 보고 우리 학교에 다니려면 언제든지 오라고 하면서 헤어졌는데, 정말로 왔답니다. 한 달만 다녀 보고 아니다 싶으면 그만두겠다면서요.

'그거야 뭐 얼마든지 그렇게 해도 돼. 우리 학교는 학생이 다니기 싫다고 하면 붙잡지 않으니까.'

한 달만 다녀 보면 나가라고 해도 아이들은 잘 안 나가거든요. 어쨌든 민하는 제 속마음은 모른 채 한 달만 다녀도 된다고 철썩같이 믿고 들어왔는데 한 달이 일 년이 되고 이 년, 삼 년이 될 줄은 몰랐겠지요.

민하는 자기 생각을 똑 부러지게 말하는 성격이라 아이들에게 무서운 언니라고 오해를 사기도 했지만 자그마한 일에도 눈물을 흘리는 마음 약한 아가씨입니다. 졸업을 하고도 공동체를 나가지 않고 식구로 함께 살면서 도자기 공부도 더 하고 농사일도 더 배워 보겠다고 하니 세상일은 참 알 수가 없습니다. 제일 먼저 뛰쳐나갈 것 같았던 아이가 공동체에 엉덩이 붙이고 주저앉게 되었으니 말이죠.

지우는 얼굴이 해맑고 무슨 일을 하든지 자신감이 넘치면서 거침이 없습니다. 초등학생 때부터 부모님이 지우 혼자 여행을 보내기도 했답니다. 그래서인지 1학년, 2학년 때는 배낭 하나 달랑 메고 어디론가 훌쩍 떠나는 것을 좋아했습니다. 어떤 때는 혼자서 가기도 하고, 후배를 데리고 무전여행을 가기도 하고 말이죠. 3학년 때는 혼자서 한 달 동안 인도 여행을 갔다 오기도 했는데, 이제는 여행이 재미없어졌는지 공동체에서 차분하게 농사일을 배워 보겠다고 하네요.

사회문제에도 관심이 많아서 밀양 송전탑 싸움 하는 곳에 희망버스를 타고 다녀왔는데 치열하게 싸우는 할머니, 할아버지 모습을 보면서 자기가 너무 게으르게 살고 있다는 생각을 하게 되었다더군요. 지금까지는 너무 자기 고민에만 빠져 살았는데 앞으로는 자기 아닌 다른 사람도 돌아보면서 살고 싶다는, 믿음직한 청년이 되었습니다.

채원이는 타고난 도시 멋쟁이입니다. 얼굴 생김, 입는 옷 하나하나가 농촌에서 살 것 같지 않게 생겼습니다. 처음 봤을 때는 얼굴이 너무 어두워서 잘 지낼 수 있을까 걱정도 많이 했습니다. 그런데 입학한 지 며칠 되지 않아서 여자 친구를 사귀더군요. 말은 별로 없지만 얼굴도 차츰차츰 밝아졌고요.

채원이는 도시에서 나고 자랐지만 제도권 학교 문턱은 밟아 보질 않아서 지금까지도 학력이 없습니다. 아이들 대부분은 학력이 없으면 불안해하고 검정고시라도 봐야 하는 것 아닌가 걱정을 하는데 채원이는 그런 고민이 하나도 없습니다. 책 읽고 공부하는 것을 싫어하기도 하고 교실에서 하는 수업 시간에는 오 분만 지나면 스르르 잠이 드는 별난 몸을 가지고 있기도 합니다.

"채원아, 너는 절대로 검정고시 보지 말아라. 남들은 좋은 학교 가느라 정신없는데 너처럼 아무런 학력이 없어도 즐겁고 행복하게 살 수 있으면 너 자신이 얼마나 자랑스럽고 귀한 몸이겠냐."

채원이한테 제가 말했습니다. 채원이는 집 짓는 일에 재주가 있고 관심도 많아서 한옥학교에 다녀 볼 생각인데 앞으로 우리 나라 건축을 이끌어 갈 좋은 일꾼이 될지도 모르겠어요.

한을이는 부안에서 왔습니다. 한을이 엄마는 십여 년 전부터 알고 지냈습니다. 한을이 엄마랑 자식 교육 이야기를 나누다가 아이를 제대로 키우려면 공동체로 보내라고 그랬지요. 다른 것은 몰라도 스스로 제 앞가림할 힘은 기르게 된다고 하면서요. 그렇게 해서 한을이는 엄마 소개로 공동체에 오게 되었습니다.

처음 봤을 때 얼굴 곱상하게 생겼고 키도 크고 나름 읍내에서 살았다고 옷도 말끔하게 입고 왔는데, '아따, 여자 좀 울리겠네' 그런 생각이 들었지요. 그런데 이게 웬걸, 일주일 지나니까 허리 굽은 꾸부정한 모습이 보이고 말끔하게 차려 입었던 옷은 어디 가고 후줄근한 옷차림에 여자 앞에서는 말도 잘 못 하네요. 늘 허리를 구부리고 다녀서 아이들이 '곱등아, 곱등아' 하고 부르는데 화도 안 내고 사람 좋게 웃기만 해요. 남들보다 일은 서툴지만 무슨 일이든지 같이하자고 하면 싫다는 말 한마디 없이 열심히 하는 정말 착한 아이지요. 세상 사람들이 한을이만 같으면 참 평화롭게 살 수 있을 거라는 생각을 저절로 하게 됩니다. 몸 놀리는 게 서툴다 보니까 자신감을 갖고 덤비지 못하는 게 좀 아쉽지만 열심히 노력하는 친구니까 큰 걱정은 없습니다. 공동체에 대한 사랑도 남다른 친구랍니다.

지난 삼 년 동안 공동체의 든든한 일꾼으로 자리 잡고 있었던 아이

2014년 졸업식 장면. 고등부 졸업생이 한꺼번에 여섯 명이나 되는 건 변산공동체학교에서 처음 있는 일이다. 김희정 교장 오른쪽으로 민하, 한을, 수민, 채원, 지우, 온이가 차례로 서 있다.

들 여섯 명이 한꺼번에 졸업을 해서 학교가 썰렁해졌습니다. 졸업을 하고 스무 살 젊음의 시작을 공동체에서 출발하는 친구들도 있고, 자기가 갈 길을 찾아 밖으로 나가는 아이들도 있습니다. 하지만 큰 걱정은 하지 않습니다. 세상 어디에 내놓아도 부끄럽지 않은 건강한 청년들이니까요. 스스로 제 앞길을 씩씩하게 잘 헤쳐 나갈 것입니다.

"얘들아, 두려워하지 말고 공동체에서 배운 대로 스스로를 세우고, 함께 더불어 사는 삶을 멋지게 만들어 보거라. 졸업 축하해."

졸업생 부모님께 보내는 편지

안녕하세요. 김희정입니다.

모두들 잘 지내고 계시지요. 아이들을 변산공동체학교에 보내면서 맺게 된 소중한 인연인데 처음으로 부모님들께 이런 편지를 띄우게 되었네요. 제가 게으른 탓에 진작 이런 편지를 보내지 못해서 죄송합니다.

다들 바쁘실 텐데 봄을 즐길 여유는 있으신지요. 공동체 앞산에는 저마다 다른 색을 가진 새순들이 앞다퉈 피어나서 알록달록 참 예쁜 산이 되었습니다. 푸른 나뭇잎 사이에서 벚나무가 화려한 꽃망울을 터트리며 어찌나 자랑을 하는지 세상에 이보다 더 멋지고 화려한 그림이 있을까 싶습니다. 우리 식구들만 보고 즐기기엔 너무 아까운 풍경이네요. 혹시라도 시간이 나는 부모님이 계시면 다른 일 제쳐 두고 놀러 오시면 참 좋겠어요. 그저 한없이 예쁘기만 한 산을 바라보며 술 한 잔 나누면서 두런두런 이야기 나누다 보면 세상에 그보다 행복한 일은 없을 것 같습니다.

산에만 봄이 찾아온 게 아니라 공동체에도 싱그러운 봄이 찾아왔습니다. 지난 이월에 고등부를 마치고 식구로 함께 살게 된 지우, 민하,

한을이가 공동체에 새로운 힘을 불어넣고 있습니다.

작년, 재작년에는 아이들이 학교를 마치면 케냐나 몽골로 봉사활동을 나가기도 하고, 도시에서 직장을 잡아 새로운 삶을 살기도 했습니다. 그런데 올해는 세 명이나 공동체에 남아서 식구로 함께 살아 보겠다고 하니 참으로 기쁘고 행복합니다. 더군다나 이 아이들은 공동체학교에서 삼 년을 함께 살았기 때문에 다른 누구보다도 공동체 생활을 잘하고 있답니다.

민하는 학생 때부터 꾸준히 배웠던 도자기 공부를 더욱 열심히 하고 있고요, 지우는 농사일을 차근차근 배우면서 목공 일도 시간을 따로 내서 공부를 더 해 볼 생각이랍니다. 한을이는 중등부 부담임을 맡아서 아이들을 잘 챙기고 농사일도 착실히 배우고 있습니다.

이 친구들뿐만 아니라 젊은 식구들이 두 명 더 있는데요, 훤이와 진기입니다. 훤이는 변산공동체학교 졸업생인데 올해 나이가 스물여섯 살입니다. 군대 제대하고 부모님과 함께 농사짓다가 지난가을부터 공동체 식구로 함께 살고 있습니다. 마음씨 착하고 농사일도 야무진데 고등부 아이들하고도 잘 어울려서 만형 노릇을 잘하고 있습니다. 올해부터는 고등부 담임을 맡아서 어깨가 무겁지만 워낙에 듬직한 친구라 씩씩하게 해내고 있습니다.

진기는 올해 열아홉 살입니다. 공동체에서 중등부를 다니다가 무슨 콧바람이 불었는지 중간에 뛰쳐나갔습니다. 지난 몇 년 동안 이곳저곳 기웃거리면서 유랑 생활을 했는데 그래도 살던 곳이 좋다고 지난겨울에 공동체로 다시 돌아와서 학생이 아닌 식구로 살게 되었습니다. 훤이 형을 도와서 고등부 부담임을 맡았는데 이제는 철없는 아이가 아니라 의젓한 청년이 되었네요. 흐르는 세월은 이렇게 아이들을 금방 크게 만들었답니다.

이렇게 젊은 친구들 다섯 명이 식구로 함께 살게 되어서 얼마나 든든한지 모릅니다. 변산공동체학교를 졸업하고 밖에서 살고 있는 다른 아이들도 하루 빨리 공동체로 돌아와 젊은 친구들이 힘을 한데 모아서 오손도손 살면 얼마나 좋을까 하는 마음이 간절합니다. 하지만 다 때가 있는 법이니까 느긋하게 돌아올 날을 기다려 주어야겠지요.

아이들이 이렇게 도시로 나가지 않고 공동체에 남아 함께 살겠다고 하니 기쁘기도 하지만 걱정도 있습니다. 한창 젊은 나이인지라 이것저것 배우고 싶은 것도 많을 테고, 보다 폭넓게 세상을 바라볼 수 있는 공부도 시켜야 하는데 아이들에게 그런 여건을 마련해 주지 못해서 미안하기만 합니다. 또 하나는 공동체에서 함께 산다고 하더라도 나름

공동체학교 학생이던 진기는 최근 공동체 식구로 다시 들어와 농촌 삶을 꾸려 나가고 있다. 오른쪽에서 두 번째가 진기다.

대로 돈 쓸 일이 있을 텐데 그만한 돈을 챙겨 주지 못해서 안타깝기도 합니다.

이 친구들이 이제는 다 컸다고 부모님한테 용돈 달라고 하기가 왠지 미안하다고 하네요. 공동체 식구로 살면서 자기 용돈 벌러 다른 집에 일 나가는 것도 아니라는 생각이 든다고도 하고요. 그렇다고 젊은 나이에 다른 어른들처럼 자제하면서 산다는 게 쉬운 일은 아니고 말이죠. 공동체 살림이 넉넉하면 아이들한테 용돈이라도 조금씩 주고 싶지만 아직은 그럴 형편은 못 됩니다.

다행히 훤이와 민하가 서울에 있는 삼선재단에서 장학금을 받았는데 함께 나누어 쓰면 좋겠다고 해서 숨통이 트이긴 했습니다. 삼선재단은 신안에서 염전을 일구어 많은 돈을 벌게 되었다고 합니다. 염전뿐만 아니라 다른 사업에서도 제법 성공을 거두었는데 그렇게 번 돈으로 장학재단을 만들었다고 하네요. 처음에는 대학에 다니는 학생들에게 장학금을 주었는데 몇 년 전부터 대학생보다는 농촌에서 살려고 하는 젊은이들에게 장학금을 주고 있습니다. 보다 많은 젊은이들이 농촌에 뿌리내려서 우리 농촌을 살리는 게 더 소중한 일이겠다는 생각을 하게 되었다고 합니다. 변산공동체학교와도 인연이 닿아 올해 훤이와 민하가 그 장학금을 받게 되었습니다. 훤이와 민하 둘이서 받게 된 장학금이 구백만 원쯤 되는데 다섯 명이서 나눠 쓰기에는 약간 부족합니다.

식구로 살게 된 아이들이 돈 걱정하지 않고도 공동체에서 살 수 있는 무슨 방법이 없을까 고민하다가 '우리 학교를 졸업한 학생들의 부모님들이 조금씩 돈을 모아서 장학금을 주면 어떨까?' 하는 생각을 했습니다. 내년에도 졸업생들 가운데 공동체 식구로 함께 살겠다고 하는 친구들이 있을 테고, 그때도 우리 아이들이 바깥에서 장학금을 받게 될지 어떨지는 모르는 일이니 부모님들이 힘을 모아 도움을 주면 어떻겠는가 생각을 해 본 것입니다. 아이들도 각자 부모님한테 용돈을 타서 쓰는 것보다는 여러 부모님들이 돈을 모아 장학금을 주면 부담도 덜하고 공동체에서 더 열심히 배우고 익혀야겠다는 책임감도 생길 것 같고요.

변산공동체학교 초기에 졸업한 아이들의 학부모님들까지 연락을 드리기는 미안하고 최근 이삼 년 사이에 졸업한 아이들의 학부모님들께만 연락을 드려서 의견을 모아 보았으면 합니다. 비록 내 자식이 공동체에 남아 있지는 않지만 농촌을 지키겠다는 기특한 마음을 가진 이 아이들이 모두들 내 자식이라 생각하시고 마음으로 많은 격려를 해 주시면 어떨까 싶습니다.

처음 변산공동체학교를 만들 때 이런 생각을 했습니다.

'아이들이 자연의 품 안에서 마음껏 뛰어놀고 몸으로 일하면서 배우게 하자. 아이들이 머리가 아닌 몸으로 배우면서 스스로 제 앞가림할 수 있는 힘을 기르고, 자연과 이웃과 더불어 살 수 있는 건강한 사람이 되도록 키우자. 모두들 도시에서 살고자 할 때 이 아이들은 묵묵히 농촌을 지키며 살아가는 청년이 되었으면 좋겠다. 농촌을 되살리지 않고서는 우리 사회에 아무런 희망이 없다.'

그렇지만 그동안 많은 아이들이 학교를 마치고 도시로 나가게 되었습니다. 늘 안타까운 마음이었지만 어찌할 수 없는 노릇이었지요. 그런데 올해부터 몇몇 아이들이 스스로 공동체에서 함께 살아 보겠다고 선택을 했습니다. 참으로 귀하고 소중한 친구들입니다. 우리 어른들이 이 아이들의 앞날을 진정 어린 마음으로 지켜봐 주고 응원해 준다면 우리 아이들은 그 누구보다도 건강한 농촌 청년으로 성장할 수 있으리라 생각합니다.

부안에 살고 있는 졸업생 부모님들께 이런 제 생각을 말씀드렸는데 다들 좋다고 하시네요. 다른 부모님들 생각은 어떤지 의견을 여쭤 보고자 이렇게 긴 편지를 쓰게 되었습니다. 느닷없는 이야기일 수도 있을 텐데요, 편지 받으시면 답장을 해 주셔도 되고 전화를 주셔도 됩니다. 그리고 꼭 한번은 모두 모여서 이야기도 나누어 보았으면 합니다.

건강하게 잘 지내시고요. 하시는 일 모두 잘되기를 두 손 모아 빕니다. 고맙습니다.

스무 살, 변산공동체학교

2014년이 되면서 변산공동체학교가 스무 돌을 맞이하게 되었습니다. 지난 세월을 돌아보면 스무 해 동안이나 어떻게 살아왔나 싶습니다. 처음 공동체를 시작할 때는 지금처럼 식구들과 아이들이 많지 않았습니다. 농사일에 대해서는 아무것도 모르는 사람들 몇 명이 모여서 오로지 농사짓고 살고 싶다는 마음 하나로 티격태격 다투면서 공동체를 시작했지요.

농사일에 서툴다 보니 처음 몇 년 동안은 밭과 논이 온통 풀 세상이었습니다. 농사지어서 나오는 소득도 별로 없으니 변변한 반찬거리 하나 없이 하루 세끼를 때워야 했지요. 농사짓는 사람이 시장에 가서 반찬거리를 사다가 먹을 수는 없는 노릇이니까요. 그래도 누구 하나 불평불만 하는 사람은 없었습니다. 농사를 제대로 못 지으면, 그리고 주머니 속에 가진 돈이 없으면 으레 그렇게 먹고 살아야 하는 줄 알았지요.

그래도 그 힘든 시절 우리들을 지치지 않게 해 주었던 것은 일하는 중간중간 새참으로 먹는 막걸리와 밤늦도록 모여 앉아 이야기를 나누던 식구들과 쌓은 정이었습니다. 변산 막걸리는 술도가집 사장님 인심이 참 후하기도 했지만 맛 또한 기가 막히게 좋았습니다. 막걸리 값도 참 쌌구요. 맛좋고 값싼 막걸리에 김치를 안주 삼아 공동체에 대해서, 아이들 교육에 대해서 이야기를 나누고 윤구병 선생님 흉도 참 많이 보았습니다. 선생님은 별명이 '밴댕이 속'이라고 스스로도 말씀하셨지만 조그마한 일에도 잘 삐지고, 화내고, 변덕도 심했습니다. 그래서 식구들은 선생님의 그런 성격을 안주 삼아 흉을 봤지요. 그리고 부족한 공동체 살림을 메우기 위해 선생님이 어디선가 끊임없이 돈을 끌어왔는데 그러한 선생님의 지갑에 대해서도 불만들이 많았습니다.

'왜 우리가 선생님 신세를 지고 살아야 하느냐? 우리는 못 먹고 가난하게 살아도 되니 선생님 도움 받기 싫다. 가난하더라도 우리들이 열심히 일해서 살림을 일구어 나가자.'

아마도 젊은 사람들의 자존심이 선생님 도움을 흔쾌하게 받아들이기 힘들었나 봅니다.

그러면 선생님은 이렇게 말씀하시곤 했습니다.

"이것은 나한테 신세 지는 게 아니다. 여러분들이 살림살이를 제대로 익히고, 농사일을 야무지게 배워서 제 앞가림을 할 때까지는 도움을 받아야 한다. 그리고 공동체가 더 많은 사람들을 품어 안고 외부의 힘에 의존하지 않으면서 자급자족할 수 있는 힘을 가지려면 농사지을 땅도 사야 하고 실제로 자급할 수 있는 대장간, 목공실, 도자기실, 염색실 같은 작업장도 필요하다. 그런데 그러한 시설들은 우리 힘만으로는 안 된다. 주곡 중심으로 농사를 지어서는 돈을 벌기 힘들다는 것을 잘 알지 않느냐. 그러니 부담 갖지 말고 더 큰 살림을 꾸려 가기 위한 밑거름이라 생각하고 받아들여라."

선생님 눈에는 우리 같은 젊은이들이 아직은 공동체의 큰 그림을 그리지 못하는 철없는 사람들로 보였는지도 모르겠습니다.

어찌 됐든 우리들은 몸을 아끼지 않고 참 열심히 일했습니다. 마을 분들도 공동체 사람들이 농사일은 서툴러도 부지런하다는 것은 인정을 해 주었으니까요. 시간이 흐르면서 농사일에도 눈이 트이게 되었고 공동체 살림살이도 차츰차츰 나아졌습니다. 우리가 지은 곡식으로 밥을 해 먹고 남는 것은 팔기도 하고, 김치며 채소도 부족하지 않게 먹을 수 있게 되었지요.

또한 공동체에도 조금씩 변화가 일어나기 시작했습니다. 공동체에서 함께 살던 식구끼리, 또 능력이 뛰어난 분은 손님으로 찾아온 사람들과 눈이 맞아 가정을 꾸리게 된 것입니다. 처녀, 총각뿐이던 공동체에 가정이라는 새로운 변화가 생겨났지요. 그런데 공동체 안에서 가정을 꾸리고 식구로 산다는 것은 참 힘든 일입니다. 우선 두 사람 뜻이 같아야 합니다. 둘 중 어느 한 사람이라도 '나는 공동체에서 못 살겠어' 그러면 공동체에 남아 있을 수가 없으니까요.

가정을 갖게 되면 자연스럽게 이제부터는 따로 독립해서 살림을 꾸려 보고 싶은 마음도 생깁니다. 어찌 안 그러겠습니까. 이제 막 결혼한 신혼부부가 늘 사람들로 북적북적한 공동체에서 벗어나 둘이서만 오붓하게 살림을 해 보고 싶은 것은 당연한 일이지요. 그렇게 해서 공동체에서 따로 독립해 살림을 꾸려 가는 독립식구가 하나둘 생겨났습니다.

가정을 꾸려 독립을 하는 사람들은 공동체에서 일 년, 이 년 함께 농사를 지었던 분들이라 독립을 해서도 먹고사는 게 크게 힘들지는 않

공동체에서 만나 혼인을 하게 된 신랑, 신부가 함께 장구를 치며 혼례식을 올리고 있다. 혼례식을 함께 준비한 변산공동체학교 사람들이 모여 기념사진을 찍는 모습.

습니다. 물론 따로 살 집이며, 농사지을 땅을 쉽게 구하지 못해서 처음에는 고생들을 많이 했습니다. 그래도 워낙에 억척스럽고 부지런한 사람들이라 지금은 모두들 자리를 잡아 잘 살고 있습니다. 일이 바쁠 때는 서로 울력을 하기도 하고 남는 농산물이 있으면 공동체로 가지고 와서 나누어 먹기도 합니다. 이처럼 공동체를 찾아왔던 젊은 사람들이 농촌을 떠나지 않고 계속 뿌리내리고 산다면 언젠가는 우리 농촌이 예전의 활기찬 모습을 되찾을 수 있지 않을까요.

젊은이들이 이끌어 가게 될 공동체

공동체가 오늘처럼 튼튼하게 뿌리를 내릴 수 있었던 것은 공동체를 찾아와 일을 거들어 준 손님들도 큰 몫을 했습니다. 공동체는 사람들이 참 많이 드나드는 곳입니다. 공동체 초기만 해도 일 년 내내(겨울에는 농사일이 없어서 손님을 받지 않습니다) 손님이 끊이질 않았습니다. 단체로 찾아와서 일손을 거들고 가는 사람들도 있고, 혼자서 찾아오는 사람도 있습니다. 모두들 공동체 사람들이 어떻게 사나 궁금해서 찾아옵니다.

공동체에 손님으로 오기는 쉽지 않습니다. 구경 삼아 찾아오는 사람들은 문전박대를 당합니다. 윤구병 선생님을 눈앞에 두고, "저, 윤구병 선생님을 만나 뵈러 왔는데 선생님은 어디 계시나요?" 하고 물어보는 사람들도 있습니다. 그러면 선생님께서, "글쎄요, 어디 계신지 잘 모르겠네요" 하면서 능청스럽게 대답을 해서 식구들이 말은 못 하고 그저 속으로 웃기만 한 적도 있습니다.

공동체에 손님으로 오려면 미리 연락을 하고 최소한 3박 4일 이상 머물러야 합니다. 사나흘 넘게 있으면서 식구들과 함께 낮에는 일하고 밤에는 막걸리 한잔 하면서 이야기를 나눕니다. 공동체가 궁금해서 불쑥불쑥 찾아오는 손님들 접대하다가 농사를 망친 경험이 있는 다른 공동체 이야기를 듣고 우리 나름으로 정한 원칙이지요. 그러니 공동체가 궁금한 분들은 꼭 나흘 이상 시간을 내서 찾아오시기 바랍니다. 먹여 주고 재워 주고 술 주고 모두 공짜랍니다.

이렇게 어렵사리 찾아온 손님들이 얼마나 일이 힘들었는지 모두들 돌아가서는, "아이고, 변산공동체는 일을 얼마나 힘들게 시키는지 몰라. 거기에 손님으로 가려면 각오를 단단히 하고 가야 해" 이렇게 소문을 내는 바람에 우리 뜻과는 아무 상관없이 변산공동체학교는 일이 힘든 곳으로 소문이 나 버렸습니다. 우리가 보기에는 그래도 손님들이라고 쉬엄쉬엄했는데 말이죠. 아마도 평소에 몸을 써서 일을 해 본 경험이 별로 없는 사람들이 무식한 농사꾼들 만나서 따라가려니 힘들었겠지요. 그렇지만 지금은 모두가 능숙한 일꾼들이고, 식구들과 아이들이 워낙에 많아서 일이 그렇게 힘들지 않답니다. 그러니 겁먹지 말고 용기를 내시기 바랍니다.

이렇게 손님으로 찾아왔다가 일 년 넘게 공동체에서 함께 몸 부대끼며 식구로 살았던 사람들 수를 헤아려 보니 얼추 이백 명이 넘습니다. 개중에는 다시 도시로 돌아간 사람들도 있지만 많은 이들이 농촌에서 농사를 지으며 살고 있습니다. 다른 것은 잘 몰라도 공동체가 농촌 인구를 늘리는 데 큰 몫을 한 것은 같습니다. 앞으로도 보다 많은 사람들이 공동체에 머물면서, 농촌에서 농사지으며 살 수 있겠다는 자신감을 얻었으면 합니다.

변산공동체학교가 이십 년이란 세월 동안 흔들리지 않고 튼튼하게 뿌리내릴 수 있었던 것은 이처럼 공동체에서 같이 열심히 땀 흘렸던 많은 사람들과 손님들의 도움이 컸습니다. 이 자리를 빌려 모두에게 고마운 마음 전해 드립니다.

공동체를 처음 만들었을 때 이삼십 대 젊은이였던 사람들이 어느덧 중년의 나이가 되었습니다. 저 자신도 스물여덟 살에 공동체 식구로 살기 시작했는데 벌써 사십 대 후반이 되었습니다. 꽃미남이었던 얼굴에도 주름이 잡히기 시작했습니다. 시간이 참 빠르기도 하지요.

지금 공동체에는 이십 대에서 삼십 대를 아우르는 젊은이들이 새로운 식구로 들어와서 열심히 농사일을 배우고 있습니다. 아이들도 서른 명이 넘습니다. 앞으로 공동체는 이 젊은 사람들이 주인이 되어 이끌어 나가게 될 겁니다. 우리 아이들도 학교에서 배운 삶대로 도시보다는 농촌에서 살 게 될 것이라고 생각합니다.

스무 살 청년이 된 공동체가 더 자라나서 마흔 살이 될 때쯤이면 공동체에서 나고 자란 아이들이 새롭게 공동체의 주인이 되겠지요. 그리고 그때는 도시에 있는 많은 사람들이 농촌으로 내려와 공동체를 꾸리면서 함께 농사지으며 행복하게 살 수 있기를 바랍니다.

사십 년 아름드리로 가는 길

변산공동체학교 스무 돌을 맞아, 지난날들을 돌아볼 겸 사람들을 초청해 간담회를 해 보면 어떻겠냐고 윤구병 선생님이 제안을 했습니다. 그랬더니 올해 졸업한 민하가 간담회 준비를 해 보겠다고 나섰습니다. 참 겁도 없지요. 저는 처음 그 이야기를 듣고 어떻게 준비를 해야 하나 막막했는데 말이에요. 그렇게 간담회 준비도 할 겸, 젊은 식구들이 모여 공동체에 대해 자유롭게 이야기를 나누어 보면 어떨까 해서 '2030' 모임이 꾸려졌습니다.

모임을 시작하고 한두 번은 공동체에 대한 불만이나 불평을 많이 이야기했다고 합니다. 그러다가 우리 공동체뿐만 아니라 우리 나라, 그리고 다른 나라에 있는 공동체들은 어떻게 살아가고 있나 책을 찾아가며 공부를 하기도 했고요. 공동체에서 삼 년, 사 년 살고 있는 선배 식구들은 이곳에 살면서 무슨 생각을 하고 있는지 알아보려고 모임에 불러내어 함께 이야기를 나누기도 했습니다. 저도 맨 마지막 이야기 손님으로 젊은 식구들과 함께 자리를 했습니다.

이야기를 시작하기 전에 저한테 2030 모임에서 나왔던 내용들을 모아서 보여 주었습니다. 모임에 참여한 사람들이 자유롭게 이야기한 것

2014년 10월 10일, 이삼십 대가 중심이 돼서 준비한 '변산공동체학교 스무 돌 기념 간담회'가 공동체 안에서 열렸다.

들을 적어 놓은 자료였습니다. 글을 읽으면서 드는 생각은 공동체 초기에 식구들이 느꼈던 어려움을 이십 년이 지난 지금, 젊은 식구들도 똑같이 느끼고 있다는 것이었어요. '정말 세대차이가 나는구나. 우리는 이런 문제를 가지고 고민해 보지는 않았는데.' 이런 생각이 드는 내용도 있었습니다. 젊은 식구들이 모임을 하면서 나누었던 모든 이야기를 다 쏟아 놓을 수는 없겠구요. 공동체 초기부터 식구들이 살면서 느껴 왔던 어려움(이십 년이 지난 지금도 잘 풀리지 않고 있는 문제이기도 합니다)과 맞닿는 두 가지만 골라서 이야기를 해 볼까 합니다.

하나는 '돈' 문제입니다. 공동체에선 식구들에게 따로 돈을 나누어 주지 않습니다. 다만, 공동으로 필요한 물품이나 의료비는 공동체 전체 살림비에서 자유롭게 씁니다. 예나 지금이나 공동체 살림살이는 그리 넉넉한 편이 아닙니다. 일 년 동안 열심히 농사지어서 식구들이 먹고, 살림에 필요한 돈 쓰고 나면 남는 게 거의 없습니다. 여윳돈이 많으면 식구들 외출비나 문화생활비로 나누어 쓸 수도 있겠지만 아직까지 공동체 살림살이는 빠듯하기만 합니다. 그러니 식구들도 꼭 필요한 외출이 아닐 때는 자기 돈을 쓰고 있습니다. 먹고 싶은 것이 있어도 마찬가지고요. 공동체 사정이 이러하니 모아 놓은 돈이 없는 젊은 식구들은 공동체에서 오랫동안 사는 게 참 힘들 겁니다.

공동체 초기에도 사정은 꼭 같았습니다. 부모님 생신이나 명절이 아니면 외출비 지급을 안 했지요. 외출비도 차비와 약간의 여윳돈 정도였고요. 그러다가 공동체 살림살이에 조금 여유가 생기면 다른 경우에 외출비를 주기도 했습니다. 돈이 넉넉하지 못한 공동체에서 자유롭게 외출도 못 하고, 먹고 싶은 것도 마음 편하게 사 먹을 수 없고. 어쩌면 그 많은 사람들이 공동체를 찾아왔다가 독립을 하거나 다른 곳을 찾아 떠나간 중요한 이유 가운데 하나일 수도 있습니다.

그렇다고 돈을 더 많이 벌기 위해 식구들이 일당 벌이를 나갈 수도 없고, 공동체 농사 원칙을 저버리고 돈이 되는 작물을 심을 수도 없고, 참 풀기 어려운 숙제입니다. 공동체에서 밖으로 나가는 돈을 크게 줄이거나, 공동체 농사 원칙을 저버리지 않고서도 돈을 더 벌 수 있는 가공식품을 늘리거나, 여러모로 방법을 찾아야 할 것 같습니다.

다른 하나는 '작업회의'에 대한 겁니다. 공동체에서는 날마다 작업회의를 하면서 내일은 무슨 일을 할지 정합니다. 그러다 보면 아무 일도 하지 않고 편히 쉬고 싶은 날도 있는데 다른 식구들한테 눈치가 보여 그러지 못하는 때가 많이 있습니다. 여러 사람이 한데 어울려 살다 보니 어쩔 수 없이 나오는 문제지요. 초기에는 식구들이 몸이 아프거나 며칠 쉬고 싶으면 공동체를 벗어나 집에 다녀오기도 했습니다. '몸이 아프거나 일하기 싫은 날은 식구들 눈치 보지 말고 방에서 편안히 쉬도록 하자.' 공동체 초기부터 늘 나왔던 말인데 그게 말처럼 쉽게 되지가 않네요.

젊은 식구들이 모인 2030 모임에서 '일주일에 한 번은 작업회의를 하지 말자. 작업회의가 없으면 저녁 시간이 많아지니까 그 시간에 마음이 맞는 사람들끼리 모임을 하면 좋겠다'는 이야기도 나왔다는데 그것도 좋은 생각인 것 같습니다.

제 바람은 식구들 모두가 농사일을 꼼꼼하게 익혀서 작업회의 때는 오늘 공동체에서 한 일에 대해서만 이야기를 나누는 것입니다. 내일 할 일은 식구들 모두가 볼 수 있는 칠판에 '내일 내가 무슨 일을 할 건데 몇 명이 함께했으면 좋겠다'고 적는 거지요. 그러면 그 일을 함께하고 싶은 식구들이 이름을 적고, 다른 일이 없는 식구들은 쉬거나 자기가 하고 싶은 일을 하는 겁니다. 공동체에 들어온 지 일 년이 채 안 된 식구들이야 무슨 일이든지 따라다니면서 배워야 하겠지요. 그렇지만 공동체에서 이 년, 삼 년 넘게 살아온 식구들은 농사일을 꼼꼼하게 익히면 이렇게 하는 게 가능하지 않을까요.

이 두 가지 말고도 젊은 식구들이 공동체 식구로 살면서 느끼는 어려움들이 많았습니다. 식구들 사이에 의사소통이 잘 안 되는 점, 학생들과의 관계에서 느끼는 어려움, 식구들이 자주 바뀌는 문제……. 어찌 이런 어려움을 젊은 식구들만 느끼겠습니까? 공동체에서 오랫동안 살았던 저나 삼사 년 넘게 산 식구들도 마찬가지겠지요.

제가 식구들한테 하고 싶은 말은 한 가지입니다. 공동체 식구로 오랫동안 함께 산다는 것은 쉽지 않습니다. 그러니 공동체에서 함께 식구로 사는 동안 농사일을 열심히 배웠으면 합니다. 우리 공동체가 도시에 자리를 잡지 않고 농촌에 뿌리를 내린 까닭이 무엇일까요? 내 몸을 부지런히 놀려서 스스로 제 앞가림을 하고, 자연을 해치지 않으면서 여럿이 함께 더불어 살기 위해서입니다. 농사일에 대해서 잘 모르는 일이 년은 오래 산 식구들이 가르쳐 줄 수 있습니다. 그러나 그 다음부터는 자기가 알아서 해야 합니다. 그렇지 않으면 늘 시키는 일만 하게 되고 스스로 주인이 될 수가 없지요. 열심히 농사일을 익히면서, 윤구병 선생님은 그 좋다는 대학교수직을 그만두고 어째서 농촌공동체를 만들었을까를 두고 깊게 고민해 봤으면 합니다.

변산공동체학교 스무 돌 기념 간담회를 열면서

2014년 10월 10일, 가을걷이 축제를 하루 앞두고 '변산공동체학교 스무 돌 기념 간담회'를 열었습니다. 변산면에 살고 있는 형님들, 초기 공동체를 만들었던 식구들, 지금 공동체학교에 아이들을 보내고 있는 학부모님들과 공동체에서 살고 있는 식구들이 한자리에 모여 변산공동체학교가 걸어온 지난 이십 년을 되짚어 보는 자리였습니다. 막걸리 한 모금 안 마시고 두 시간 넘게 진지하게 이야기를 나누어 보기는 처음이었습니다. 두 시간 동안에 이십 년의 긴 시간을 다 나눌 수는 없었지만 많은 이야기들이 나와서 좋았습니다.

자식 넷을 변산공동체학교에 보낸 형진이 형님은, 이 학교에 아이들을 보내고 만족하느냐는 물음에 이런 말씀을 해 주셨습니다.

"공동체학교는 돈이 안 드는 학교여서 참 좋았다. 만약에 자식들이 모두 대학에 가겠다고 했다면 과연 내가 이렇게 농촌에서 농사지으면서 살 수 있었겠는가? 부모한테 물려받은 땅, 본인이 애써서 마련한 땅을 자식들 학비 대느라 모두 팔아 치우지 않았을까? 자식들이 비록 대학은 가지 않았지만 사람 버려 놓지는 않은 것 같다. 우리 공동체학교 졸업생들이 지역사회에 뿌리내리게 하려면 지금부터 어떻게 해야 할지 고민이 많다."

변산면에서 오랫동안 유기농을 해 온 수원이 형님은, "비록 내 자식을 이 학교에 보내지는 않았지만, 변산공동체학교가 지역에 있는 다른 분들과 함께 많은 이야기를 나누면서 큰 그림을 그려 갔다면 더 좋지 않았을까 아쉬움이 남는다"는 말씀도 해 주셨습니다.

맞는 말입니다. 지난 이십 년 동안 공동체는 제 앞가림하느라 바빠서 지역에 살고 있는 다른 분들과 함께하지 못한 것이 사실입니다. 그러나 앞으로는 조금 달라지지 않을까요?

우선은 해마다 고등부를 마치고 어른의 세계로 들어서는 아이들이 대여섯 명씩 나옵니다. 도시로 나가는 경우도 있지만 농촌에 남아서 살겠다고 하는 아이들도 있습니다. 이제는 이 아이들을 지역에서 안아 주어야 합니다. 공동체에서 모두 껴안고 가기에는 벅찬 것이 현실입니다. 공동체 울타리가 훨씬 넓어져야 합니다.

고등 과정을 마친 학생들이 더 폭넓은 공부를 할 수 있는 기초살림대학도 만들어야 합니다. 기초살림대학은 하루아침에 만들어질 수 없습니다. 기초살림대학을 만들기 위해 우리 어른들이 할 수 있는 일에

초기 공동체 식구들부터 학부모, 지역 주민에 이르기까지 여러 사람들이 간담회 자리에 함께했다.

는 무엇이 있을지 많은 분들과 만나서 이야기를 해 보려고 합니다. 우리 아이들이 변산면을, 부안군을 떠나지 않고서도 즐겁고 행복하게 살 수 있도록 만드는 일이 앞으로 우리한테 주어진 가장 큰 숙제가 아닐까요?

떠나는 사람들이 있으면……

올여름이 끝나고 젊은 식구들과 학생 몇 명이 공동체를 떠났습니다. 공동체 식구로 친하게 지내던 사람들과 헤어지는 것을 처음 겪어 보는 젊은 친구들은 마음고생이 큽니다. 어찌 안 그러겠습니까? 같이 살면서 미운 정, 고운 정 다 들었는데 다들 자기 길을 찾아서 훌쩍 떠나가니 마음이 심란하지요.

'오랫동안 같이 살 줄 알았는데 다들 자기 길을 찾아 어디론가 떠나
게 되는구나.'

함께 살던 식구들이 공동체를 떠날 때면 남아 있는 식구들은 늘 마
음 한구석에 아쉬움과 서운함이 남게 됩니다. 그러나 한편으로는 나를
돌아보게 하는 시간이 되기도 합니다.

'나는 어떻게 살지. 나도 다른 사람들처럼 독립을 해서 내 살림을 꾸
려 가며 살아? 아니면 여기에 계속 살면서 공동체가 꿈꾸는 세상을
함께 만들어? 지금까지 공동체 역사를 보면 남아 있는 사람이 몇 명
안 되고 다들 때가 되면 떠나가던데…… 과연 내가 공동체에서 평
생을 살 수 있을까? 공동체 식구로 오래 지내려면 도대체 어떤 마음
으로 살아야 하지?'

흔히 말하는 마음공부를 많이 하게 됩니다.

그래도 공동체를 떠나갔던 사람들은 시간이 흐르면 다들 고향에 오
는 마음으로 잊지 않고 한번씩 찾아옵니다. 같이 살 때는 서로 잡아먹
을 듯이 격렬하게 싸웠는데 만나면 반가운 마음이 먼저 들지요. 그때
는 몰랐던 그리움 같은 게 마음속에 생기는가 봅니다. 모두들 공동체
에서 지낸 시간이 좋은 밑거름이 되었으면 하는 바람입니다.

몇 해 전에 형진이 형님이, 공동체에서 식구로 살겠다고 하는 자기
막내딸한테 들려주었던 말이 떠오릅니다.

"여럿이 함께 어울려 사는 것은 참 힘든 일이다. 공동체 식구로 살려
면 남들이 하기 싫은 일, 힘들어하는 일을 네가 먼저 해야 한다. 그
러면 공동체에서 함께 어울려 살 수 있다."

"나의 사람들과 나의 길을 가고 싶어, 나는 문제 없어!" 2014년 가을 축제 때 공동체 식구들이 합창하는 모습. 모두들 변산공동체학교가 꿈꾸는 세상을 함께 만들어 가는 소중한 사람들이다.

떠나는 사람들이 있으면 또 새롭게 공동체 문을 두드리는 사람들이 있겠지요. 우리가 지금 걸어가는 이 길이 힘들고 멀기는 하지만 결코 헛된 길은 아닐 겁니다. 언젠가 농촌에 마을 공동체가 되살아나는 날이 오면, 모두들 웃으면서 다시 만날 수 있을 거라고 믿습니다.

토박이 학부모가 본 변산공동체학교

김희정의 낙관주의에 빚진 게 많다

김희정은 변산공동체학교를 두고, "반듯한 교실도 없고, 선생님도 월급을 받는 전문직이 아니라 날마다 함께 일하고 같이 밥 먹는 엄마 아빠 삼촌 이모이고, 수업은 초등 중등 고등 가릴 것 없이 오전에만 하고 오후에는 함께 어울려 일하고, 시험이라고는 아예 없고 수업도 살아가는 데 꼭 필요한 지혜가 아니라면 스스로 선택해서 들을 자유가 있고, 게다가 수업료는 한 푼도 받지 않는", 스스로 "말도 안 되는 학교"라고 한 이 학교의 대표, 곧 교장 선생님이다. 그리고 이 책은 변산공동체학교와 한 몸이라고밖에는 달리 더 말할 길이 없는 김희정의 역사며 철학이며, 더불어 교육을 생각하는 우리 모두의 미래다!

변산공동체학교라고 하면 알 만한 사람들은 거의 다 윤구병 선생을 떠올릴 것이다. 윤구병 선생은 《실험 학교 이야기》《잡초는 없다》란 책을 통해서 교육 철학자의 모습을 드러낸 분인데 여기에 그치지 않고 정년이 보장된 교수직을 버리고 변산에 내려와서 몸소 그이의 생각을 행동으로 옮겼다. 하지만 윤구병 선생은 변산공동체학교의 주춧돌을 놓았을 뿐 나머지는 모두 김희정의 몫이어서 그이가 지난 이십 년 동안 기둥을 세우고 서까래를 걸고 벽을 쳐서 지금의 변산공동체학교 모습을 드러나게 한 것이다.

이십 년은 결코 짧은 세월이 아니다. 변산공동체학교가 이곳에 터를 잡기 십여 년 전부터도 농촌공동체를 회복해 보려는 지역 농민들의 유기농에 바탕을 둔 실천은 있어 왔다. 그네들이 지역 토박이며 신망을 잃지 않은 젊은 농부들이었음에도 불구하고 주변의 시선은 따갑기만 했다. 젊은 사람들이 모두 도시로 떠나가서 육칠십 세 넘는 노인들 아니면 일손을 구할 수 없는 마당에 제초제와 비료, 농약을 쓰지 않고 농사를 짓겠다고 하니 농사로 평생을 산 어른들은 사람 앞에 세워 놓고 '미친 놈덜 허는 짓거리다' 공공연하게 나무라기 일쑤였다.

이러는 때에 변산면 운산리에 농사짓고 학교 만들겠다고 들어온 한 떼의 사람들 하는 꼴 좀 봐라, 뛰는 놈 위에 나는 놈 예 있다는 식으로 제초제, 비료, 농약을 쓰지 않겠다는 데서 한 발 더 나아가 석유에 의존하지 않는답시고 비닐이며 농기계도 멀리하려 하니 모내기할 땐 이앙기 대신 저 삼한 적 고려 적이나 했음 직한 손모내기를 하고, 남들 손 씻고 시원한 모정에 앉아 땀을 들이는 삼복에도 낫으로 보리를 베고 엎드려 밭을 맨다. 그러니까 김희정네들은 처음부터 산업화의 구조 속에서 농촌이 망가지고 있는 지점을 바로 읽어 내어 공동체의 회복과 그 농적 가치를 교육의 고갱이로 삼았던 것이다.

나는 이 책에 더러 나오다시피 딸 셋과 아들 하나를 공동체학교에 보냈다. 첫 해에 큰애를 중학생으로 보냈고 2년 후 둘째를, 셋째는 지역에 있는 중학교를 졸업시키고 고등학생으로, 그리고 막내는 아예 변산공동체학교 초등 과정을 만들어 학생 두 명으로 처음 시작을 했다.

남이 욕을 하든 말든 수확이 적든 많든 농사야 내 배짱대로 유기농을 한다지만 자식 농사는 어쩐다? 시골에서 적은 땅뙈기로 아이들 넷을 가르친다는 것도 까마득하지만 어찌어찌 가르친다 해도 이놈의 제도권 학교가 어디 정신끼 있는 곳이던가. 등골은 등골대로 빼 가고 아이들은 경쟁만을 가르쳐서 결국은 하나의 소모품으로 만들어 놓고야만다. 그래서 나는 일찍이 제도권 학교를 돈 버려, 사람 버려, 세상 버려의 '삼(3) 버려'로 여기던 차, 변산공동체학교가 생긴 것이다. 그것도 내 생각과 똑같이 농사와 농사짓는 사람과 농촌을 이 세상에서 버려서는 안 되는 가장 소중한 가치로 여기는 학교가 말이다.

우리 아이들은 공동체 안에서 서로 어울려 일하고 놀면서, 그 또래 아이들이 겪어 보지 못하는 많은 것을 보고 배우며 살아가고 있습니다. 시험이 없으니 서로 눈치 보며 경쟁할 일도 없고 날마다 뛰어놀고 몸 놀리며 일을 하니 밥도 엄청나게 많이 먹지요. 그러니 아이들이 모두 건강하고 얼굴이 참 밝습니다. (……) 교육이란 게 이러면 되지 않나 싶습니다. 아이들이 마음의 상처를 받지 않고 건강한 어른이 되는 것. 앞으로 뭐가 될지는 아무도 모릅니다. 마음속에 간절히 바라는 게 있다면 그때 열심히 매달려서 노력하면 되겠지요.(126~127쪽)

제 앞가림은 제가 하게 하면서도 서로 더불어 살아가는 세상 사람이게 하자는, 그리고 그 구체적인 실천은 농사일이 기본이 되게 하자는 이런 생각은 순수하다 못해 순결하기까지 하다. 하지만 그 뜻을 이루어 나가는 방법은 주변 시선을 아랑곳하지 않는 것과는 별개로 서툴기 짝이 없어서 공동체 살림살이건 가르치는 일이건 시행착오를 거듭하며 허둥대었으니 가뜩이나 옆에서 지켜보는 호의적이지 않은 눈과 입들의 찧고 바수는 일이야 처음부터 정해진 일이었을 터이다.

　　공동체가 처음 이곳에 터를 잡았을 때 떠돈 가장 황당하고 재미있는 이야기는 '전교조를 믿는 종교 집단'이라는 것입니다. 다른 한 가지는 '공동체에 들어가려면 윤구병한테 가입비를 몇백만 원씩 내야 한다야'였습니다. 이처럼 공동체는 우리 사회에서 아직은 낯설고, 신기하고, 확인되지 않은 온갖 소문들을 만들어 내는 대상이어서 변산면 사람들한테 좋은 안줏거리가 되었습니다.(320쪽)

주변의 이런 낯선 시선은 십 년 가까이 지난 2003년쯤이 되어서야 바뀌었다. '방사성 폐기물 처리장' 유치 반대 투쟁을 통해서이다. 3기 민선 군수가 정부 보조금을 가져올 생각으로 위도에 방폐장 유치 신청을 했는데 이는 대다수 군민의 반대 의견을 무시한 것은 물론 민주주의 절차를 거치지 않은 것이어서 군민들은 바로 투쟁에 나섰고, 석유 전기에 의존하고 있는 현재의 삶은 결코 지속 가능하지 않다는 생각을 가진 김희정네들이 이 같은 사회적 싸움을 함께하는 것은 이미 정해진 일이어서 자연스럽게 앞장서게 되었다. 이 과정에서 김희정은 6월부터 시작해 이듬해 방폐장 유치 찬반 주민투표가 이루어졌던 2월 14일까지, 아니 그 뒤에도 얼마 동안은 하루도 빠짐없이 열린 촛불집

회의 사회를 혼자 도맡다시피 했다. 그로 인해 군민들이 그이에게 보내는 신뢰와 고마움은 그대로 변산공동체학교로 이어지고 공동체학교의 지향점 또한 자연스럽게 지역 사람들에게 전달되었다.

그렇다고 하여 공동체학교에 자녀를 보내는 부모들의 걱정이나 오해 따위들도 다 해소되어 학교가 순조롭게 굴러갔던 것만은 아니었다. 개중에는 대안학교를 만능인 것처럼 알아서 제도권 학교에서 시키지 못하는 소위 인성교육과 진학을 위한 학과 공부까지를 바라는 학부모들도 많았고 그렇지 않은 부모라 할지라도 어찌 보면 방치하다시피 하는 공동체학교의 교육 방식에 조바심과 불안을 감추지 않았다.

하지만 김희정은 단연코 아니었다. 아이들에게 미래는 걱정하지 말고 머리가 아닌 몸으로 세상과 부딪쳐 보라면서, 스스로 판단해서 하고 싶은 것을 하라고 말한다. 그이 스스로도 아이들과 함께 일하고 고민하면서 결코 실망이나 포기 없이 아주 천천히 문제를 풀어 나간다. 때로 공동체학교의 교장이란 직함을 한 가정의 가장처럼, 혹은 형이나 오빠처럼 여겨서 일 년 열두 달을 아이들과 같이 울고 웃는다. 아이들은 이런 그이를 희정 언니라고도 부른다.

빨리빨리로 이야기되는 우리네의 조급증과 부박함은 백년대계여야 할 교육에서 특히 그 폐해가 드러나 아이들만 애꿎게 어른들의 모르모트처럼 휘둘리고 있다. 이런 점에서 우리는 오직 아이들을 믿는 마음으로 이십 년을 달려오며 2014년 현재 오륙십 명이 함께하는 공동체학교를 있게 한 김희정의 그 낙관주의에 빚진 게 많다. 그 모습이 결국 우리 모두의 미래여야 하기 때문이다.

이제 그이는 공동체 안에 졸업생들을 위해 조그마한 대학 하나를 만들어서 앞으로 살아가는 데 필요한 농사며 목공이며 도자기며 여러 가지들을 좀 더 차근차근 배울 수 있게 하고 싶어 한다. 그래서 그 학생들이 졸업하고 농촌에 남아 그동안 배운 대로 농사를 지켜 낸다면, 그리고 후배들을 계속 가르치고 이끌어 준다면, 그리하여 공동체학교와 이 지역이 배움과 실천의 순환 구조가 될 수 있다면, 우리도 온전한 삶에 대한 희망을 이야기할 수 있다고 말한다. 이것은 공동체학교 초기의 실험적 성격과는 다른, 이십 년 세월 동안 갖은 고생을 통해 벼려 낸 경험의 구체 산물이다. 적어도 내가 가진 부채 의식은 김희정 교장의 이런 생각과 계획에 볼모 잡히지 않을 수 없다.

앞으로 다시 십 년 이십 년 후 우리는 우리 모두의 앞에 교육이란 이름, 농촌공동체 회복이란 이름, 아니 우리 사회의 건강성이라는 이름으로 어떤 보고서를 내놓을 것인가? 김희정과 함께 고민하고 힘을 모아 한 발 한 발 나아가는 것에서 희망은 시작된다고 말할 수 있겠다. 그런 마음으로 우리 나라 교육에 문제를 느끼는 분이나 농촌을 생각하는 분들에게 부디 한번 읽어 보실 것을 권한다.

2015년 2월

박형진

* 박형진은 1958년 전북 부안군 변산면 모항에서 태어난 지역 토박이로 농민이자 시인이다. 아이 넷을 모두 변산공동체학교에 보낸 학부모이면서 이 학교의 짚풀공예 수업을 맡고 있는 선생님이기도 하다. 시집 《바구니 속 감자싹은 시들어가고》 《다시 들판에 서서》 《콩밭에서》, 산문집 《모항 막걸리집의 안주는 사람 씹는 맛이제》 《변산바다 쭈꾸미 통신》, 어린 시절 이야기 《갯마을 하진이》 들이 있다.

산 들 바다에서 놀고 일하며 배우는 변산공동체학교

산적떼 같은 요놈들, 예쁘다

2015년 2월 23일 1판 1쇄 펴냄 | 2018년 11월 14일 1판 3쇄 펴냄

글쓴이 김희정

편집 김성재, 김소영, 김용란, 조혜원
디자인 한아람 | **제작** 심준엽
영업·홍보 안명선, 양병희, 이옥한, 정영지, 조병범, 조서연, 최민용
경영 지원 임혜정, 전범준, 한선희
인쇄와 제본 (주)상지사P&B

펴낸이 유문숙 | **펴낸 곳** (주)도서출판 보리 | **출판 등록** 1991년 8월 6일 제9-279호
주소 (10881) 경기도 파주시 직지길 492
전화 031-955-3535 | **전송** 031-950-9501
누리집 www.boribook.com | **전자우편** bori@boribook.com

© 김희정, 2015

보리는 나무 한 그루를 베어 낼 가치가 있는지 생각하며 책을 만듭니다.

ISBN 978-89-8428-868-3 03370

이 도서의 국립중앙도서관 출판예정도서목록(CIP)은 서지정보유통지원시스템 홈페이지(http://seoji.nl.go.kr)와
국가자료공동목록시스템(http://www.nl.go.kr/kolisnet)에서 이용하실 수 있습니다.
(CIP제어번호: CIP2015003081)